中等职业教育国家规划教材
全国中等职业教育教材审定委员会审定

税收基础

（第5版）

U0832965

卢洪友 主编

中国财经出版传媒集团
中国财政经济出版社

图书在版编目（CIP）数据

税收基础 / 卢洪友主编 . --5 版 . --北京：中国财政经济出版社，2020.5（2024.8 重印）
中等职业教育国家规划教材
ISBN 978－7－5095－9348－6

Ⅰ.①税…　Ⅱ.①卢…　Ⅲ.①税收管理－中国－中等专业学校－教材　Ⅳ.①F812.423

中国版本图书馆 CIP 数据核字（2019）第 239083 号

责任编辑：田明晖　赵天天　　　　责任校对：胡永立
封面设计：华乐功

中国财政经济出版社出版
URL：http：//www.cfeph.cn
E－mail：jiaoyu @ cfeph.cn
（版权所有　翻印必究）
社址：北京市海淀区阜成路甲 28 号　邮政编码：100142
营销中心电话：010－88191537　北京财经书店电话：64033436　84041336
北京密兴印刷有限公司印刷　各地新华书店经销
787×1092 毫米　16 开　16.75 印张　400 000 字
2020 年 5 月第 5 版　2024 年 8 月北京第 5 次印刷
定价：34.00元
ISBN 978－7－5095－9348－6
（图书出现印装问题，本社负责调换）
本社质量投诉电话：010－88190744
打击盗版举报热线：010－88191661　QQ：2242791300

第5版前言

《税收基础》（第5版）是为中等职业学校财经商贸类专业编写的一门专业基础课教材。本次修订是在保持前4次版本基本框架不变的基础上，根据近年来特别是党的十九大以来中国税收理论发展、税收法律法规制度改革调整以及税收征收管理实践的变化，对相关内容进行了更新、调整、补充和完善，使其更为贴近中国税收理论、税收制度以及税收征收管理的实际。

本次修订的基本出发点或目标依然是：通过学习使学生具备高素质劳动者和从事会计核算和会计事务管理的中初级财会专门人才以及其他经济业务管理人员所必需的税收基本理论、基本知识和基本技能；熟悉中国现行税收制度、税收法规的基本内容以及税收管理的基本方法，能够较为熟练地处理涉及税收核算的会计业务，为各类企业依法履行纳税义务服务，并为增强适应职业变化的能力和继续学习的能力奠定一定的基础。

本次修订，以市场经济理论和公共财政原理为基础，以中国现行税收制度和税务管理法律法规为依据，按照中等职业学校财务会计专业和经济类有关专业培养目标的要求，来组织和安排教学内容、设计税收基本理论、基本知识与基本技能体系。在内容安排上采用模块结构，包括基础模块、选用模块（用号表示）和实践性教学模块（用表示）三大部分。每一部分，基本上又按税收理论、中国现行税制和税务管理加以划分。

本次修订，保持了前4版的连续性，特别是保留了原版的四个较为鲜明的特点：一是在体系结构上，采取按章纵向设计编排知识体系与按模块横向分布知识点的做法，突破了现有的税收教材只是纵向构筑知识体系的传统模式；二是在知识点分布上，突出实践性和可操作性，强化税款计算、申报和缴纳等基本技能的训练，作为一个企业的财务会计人员，能够正确地理解和掌握税法和国家税务管理知识，能够正确地计算、申报和缴纳该企业所承担的各个税种的税款，依法自觉申报纳税；三是在教学内容上，以中等职业学校财务会计专业的培养目标为基点，以基础模块和实践性模块为中心来具体组织安排教学内容，突出重点，有实际需要的经济类有关专业可从选用模块中选择内容，教学内容富有一定的弹性，这样的安排，既为教师在教学中发挥其主导作用留有空间，又拓展了教材的适用范围；四是在文字表述上，力求准确、精练、通俗易懂，注重运用实例和数据比较直观、深入浅出地阐释一些深奥的税收理论和知识，提高学生的学习兴趣。

本次修订在保持第4版基本构架和基本内容的基础上，根据税收理论、税收制度、税收征管特别是近年来政府实施积极财政政策、大力推进减税降费以及加快税收法治化进程等改革发展变化的情况，对部分章节的内容进行更新、调整和完善补充。在基础模块中，税收基本理论部分主要包括税收的含义与特征、税制要素和税收职能，着重回答诸如政府为什么课税或纳税人为什么缴税、政府如何课税、政府课税对经济运行和资源配置以及微观经济主体的经济行为会产生什么样的影响、纳税人权利和税收征纳主体的法律责任等基本问题。税收基本知识与基本技能部分，主要包括中国现行税制中的流转税制和所得税制，着重介绍这两大税制中主要税种的构成要素以及税款计算，增值税主要是涉及营改增的内容，包括征税范围、税率、税额计算等内容；营业税已经被取消；在关税内容之后，根据新的条例，增加了“船舶吨税”和“个人行邮税”的内容；个人所得税主要是征税范围和税率的调整、免征额的提高、计算方法的改变等内容。税务管理部分，主要介绍税务登记，账簿、凭证管理，纳税申报以及中国税务代理等基本知识和方法。

在选用模块中，税收理论部分主要包括税收原则和税收负担，了解政府应当遵循什么样的准则和规范来加以课税以及课多少税；在税收基本知识与基本技能部分，主要包括中国现行税制中的资源税制、财产税制和行为税制以及税务管理中的税收管理体制和分税制。本次修订，对资源税，按资源税法和条例进行了全面修订；对车船税，按新的税法和条例及相关规定，进行了全面修改；增加了自2018年全面开征的环境保护税。

在实践性教学模块中，包括基本实践和选做实践两个部分。其中，基本实践又分为主要税种的税款计算实训和税款计算综合实训两部分。主要税种的税款计算实训，要求在给定的增值税、所得税、资源税等主要税种的有关资料基础上，能够正确地计算出增值额、所得额以及应税资源额，并能找出各自的适用税率，计算出其应缴税款；税款计算综合实训，主要是给定一个工业企业、商业企业，要求分别弄清各个企业应缴纳几种税，并能正确地计算出应缴各税总额。在选做实践中，主要是在其他税制中，给定某一地方税种的有关资料，能够正确地计算出其应缴税款。

此外，本次修订，对微型案例和讨论、思考题等，也作了修改、调整或者完善。对文字表述也作了推敲、修改。

《税收基础》第 5 次修订由武汉大学教授、博士生导师卢洪友担任主编并执笔第一、二、三、四、五章；山东科技大学经济管理系的温希波教授执笔第六、七、八、九、十、十一章。卢洪友对全书进行修改、总纂、定稿。

本书在编写、修订过程中，吸收了财政税收理论界的一些研究成果，同时，得到了中国财政经济出版社的大力帮助，在此一并致谢。本书存在的错漏之处，请读者指正。

编者

2019 年 10 月

编者

2019 年 10 月

目　录

第一章 税收的含义与特征

学习目标

在人们日常的生产生活中，税收是一个司空见惯的经济现象。中国的宪法规定：依法纳税是每一个公民应尽的义务。什么是税收？税收是从来就有的吗？公民为什么必须依法纳税？政府为什么收税？政府取得财政收入有多种方式，除了税收以外，还可通过发行公债、收费、政府性基金、政府自己开办企业甚至发行货币等来取得财政收入，税收与这些财政收入形式比较有什么不同？了解和掌握这些基本问题是本章所要实现的主要目标。

第一节 税收概述

一、税收与每个人的生活都息息相关

一个生活在现代社会中的人，不论你是否意识到，实际上每个人从“摇篮”到“坟墓”都直接或间接、或多或少地受税收的影响。在中国实行计划生育政策时期，刚出生的婴儿就享受政府给予的独生子女补贴，在俄罗斯、英国、美国等国家，则是对生育的母亲或家庭给予财政补贴，而用于补贴的钱是来自税收；随着孩子的成长，与税收的关系也就变得越来越密切，孩子入托、接受小学、中学乃至以后的公立大学的教育，大都是政府通过税收筹款，然后通过财政支出兴办各级各类学校提供的，其中，在义务教育阶段中国是免费的，而且不分城乡、户籍、居住地等居民身份特征，是大致均等化提供的；从学校毕业进入社会后，人们在生活或工作中，若生病、工伤、失业等，要享受政府通过税收和公共财政支出建立的医疗保险、工伤保险、失业保险等；在年老丧失劳动能力退休后，从社会保障机构中领取的养老金，也有一部分来自税收拨款；去世时，革命军人、退伍军人、行政和在国有事业单位等就职的人员，其家属还可领取数额不等的丧葬费和抚恤金等。不仅如此，人们在生活中享用的公共安全服务、国防服务、邮政通讯服务、图书馆、博物馆、展览馆、公园、公共住房以及所使用的公共道路、水、电、气等基础设施，其生产成本也需要全部或者部分地用税收来垫付。

不知道你是否意识到，在人生旅途中政府用在你身上的方方面面的税收，就是出你自

己或他人创造的，而不是政府及其在政府部门里工作的人员自身创造的。包括中国在内的世界各国的法律都规定，公民既享有政府提供的各种公共品、公共服务以及社会保障的基本权利，同时，又负有依法向国家缴纳税收的义务。在年富力强时，不论你是在工厂从事物质资料生产活动，还是在商店、饮食、旅店从事传统服务业，或者从事软件服务、通讯服务、信息服务、国际商务、现代物流、建筑安装、银行、证券、信托、保险、会计、审计、评估、法律、教育服务等现代服务业，凡是有劳动能力并有劳动收入的人，都负有纳税的义务；同时，企业和事业单位所缴纳的各种税收，归根到底也是由劳动者创造的。而对那些没有劳动能力、丧失劳动能力或失去工作机会的人，如老弱孤寡、残疾者和失业者等，因没有收入或者收入达不到个人所得税的纳税水平，不但可以不缴纳所得税，而且还可享受政府提供的各种财政补贴，这些补贴来自于其他纳税人缴纳的税款。

税收对个人的生产或生活来说是十分重要的，对企业的生存与发展来说也同样重要。例如，一个企业，它在生产经营过程中，需要自己投资兴建厂房、购置机器设备以及购买原材料、支付职工工资和企业管理费等，对企业生产来说，这些生产要素当然是必不可少的。但是，只有这些条件又是远远不够的。因为企业在生产过程中需要使用公路或铁路运输货物、需要当地政府提供的安全服务、行政管理、法律秩序、科技、教育、信息服务以及其他各种公益性设施，这些由所有的企业、事业单位和城乡居民共同消费或使用的公共品，是单个企业不愿意生产或无力生产的，往往主要靠政府通过税收和公共财政支出来生产提供。政府生产提供各种各样的公共品，所需要的资金也要由各个企业来分摊。因此，对每一个企业来说，在投资开业前，就必须到当地税务部门办理税务登记证，开业后，企业在生产经营活动中，只要取得了销售收入、营业收入或其他应税收入，就必须依法向税务部门申报纳税。在中国，税款主要来自各类企业缴纳的增值税、消费税、企业所得税等，到目前为止，中国的税收收入总额中，来自企业纳税人缴纳的税收占税收总额的70%左右，来自个人缴纳的税收只占30%左右。

可见，税收与每一个人的生产、生活、工作等都息息相关，税收与你终生相伴，税收与各类企业的生产经营活动特别是企业的收入分配形影相随。

二、税收是一个古老的财政范畴

税收是一个古老的财政范畴，其历史与国家一样久远。早在数千年前的古希腊、古罗马和古埃及，它就作为国家取得社会财富的一个重要工具而产生和发展起来。在中国，即使以春秋时代的鲁宣公（公元前594年）实行的“初税亩”作为税收正式形成的标志，税收也已有了长达2600多年的历史了。

那么，税收是怎样产生的呢？

在原始社会里，由于生产力水平极其低下，人们为了生存，只能共同劳动，产品平均分配，社会没有剩余产品，没有国家，也没有税收。

到了原始社会末期，随着社会生产力的发展，尤其是金属工具的出现，原来以氏族或部落为单位的集体劳动逐渐为以家庭为单位的个体生产所代替，劳动工具和劳动产品也就逐渐变成了个人或家庭的私有财产。与此同时，随着社会分工的发展，畜牧业和手工业先后从农业中分离出来，商品交换也由偶然现象变为经常现象。

伴随着私有制和交换的发展，财产占有的不平等开始出现，社会出现了贫富分化，社会成员逐渐分裂为两个利益对立的阶级：奴隶主阶级和奴隶阶级。奴隶主阶级为了维持其既得利益，镇压奴隶反抗，就需要一种凌驾于整个社会之上的拥有暴力的统治工具，于是便产生了国家。国家与旧氏族组织的不同之处：一是按地区来划分它的国民；二是公共权力的设立，构成这种公共权力的不仅有武装的人即军队，而且还有物质的附属物，如监狱和各种强制机关。这种公共权力的存在和职能的实现，必然要消耗一定的物质财富，也就是说，国家机器的运转是需要花费成本的，这些成本由谁来支付？依靠国家机器自身创造或奴隶主捐赠，显然是难以为继、不可持续的，那么，只有借助于国家的政治权力采取税收形式强制地、源源不断地向社会公众收税。就是说，税收是随着国家的产生而产生的，没有国家就没有税收。

三、税收是什么？

在社会生活中，政府收税与纳税人缴税是一个司空见惯的经济现象，它渗透到社会再生产的各个环节，并几乎涉及所有的城乡居民和各类企业。但是，就是这个司空见惯的经济现象，也许并没有多少人去深思税收究竟是什么？人们为什么必须要向政府纳税？政府为什么要收税等问题。

税收是什么？这个看似简单的问题，其实并不简单。先让我们来看看以下几种不同的答案。

（一）西方世界的启蒙

英国近代著名思想家霍布斯认为，国家是由人民创造的。在国家未成立之前的自然状态下，人和人的关系就像狼一样，人类进行着一些人反对另一些人的战争。人民为了保卫自己，必须依靠自己的宝剑。国家诞生后，人民的自然权利让渡给了主权者——国家，后者拥有绝对权威，同时也承担起保卫人民生命财产安全的责任。这实际上是说，人民向政府缴纳税款，就是为了换取和平、安全而必须付出的经济代价。后来的学者把霍布斯的这一税收理论归纳为“利益交换说”。

与之不同的是，法国经济学家萨伊认为，政府课税实际上是把一部分社会产品从个人的手里转移到政府的手里，因此，税收在本质上是国民所做的牺牲，税收的来源是国民的劳动以及土地和资本所创造的社会产品，或者来自于以前的储蓄和积累的资本，即税收“牺牲说”。

现代西方公共财政学普遍把税收看作是国家为了实现某些社会经济目的，不考虑特殊利益，按照法律预定的标准所进行的非惩罚性、但具有强制性的从私人部门向公共部门（政府）的资源转移。

（二）马克思主义对税收的本质概括

马克思从税收与国家关系的角度，把税收看作是国家存在的经济体现，是国家实现其职能的工具，没有税收国家机器就不能存在和运转。“赋税是喂养政府的奶娘”，这是马克思的名言。在马克思看来，履行公共职能和管理公共事务是国家存在的客观基础，而国家在实现其职能的过程中必须要有相应的人力和物力消耗，形成一定的财政支出，这些支出，只能靠税收形式最终由居民和经济组织来承担。列宁是从无偿性的角度来认识税收的，他认为，所谓税收就是国家不付任何报酬向居民取得东西。

（三）税收的一般概念

在了解了上述税收的几种不同认识后，我们对什么是税收做出一般性的归纳。

一般地说，税收是指国家为了实现其职能，凭借政治权力，按照法律规定，对社会产品进行的一种强制、无偿的分配，它是国家取得财政收入的一种重要形式，也是国家治理的重要手段。

对税收的这一定义性的一般表述，可从以下几个方面来理解：

1. 税收属于分配范畴

税收作为国家取得财政收入的一种形式，在社会再生产过程中属于分配范畴。社会再生产是生产、分配、交换、消费的统一体。其中，分配是把社会在一定时期内新创造出来的产品或价值分成不同的份额，并决定各个份额归谁占有和占有多少的一个重要环节。税收就是这个环节上诸种分配形式中的一种特殊分配形式。从直观的现象看，税收就是国家向社会成员征钱征物，或者是社会成员向国家交钱交物。前者通常称为征税，后者通常称为纳税。征税过程实际上就是把一部分社会产品从社会成员手中强制无偿地转变为国家所有的分配过程，征纳结果必然引起社会成员之间占有社会产品的份额或比例发生变化，一部分社会成员占有社会产品的份额会因政府课税而相对增加（税负较轻甚至得到政府免税、补贴的照顾），另一部分社会成员占有社会产品的份额会因政府课税而相对减少。通过国家征税引起社会产品在社会成员与国家之间以及不同社会成员相互之间的转移以及占有比例的变化，改变了社会产品原有的分配结构，形成了一种新的社会产品占有、支配和使用结构。因此，税收属于分配范畴。

2. 税收分配的主体是国家或政府

税收是以国家或政府为主体对一部分社会产品进行的集中性分配，它与社会成员之间根据生产资料占有关系进行的分散性分配是不同的。税收分配的国家主体性主要表现在：一是分配关系的形成不是按照协商、等价、有偿等原则建立的，而是国家凭借政治权力、通过立法程序确立的。二是分配过程是由国家通过财政税务部门集中进行的，而不是由众多的要素所有者分散进行的。三是分配的结果是通过国家与社会成员之间的分配关系体现的，而不是社会成员相互之间直接发生分配关系。四是国家通过征税集中起来的一部分公共资源，按照公共需要在全社会范围内进行集中性分配使用，而不是各个社会成员按照自己特殊的需要或私人需要来分配使用。可见，税收是以国家为主体的、集中性分配。

3. 税收分配的对象是一部分社会产品

社会产品从价值形态上划分，包括生产过程中已消耗的生产资料的转移价值和劳动者新创造的价值两部分。生产资料的转移价值是维持社会简单再生产不间断进行的补偿费用，只能足额扣除后留在生产部门内部进行循环周转，不能分配另作他用。因此，从严格意义上讲，社会产品的分配是指对新创造价值的分配。劳动者新创造的价值又可进一步分为必要产品价值和剩余产品价值两部分。前者是用来购买必要的生活资料以补偿劳动耗费，保证劳动力再生产的费用；后者则在全社会范围内进行分配，用于社会积累和社会消费，以满足扩大再生产和社会公共需要。可见，社会产品只有足额扣除了用于补偿生产过程中物化劳动和活劳动的消耗后，才能生成纳税能力，也就是说，税收分配的对象归根结底是社会剩余产品或剩余价值。

4. 税收分配的依据是国家政治权力

社会产品的分配有多种分配形式，如利润、利息、地租、工资、税收等。不论那一种分配形式都要以一定的权力为依托。参与分配的权力，不外是财产权力和政治权力。财产权力也就是所有者的权力，凭借资本所有权可以取得利润、利息，凭借土地所有权可以取得地租，凭借劳动力所有权可以取得工资收入。政治权力即国家权力。国家为了实现其职能参与社会产品分配，既可以凭借拥有的财产权力，也可以凭借其拥有的政治权力。国家凭借财产权进行的分配，有王室土地收入、国有企业利润收入等等；而国家凭借政治权力进行的强制无偿的分配就是税收，换言之，税收分配的依据既不是生产资料所有权，也不是劳动力所有权，而是国家的政治权力。

5. 税收分配的目的是为了提供公共品，满足社会的公共需要

从经济角度分析，企业生产和居民生活都必须具备一定的外部条件，如稳定的社会秩序以及各种便利的公共设施和公益性事业等。这种外部条件既不是某个经济组织单独能够提供的，更不是某个社会成员能够单独提供的。它必须依赖于社会的公共权力机构，而且也只有通过公共权力机构集中配置一部分社会经济资源，集中提供公共品，才能更经济和更合理、有效。在阶级社会里，国家就是以“公共权力”的面貌出现并凌驾于整个社会之上的。因此，国家一经产生，就不仅仅具有阶级统治职能，同时还具有社会管理职能。国家要实现其职能，如提供各种公共品，满足社会公共需要等，就必须消耗一定的物质资料，而国家机器本身并不是直接创造物质财富的经济组织，国家消耗的物质资料只能依靠财政分配来筹措。在市场经济条件下，税收就是国家取得财政收入，然后通过各种公共财政支出，用以提供各种公共品，以满足社会公共需要的一种分配手段。

6. 税收是国家治理的重要手段

党的十八届三中全会，将财政作为国家治理的基础和重要支柱。指出：科学的财税体制是优化资源配置、维护市场统一、促进社会公平、实现国家长治久安的制度保障。国家治理的基本目标是促进政治民主、经济繁荣、生态平衡、社会公正和谐等。税收制度设计是否科学合理，例如，收与不收、对谁收和对什么东西收、多收与少收、在哪些环节收以及收取的税款配置使用等，不仅直接影响着政府财政收入规模与结构，而且还影响着政府收入、居民收入与企业收入之间的结构，并改变企业之间以及居民之间的收入分配结构，进而影响着市场配置与政府配置结构与效率，影响经济运行和收入分配，影响社会公平正义和社会和谐稳定。政府财政是通过一收一支实现国家治理的，其中，“收”主要靠的是税收，税收收入通常占财政收入的90%左右，因此，税收在国家治理中居于举足轻重的地位，是实现国家治理的重要手段或者治理机制。提升国家治理能力、实现国家治理能力现代化，离不开科学、合理的现代税收制度。

四、纳税人为什么缴税？政府为什么收税？

纳税人为什么缴税与政府为什么收税，实际上是一个问题的两个方面。不知道你是否留意和思考过税务部门在税法宣传中的一些标语："依法纳税是每一个公民应尽的义务"，"依法纳税支援国家建设"，"共和国的大厦由税收建成"等等。这些口号并不错，但是，对各个企业和事业单位的纳税人以及公民个人纳税人来说，这样的宣传似乎与他们的切身利益隔得太远。

实际上，税收与每一个人、每一个企业和事业单位的切身利益都息息相关。纳税人为什么必须依法纳税？也许你马上就会想到，如果偷税、抗税，要受到法律制裁，如被罚款甚至坐牢。其实，税收强制只是一种手段，目的在于通过税收的法律强制来保护每一个纳税人的切身利益。我们从对税收定义的解释中已经知道，就单个的纳税人来看，政府收税不同于市场交换，税款一旦让政府拿走，就上缴国库，归政府所有，不再返还给纳税人。在纳税人的收入一定的条件下，政府拿走的税收越多，纳税人剩余的可供自己支配用于消费或投资的份额就越少。从这个意义上说，税收的确是纳税人的利益"牺牲"。而纳税人又是理性的，往往都有不缴税或少缴税的主观愿望。问题是，纳税人在感觉自己"付出"或"牺牲"的同时，往往并没有意识到其在生产经营或生活中享用的政府用税款生产提供的各种各样的公共品的利益。比如，一个个体业户，一个年度向国家缴纳了1万元的各种税收，对他来讲是一种直接的利益"牺牲"，在他的收入一定的前提下，若不缴纳或少缴纳税收都会相对地提高其生活水平或投资能力，但是，在他的生产或经营过程中，有些项目或生产经营条件是他自己创造并直接支付成本的，如原材料、工资等，而有些项目或条件则是政府为他创造的，如他的人身和财产安全、旅行或运货所使用的公共道路、他的小孩在学校所接受的义务教育服务、公共医疗服务、失业救助以及以后的退休养老等等，他在使用或消费这些物品或服务时，要么是免费的，要么是所交纳的费用不足以抵补其生产成本，这些物品或者公共服务也不是从天上掉下来的，而是政府用各个纳税人所上缴的税款生产提供的，如果你不缴税，他也不缴税，政府的国库就是空的，生产者的生产或消费者的生活所必不可少的这些共同性的外部条件政府也就无力提供。在这里，纳税人与政府的关系实际上是一种经济上的"委托——代理"关系，即各个纳税人都把应该缴纳的税收交给政府，然后由政府按照纳税人对公共品消费的集体偏好，集中生产提供各种公共品，然后，由纳税人共同消费或使用。这样做的结果可能要比由单个的纳税人分散生产和消费这些公共品更划算、更方便。简言之，纳税人实际上是为了"购买"自己生产经营或生活的外部条件而纳税，在这里政府只不过是一个中介者。

反过来说，政府为什么收税，也是因为政府担负着为纳税人提供各种公共品的职责，如国防、安全、教育、科技、文化、卫生、社会保障、基础设施建设等，有些完全由政府出资，有些由政府部分出资，资金从何而来？由纳税人上缴。政府把纳税人的钱拿过来，应该全心全意地为纳税人服务，即"取之于民，用之于民"，而且还应该让纳税人感觉到，由政府集中筹集和使用税款，要比由纳税人分散使用同量的资源能够得到更多的好处。

第二节 税收特征

税收是政府为了实现其职能凭借政治权力参与社会产品分配、筹集财政资金的一种形式。在市场经济条件下，市场在资源配置中起决定性作用，政府的基本职能是市场监管、公共服务、宏观调控。其中，在资源配置中，凡是能够由市场决定的，政府就不干预，政府的职责是弥补市场配置的不足或者缺陷，提供社会成员共同消费或使用的各类公共品或公共服务。实际上政府的筹资手段并不仅仅是税收，除了税收以外，还有发行公债、政府收费、国有资产收益、甚至直接增发货币等，不同的收入形式对政府职能的实现有不同的作用，而且对经济的影响也各不相同。税收与其他财政收入形式比较具有强制性、无偿性和固定性三大基本特征。它是税收形式区别于其他财政收入形式的基本标志，也就是说，凡是同时具备这三个特征的财政收入形式才是税收，否则，不具有或不完全具有这三个特征的财政收入形式，就不是税收。

一、强制性

税收的强制性是指税收是国家凭借政治权力并运用法律、法规的形式加以规定和征收的，是一种强制性课征。税收的强制性是与国家的政治权力紧密地联系在一起的，即强制性的依据在于国家征税凭借的是政治权力，因而它不受生产资料所有权归属的限制，对不同所有者都可以行使国家征税权。就是说，不管是国有企业和国有事业单位，还是集体、个体、私营、外资和股份制等非国有单位，都必须按照税法规定的标准依法纳税，否则就要受到法律的制裁。

税收的强制性包含两层含义：一是税收分配关系具有强制性，即税收分配关系是国家凭借政治权力通过立法程序确定的，一旦税法颁布并实施，税收征纳的法律关系就确立，不管纳税人愿意与否以及自觉纳税意识程度高低，都必须履行税法规定的纳税义务；二是税收的征收具有强制性，即国家借助于税法形式来保证税收分配的实现，税收征收过程是国家强制地要求纳税人服从其意志的过程，税收征收的结果是一部分社会财富的所有权单向的强制性转移，纳税人必须服从税法的要求。

需要弄清的一个问题是：一方面，税收具有强制性；另一方面，在税收征管中，纳税人又自愿申报纳税。这是否存在矛盾呢？回答是：强制性与申报纳税（税法遵从）并不矛盾。税法遵从是纳税人依照税法规定自觉履行纳税义务的行为，包括注册登记遵从、及时和准确申报遵从、税款按时足额缴纳遵从等。从中国的税收征管实际情况看，随着征管力度的不断加大，税收遵从率也在提高，但是，由于税收征纳之间的信息不对称，纳税人是否如实申报难以监管和度量。因此，税收征管要以最大限度地实现纳税人对税法自愿遵从为目标，用税收的强制性“兜线”，将税收遵从区分为强制性税法遵从和自愿性税法遵从。前者是纳税人在税收法律框架内的他律行为，后者是纳税人在税收法律框架内的自律行为。对不自觉申报、履行纳税义务的，税务机关应采取强制性执行措施，因此，税收遵从离不开税收的强制性。

税收的强制性与公债的自愿性形成鲜明的对照，政府发债也可取得财政收入，但是，社会公众是否购买以及购买多少，完全是自愿的，而税收就不同了。

二、无偿性

税收的无偿性是指国家征税以后，税款即归国家所有，不再直接归还给原纳税人，也不直接向纳税人支付任何报酬或代价。这里必须注意的是：税收的无偿性是针对具体的单个纳税人而言的，而不是就全体纳税人而言的。就是说，国家征税不是与单个的纳税人之间进行等量财富的交换或补偿，而是纳税人无偿地向国家交纳税款，国家不需要对原纳税人直接地返还已交纳的税款，也不需要对原纳税人提供与所缴税款相对等的产品、服务或给予相应的特许权利，是财富所有权的单方面转移，而不是像在市场上“一手交钱、一手拿货”的等价交换。

就具体某一个纳税人而言，税收的无偿性一是指国家征税不付任何代价；二是指税款入库后不再直接归还给原纳税人。但是，就国家与全体纳税人的关系而言，税收又具有整体报偿性特征，即国家将税款用来提供各种公共品，如公共安全、公共教育、公共设施等，全体纳税人都会从公共品的消费中直接或间接地受益，其差别主要是税款缴纳与公共品受益在量上有所不同。

在市场经济条件下，税收的无偿性来自政府提供的各种公共品的免费或低价消费和使用。公共品是一个与私人品相对应的概念，人们用自己的可支配收入购买和消费在吃、穿、住、用、行等方面的各种物品都属于私人品，这些物品具有消费的排他性和竞争性；而公共品则是属于集体所有、共同消费的物品，具有不同程度的非排他性和非竞争性。要知道，不论是政府生产提供的国防、社会治安安全、公共教育、公共卫生等无形的公共品，还是政府投资兴建的公共道路、桥梁、码头、机场、铁路以及图书馆、博物馆等有形的公共品，都是要花费成本的，并且有些项目的投资还很大；同时，全体社会成员在消费或使用这些公共品时，要么不付款（免费享用，如政府开办的义务教育），要么所付的款额不足以弥补公共品的生产成本（如高等教育）。解决公共品的免费或低价消费与公共品生产成本补偿的矛盾，就决定了税收必须具有个体的无偿性特征。

税收的无偿性与公债的有偿性，对比鲜明。政府举债，是债权人有条件地让渡给政府使用，政府并不拥有其所有权。这里的“条件”是：第一，到期还本；第二，支付利息。例如，张三购买了1万元的1年期的公债，假定年利率为5%，那么，到期时政府除了归还张三1万元的本金外，还要支付给张三500元的利息。而税收就不同了，不论是张三缴的1万元的税收，还是李四缴的10万元的税收，统统都归政府所有，永远也不再归还了。

三、固定性

税收的固定性是指国家在征税前预先规定了征税对象、纳税人和征税标准等征纳行为规范，征纳双方都必须共同遵守，不能随意变动。税收的固定性包括两层含义：一是税法具有相对稳定性。税收分配是按照税法事先确定的标准和程序进行的，税法是确定和调整税收征纳关系的法律规范，一经公布实施，就具有相对稳定性，不能朝令夕改。当然，税法也不是一成不变的，它作为上层建筑范畴，应当随着社会经济的发展和政治经济条件的变化而调整。但税法的调整也要事先经过总体研究与判断之后，通过一定法律程序、以法律法令的形式进行。因而在一定时期内税法是相对稳定的。二是税收征收数量具有有限性。税收分配不是随意的、无界定地转移财富的所有权，而是征纳双方必须依照事先确定的法律标准和程序进行分配。纳税人只要取得了应税收入、财产或发生了应税行为，就必须按照预先规定的标准纳税。同样，国家对纳税人征税，也只能按照预先规定的标准进行，不得任意提高或降低这个标准。税收分配的法律标准，体现在征税对象和征收数量之间的量的关系上，则是有一定限度的，在税收强制性和无偿性存在的前提下，税款决不能无限地征收，只能按照事先确定的、国家与纳税人在经济上都能接受的标准有限度地征收。

税收的固定性，从国家或政府的角度看，有利于国家取得财政收入的稳定、可靠；从纳税人的角度看，能够使纳税人的税收负担相对稳定，并对自己的生产经营活动可以预期。例如，王五每一个月的营业额是 1 万元，营业税负担是一个月 300 元，他必须缴纳，这是他从事该项经济活动之前就可预期的。如果税务部门随意把王五的营业税由 300 元提高到 500 元，王五还要缴纳所得税；除了税收以外，他还要向有关部门交纳各种管理费，如果其他部门也随意改变收费标准向王五收费甚至另立名目乱收费，营业过程中发生的燃料、工资、修理、保险等费用完全由他支付。那么，王五将不堪重负，无利可图，他可能就会歇业不干甚至破产倒闭了。试想，如果一个国家的税收制度使得大部分纳税人都处于不可预期、不堪重负甚至破产倒闭的状态，那么，这个国家的经济必然日趋衰落，财政衰竭，并引起政局和社会的动荡。

税收的上述三个特征是一个密切相连、不可分割的统一整体。首先，政府提供各种公共品需要垫付生产成本与公共品免费消费的矛盾，决定了税收的无偿性；税收的无偿性又必须以税收的强制性作保障。对单个纳税人来说，国家征税是无偿地交纳，因而国家必须凭借政治权力，依照法律强制地实现无偿征收，没有无偿性，也就不需要强制性。税收的无偿性和强制性又决定了税收的固定性。如果税收只具有无偿性和强制性，而不具有固定性，国家随意地、无界定地转移财富的所有权，就会打乱现存的所有制关系，使正常的经济活动无法维持下去，从而会危及国家政权本身的存在。当然，国家的税收权高于生产资料的所有权，任何形式的生产资料所有权都必须服从国家的课税权。从这个意义上讲，国家征税本身就是对所有权的一种侵犯。但由于税收具有固定性，有可能把这种侵犯限制在所有权允许的范围之内，从而有可能保证社会经济的正常运行。

复习思考题

1. 基本概念

税收　强制性　无偿性　固定性

2. 思考题

（1）为什么说税收与每一个人的切身利益息息相关？

（2）工资分配与税收分配所依据的权力有什么不同？

（3）税收的特征是什么？

（4）怎样理解税收的个体无偿性与整体报偿性？

（5）什么是公共品？请列举你所熟知的 10 种公共品。

3. 微型案例与讨论

据一家警察期刊载文披露：在一次警官培训班上曾议论一个话题："你的薪金是哪儿来的？"几乎众口一词的回答是："财政拨款"。大家历来就这么习以为常地认为，警察是靠“财政”养活的，吃的是财政饭，俗称“吃皇粮”；至于财政的钱又是从何而来的？那是无须多想的。在警察和人民群众之间，隔着“财政”这一中介，久而久之，警察作为用税人，对那凝结着人民的血汗、散发着纳税人体温的税款，头脑里反倒模糊起来以致淡忘了。“端人碗，服人管”，既然自己的“饭碗”与老百姓无关，就难免把为老百姓办事视同恩赐，办起事来“冷硬横推”或不作为，令老百姓对警察敬畏有余，亲切不足。

街头闹市的税法宣传，着力点往往只向纳税人倾斜，强调规范其纳税行为（这固然必要）；而对用税人显然关注不够，尤有甚者，有的宣传竟在标语牌上赫然大书：“昨日受哺，今日图报。”那意思显然是把政府与纳税人的关系，说成是“哺”与“受哺”的关系，把政府定位为“哺者”，而纳税人则是“受哺者”。如此这般，也就难怪某些号称“公仆”的用税人以“哺者”自居。

根据这个案例，讨论、思考并回答以下三个问题：

(1)“公仆”花的是谁的钱？

(2) 政府为什么收税？

(3) 纳税人为什么缴税？

第二章
税收要素与分类

学习目标

政府课税与纳税人纳税都必须依法进行。税收要素是税收制度构成要素的简称，而税收制度是用来规范税收征纳关系的各种税收法令和税收征收管理办法的总称，其中，各个税种的税收法律或条例是税收制度的基本构成部分。每一个税种的税法或条例一般都由纳税人、课税对象、税率等要素构成，解决"向谁征税""向什么东西征税"以及"征多少税"的基本问题。在市场经济条件下，政府为了取得财政收入和调节经济活动，一般都设置若干个税种，按照不同的标准对税种进行科学的分类，有助于政府制定和实施科学的税收政策和制度、分析税收负担、加强税收征收管理。本章着重分析税制的构成要素和税种分类的基本知识和基本内容。

第一节　税收要素

税收要素是指各个税种在立法时必须载明的、必不可少的基本因素，比如，对什么征税、由谁交纳、征收多少、什么时间交纳以及不依法交纳怎么办等。这些必不可少的内容，表现在税收制度上就是征税对象、纳税人、税率、纳税期限、违章处罚等要素，其中征税对象、纳税人和税率是最重要的税制要素。

一、征税对象

（一）什么是征税对象

征税对象，又称课税对象，是指对什么东西征税，它是课税的客体或标的物。每一种税都必须选择确定它的征税对象，如消费税是对消费品征税，其征税对象就是消费品（具体如烟、酒等都是消费税的征税对象）；房产税就是对房屋征税，其征税对象就是房屋；所得税就是对所得收入征税，其征税对象就是应税所得额等。

（二）征税对象的作用

征税对象作为税收的最基本要素之一，在税收制度中所起的作用主要有：

1. 征税对象是征税与不征税的界限

每一种税的设立，都必须首先确定它的征税对象，被选择作为某种税的征税对象的，就属于该税的征税范围，就要征税；未被选作征税对象的，就不属于该税的征税范围，就不征这种税。

2. 征税对象是不同税种相互区别的主要标志

税种名称的由来以及税种在性质上的差别，主要取决于征税对象。按征税对象的性质划分税种，是税制分类的重要方法之一。因此，设置一种税，必须首先明确对什么征税，不能与其他税种有重复的地方；否则就会造成征税与管理上的混乱。

3. 征税对象限定了税收调节的范围

由于征税对象是征税与否的分界线，税收调节的范围必然被限制在税制所规定的征税对象的范围之内。所以，一个国家征税对象选择范围的大小，不仅直接关系到财政收入的多少，而且影响到税收调节职能的发挥。

（三）与征税对象有关的几个重要概念

1. 税目

税目是征税对象的具体化，反映了具体的征税范围。一个税种的征税范围，往往需要根据不同情况，具体划分为不同类型的若干项目，以便确定征税免税和适用不同的税率，这种分类具体划分的项目，就是税目。例如，中国的资源税，是按照资源品种确定课税税目，包括石油、天然气、煤炭、其他非金属矿原矿、黑色金属矿原矿、有色金属矿原矿和盐等，在全面推进资源税深化改革中，还将要将水、森林、草场、滩涂等资源逐步纳入征税范围。

2. 计税依据

它是指根据征税对象计算应纳税款的数量依据。计税依据解决征税的计算问题。例如，消费税的征税对象是消费品，但对某种消费品，如卷烟怎样计算征税呢？税法规定按照卷烟的销售价格计算征税，这个销售价格就是消费税的计税依据。在规定计税依据时，既可以规定为征税对象的价格，也可规定为征税对象的数量，如盐的计税依据就是销售盐的吨数。此外，有的税种其征税对象和计税依据是一致的，如各种所得税，征税对象和计税依据都是应税所得额。但是有的税种则不一致，如消费税，征税对象是应税消费品，计税依据则是消费品的销售收入。再如，在中国过去开征的农业税中，其征税对象是农业总收入，计税依据则是由税务机关核定的常年产量。

二、纳税人

（一）什么是纳税人

纳税人又称纳税义务人，是指税法上规定的直接负有纳税义务的单位和个人，它是纳税的主体。每一种税的税法都必须有关于纳税人的规定。例如，现行消费税是以在中华人民共和国境内从事生产、委托加工、零售和进口依法规定的消费品的单位和个人为纳税人；现行企业所得税是以中国境内实行独立核算，有生产经营所得和其他所得的企业或组织（不包括外商投资企业和外国企业）为纳税人等。

税法规定的纳税人，包括自然人和法人。所谓自然人是指公民个人，根据《中华人民共和国民法通则》的规定，公民自出生起至死亡止，具有民事能力，依法享有民事权力，承担民事义务。所谓法人是指按照法律程序设立，具备必要的生产经营条件，实行独立经济核算并能独立承担经济责任和行使经济权利的社会组织。如企事业单位、社会团体等，它是相对于自然人而言的，是社会组织在法律上的人格化。

纳税人必须依法按期足额纳税，服从国家的税务管理。违反纳税义务的税务违章行为，税务机关有权依法予以处罚，情节严重的，要依法追究刑事责任。

（二）与纳税人有关的两个概念

1. 扣缴义务人

为了加强税收的源泉控制，保证财政收入，简化纳税手续，在我国的某些税种中，还有扣缴义务人的规定。所谓扣缴义务人是指税法规定的、在其经营活动中负有代扣税款并向国库交纳义务的企业或单位，也称代扣代缴义务人。扣缴义务人是由税法规定的，对税法规定的扣缴义务人，税务机关应向其颁发代扣代缴证书，并付给扣缴义务人代扣代缴手续费。同时，扣缴义务人虽不负有纳税义务，但负有代扣代缴义务，必须严格履行其职责，并按税法规定限期缴库，否则依照税法规定，视情节轻重给予一定的处罚。例如，现行个人所得税税制中，就有此规定。一个大学的教授，他每一个月所缴纳的所得税就是由他所在的单位代扣代缴的，而不是由他每一个月去税务部门缴税。

2. 负税人

负税人就是最终负担国家征收的税款的单位和个人。纳税人与负税人是两个既有联系又有区别的概念。有的税种，税负不易转嫁，税款由纳税人自己负担，纳税人本身就是负税人，各种所得税一般就属于这种情况。例如，一个大学教授一个月缴纳的所得税是1000元，这1000元的税款就由他所在的大学直接从他的工资中扣除并代缴给当地税务部门，税款实实在在地是由他负担的，他没有办法将这一负担转嫁给他人。但是，有的税种税负较易转嫁，纳税人和负税人往往是不一致的，如对商品或劳务征收的消费税、营业税、增值税等流转税，纳税人虽然是企业，但企业却可能通过提高商品价格把自己交纳的税收，加在商品售价中，向前转嫁给消费者负担；还可采用压低原材料购买价格或工资等途径向后转嫁给生产要素提供者负担。这样消费者或生产要素提供者就成了负税人。税法中并没有负税人的规定，国家在制定税法时，只规定由谁负责交纳税款，并不规定税款最终由谁负担，但政府在制定税收政策和设计税收制度时，必须认真研究税收负担及其分布问题。

三、税率

（一）什么是税率

税率是税额与征税对象数额之间的比例。它是计算纳税人应纳税额的尺度，反映征税的深度。税收的固定性特征主要是通过税率来体现的，在征税对象已经明确的前提下，国家征税的数量和纳税人的负担水平取决于税率，也就是说，税率的高低直接关系到国家财政收入和纳税人的负担水平，国家一定时期的税收政策也主要体现在税率方面。因此，税率是税收制度的中心环节。科学合理地设计税率是正确处理国家、企业、个人之间的分配关系，充分发挥税收经济杠杆作用的关键。

（二）税率的类型

税率可分为比例税率、累进税率、定额税率三大类。每一类中又细分为若干种具体形式，不同的税种，以及在不同的历史时期，适用税率的种类及其高低，均有所不同，由此形成了一国的税率结构体系。税率种类及其结构的大体情况是：

1. 比例税率

比例税率，就是对同一课税对象，不论其数额多少，均按同一比例征税的一种税率制度。它是我国实行的税率中最重要的一种形式。比例税率在实际运用中，又可分为单一比例税率、差别比例税率、幅度比例税率等三种具体形式。

（1）单一比例税率。即一个税种只规定一个比例税率，所有纳税人都按照同一比例纳税。如中国曾经征收的牲畜交易税，对交易的牛、马、驴、骡、骆驼等牲畜，并不区分交易的牲畜种类，对纳入征收范围的一律按照交易额的5%征税，就属于这种情况。

（2）差别比例税率。即一个税种设置两个或两个以上的比例税率征税。该比例税率是根据具体征税项目设计的，不同的纳税人要根据特定征税项目分别适用不同的比例税率。中国税制中差别比例税率有四种类型：一是产品差别比例税率，是指按产品大类或产品品种分别设计不同的税率，如消费税；二是行业差别比例税率，是指按不同行业设计不同的税率，如中国曾经征收的营业税，就采用按行业确定差别比例税率；三是地区差别比例税率，是指对同一征税对象按照不同地区分别设计不同的税率，如资源税采用的税率；四是投资项目差别比例税率，是指依据固定资产投资的不同类型、项目和项目投资规模设计高低不同的税率，如曾开征过的固定资产投资方向调节税，就采用这种税率。

（3）幅度比例税率。即中央只规定最低税率和最高税率，各地可根据本地区实际情况，在中央规定的幅度内，确定一个适用的比例税率来加以征税。如中国曾经征收的营业税中，娱乐业采用的就是幅度比例税率。

比例税率的优点，一是计算征收和交纳税款简便，便于税收的征收管理。二是同一课税对象的不同纳税人税收负担相同，有利于鼓励先进，督促落后，促进企业在大体同等的条件下开展竞争。其缺点是，比例税率的税收负担与负担能力不相适应，不能体现负担能力大的多征，负担能力小的少征的量能负担原则，税收负担水平不尽合理。比例税率一般适用于对商品流转额的征税。

2. 定额税率

定额税率亦称固定税额，是按照征税对象的一定数量直接规定一定的税额，而不是规定征收比例。它是用绝对量表示的税率的一种特殊形式，一般适用于从量定额征税的商品或税种。定额税率在实际运用中，又分为以下几种：

（1）地区差别定额税率。即对同一征税对象按照不同的地区，分别规定不同的税额。如资源税中对“其他煤炭”的征税，河南4元/吨、山东3.6元/吨、山西和内蒙古与陕西都是3.2元/吨、河北和湖北3元/吨。其他的省市为2.8/吨、2.5元/吨、2.3元/吨。

（2）分类分级定额税率。即把征税对象按一定标志分成若干等级，然后按不同级别，分别规定不同的税额。如车船使用税采用的税率制度就是如此。

(3) 幅度定额税率。即中央只规定最高定额税率和最低定额税率，各地可根据本地区的实际情况，在中央规定的幅度内，确定一个执行定额税率。如车船使用税对载人汽车是以车辆为单位，核定全国按年征收的幅度定额税率，再由各省、直辖市、自治区在此幅度内，具体规定本地区适用的定额税率，以适应各地区不同的具体情况。

定额税率的优点，一是计算简便，有利于征管工作。二是从量计征，有利于促进企业提高产品质量，在优质优价、劣质劣价的情况下，税额固定，优质优价产品税负相对轻，劣质劣价产品税负相对重。缺点是由于不是从价计征，税额一般不随征税对象价值（价格）的增长而增长，因而不能使国家财政收入随国民收入的增长而同步增长。

3. 累进税率

累进税率是按征税对象数额的大小，划分为若干等级，不同等级规定高低不同的税率，征税对象数额越大税率越高，数额越小税率越低。累进税率按其累进依据和累进方式的不同，又可分为全额累进与超额累进两种基本形式。

(1) 全额累进税率。即指征税对象的全部数额都按其相应等级的累进税率计算征税。在征税对象数额提高一个级距时，对征税对象全额都按提高一级的税率征税。全额累进税率实际上是按征税对象数额的大小，分等级规定的一种差别比例税率。

(2) 超额累进税率。即指分别以征税对象数额超过前一级部分的数额，计算应纳税额的累进税率。也就是说把征税对象数额按大小划分为若干等级，并对每个等级规定相应的税率分别计算税额，当征税对象数额超过某一等级时，仅就超过部分按高一级税率计算征税。

全额累进税率的优点是计算简便，且因它的名义税率与实际税率一般是相等的，故在调节收入方面，较之比例税率要合理。但在两个级距的临界部位会出现税负增加超过应税所得额增加的不合理现象，使税收负担极不合埋。

超额累进税率的优点是累进幅度比较小，税收负担较为合理，特别是征税对象级次临界部分，只就超过部分按高一级税率计算征税，一般不会发生增加的税额超过征税对象数额的不合理现象，有利于鼓励纳税人增产增收。但是使用它们计算应纳税额过于复杂，特别是征税对象数额越大，包括的级次和适用的税率就越多，计算步骤也就越多，给实际征收工作带来困难。在我国现行税制中，为了解决超额累进税率计算税款比较复杂的问题，通常使用一种简单的计算方法，叫作“速算扣除数”办法。其公式为：

应纳税额 = 用全额累进方法计算的税额 - 速算扣除数

这种计算方法的出发点，是由于全额累进税率的计算方法简单，但是按照全额累进方法计算的税额比超额累进方法计算的税额要多征一定的数额，这个多征的数是常数，就是速算扣除数。所以速算扣除数就是按全额累进方法计算的税额减去按超额累进方法计算的税额的差额。

四、其他税制要素

（一）纳税期限

它是指税法规定的纳税人向国家交纳税款的时间。规定纳税期限是为了促使纳税人及时依法纳税，以保证国家能及时取得财政收入，均衡地满足经常性政府公共财政支出的需要。它是税收强制性和固定性特点在时间上的体现。纳税期限的确定，一般应考虑纳税人生产经营和课税对象的特殊性以及应纳税额数量的大小等情况。中国现行税制中规定的纳税期限，大致有以下几种形式：①按天交纳，即以1天、3天、5天、10天、15天等为纳税期限；②按月交纳，即以1个月为纳税期限；③按年交纳，即以一个年度为纳税期限；④按次交纳，即不规定具体纳税的时间，纳税人每发生一次纳税义务，则纳税一次税。

（二）纳税环节

它是指税法规定的在商品流转过程中和劳务活动中应当交纳税款的环节。商品从生产到消费往往需要经过多个流转环节，如工业品一般要经过工业生产、商业批发、商品零售等环节；农产品一般要经过农业生产、商业采购、商业批发和商业零售等环节；进口产品一般要经过报关进口、商业批发、商业零售等环节。在商品流转过程中，哪些环节应该纳税，税收制度必须做出明确的规定。虽然一般讲纳税环节，是指流转税的纳税环节，但其他任何一种税也均有纳税环节的问题，只不过除流转税外，其他各税通常都属于单环节征税，纳税环节的确定比较简单。

按照纳税环节的多少不同，税收制度可分为三种类型：

1. 一次课征制

即只对商品流转过程中的一个环节征税，对其他环节不征税的制度。如我国历史上曾实行的货物税、商品流通税和盐税等，就都属于一次课征制。

2. 两次课征制

即在商品流转环节中选择两个环节征税的制度。如我国曾实行的工商统一税和工商税，都实行两次课征制，即对应税产品在生产和零售两个环节征税。

3. 多次课征制

即在商品流通过程中选择多个环节征税的制度。如我国现行的增值税制度规定，商品每流转一次，就应按商品的增值额征一次增值税。

纳税环节的确定，关系到税制结构和整个税收体系的布局，关系到税款能否及时、足额入库，关系到地区间财政分配关系的处理，也关系到是否便利纳税人交税等。因此，进行税制设计时应慎重选择纳税环节，一经确定，不得随意变动。

（三）减税免税

它是指税法规定的对某些特殊情况给予减轻或免除税收负担的一种税收优惠措施或特殊调节手段。其中，减税是对应征税款减少征收一部分；免税是全部免除其税收负担。减免税体现了国家 定时期的经济和社会政策，有较强的政策日的性和针对性，是一个重要的税制要素。

减免税的具体形式主要有税基式减免、税率式减免和税额式减免三种。

1. 税基式减免

是指通过缩小计税依据来实现减免税的一种形式，具体包括起征点、免征额、项目扣除和跨期结转等具体形式。其中起征点是指税法规定征税对象开始征税的数额。征税对象数额未达到起征点的不征税，达到或超过起征点的就其全部数额征税。免征额是指税法规定的征税对象中免于征税的数额。免征额部分不征税，只对超过免征额的部分征税。

2. 税率式减免

是指通过降低税率来实现减免税的一种形式，具体包括重新确定新税率、归入低税率和规定零税率等。

3. 税额式减免

是指通过减少一部分税额或免除全部税额来实现减免税的一种形式，具体又分为全部免征、减半征收、核定减征率、核定减征额等。

减免税把税收的严肃性和必要的灵活性结合起来，有利于贯彻国家的税收政策，有利于因地制宜、因事制宜地处理税收方面的特殊情况。但是，减免税只能是一种临时性、补充性的措施，是一种特殊的调节手段，它只能在税法规定的范围内进行，超出税法规定的范围，侵犯统一征税规定，随意减免税，则会导致不公平竞争，造成税款流失，不仅会损害国家和社会的整体利益，甚至最终会损害某些减免税单位本身的利益。

与减免税相对应的，是在一些税种中实行加成、加倍征税的制度规定。这是对某些纳税人按应纳税额加征一定成数、成倍数的税款，是限制某些生产经营或调节纳税人取得过多利润而采取的加重征税的一种措施和方法，实际上是税率的一种延伸。如我国现行的个人所得税税制，对劳务报酬所得一次收入畸高的，就规定可以实行加成征收的办法。

（四）违法处理

违章处理是对纳税人违反税收法规行为所采取的处罚措施。它是税收强制性特征在税制上的具体体现，是维护国家税法严肃性、完成税收任务、严肃财经纪律的保证。

1. 税务违法行为

（1）违反税收征收管理法。即纳税人未按规定办理税务登记、纳税申报、建立保存账户、提供纳税资料、拒绝接受税务机关监督检查等行为。

（2）欠税。即纳税人因故超过税务机关核定的纳税期限，未交或少交税款的行为。

（3）偷税。即纳税人有意违反税收法规，采取欺骗、隐瞒等手段逃避纳税的行为。

（4）抗税。即纳税人拒绝遵照税收法规履行纳税义务的行为。

（5）骗税。即纳税人利用假报出口等欺骗手段，骗取国家出口退税款的行为。

2. 违法处理措施

对上述税务违法行为，根据各类税法的规定，税务机关一般可采取以下措施加以处理：

（1）征收滞纳金。即税务机关对欠税者除令其限期照章补交所欠税款外，并从滞纳之日起，按日加收所欠税款一定比例的滞纳金。

（2）处以罚款。这是一种经济制裁措施，有两种具体形式：一种是按应纳税款的倍数罚款；另一种是按一定数额罚款。

（3）税收保全措施。税务机关有根据认为从事生产、经营的纳税人有逃避纳税义务行为的，可以在规定的纳税期之前，责令限期交纳应纳税款；在期限内发现纳税人有明显的转移、隐匿其应纳税的商品、货物以及其他财产或者应纳税收入迹象的，税务机关责成纳税人提供纳税担保。如果纳税人不能提供纳税担保，按照一定的法律程序税务机关可采取如下税收保全措施：一是书面通知纳税人开户银行或者其他金融机构暂停支付纳税人的金额相当于应纳税款的存款；二是扣押、查封纳税人的价值相当于应纳税款的商品、货物或者其他财产。

（4）追究刑事责任。我国《刑法》第201条规定，纳税人采取欺骗、隐瞒手段进行虚假纳税申报或者不申报，逃避缴纳税款数额较大并且占应纳税额10%以上的，处3年以下有期徒刑或者拘役，并处罚金；数额巨大并且占应纳税额30%以上的，处3年以上7年以下有期徒刑，并处罚金。有逃避缴纳税款行为的纳税人，经税务机关依法下达追缴通知后，补缴应纳税款，缴纳滞纳金，已受行政处罚的，不予追究刑事责任。

（5）税务复议。为了保障企业和公民的纳税权益，税法规定纳税人有申请复议和向法院提出诉讼的权利。纳税人同税务机关在违章处理问题上发生争议时，必须首先按照税务机关的决定交纳税款、滞纳金、罚款，然后在60日内向上一级税务机关申请复议。上级税务机关应当在接到申诉人的申请之日起60日内作出复议决定，申诉人对复议决定不服的，可在接到复议决定之日至15日向人民法院起诉。

第二节　税收分类

在现代经济社会里，政府为了取得财政收入、提供各种公共品和调节收入分配等，需要开征若干个税种进行征税。也就是说，世界各国的现代税种结构一般都是覆盖社会再生产的各个环节并多次征的复合结构，单一的税种结构是极其少见的，而且也不存在分类问题。所谓税种分类是指根据税制构成的基本要素，将性质相同或相近的税种进行的归并和综合。对税种进行分类，可以帮助人们从繁多的税种中归纳出类别，找出某些税种的共性，为分析和研究税收负担的分配情况、负担的轻重、税收制度的优劣、国家税制的总体结构是否合理以及有效制定和实施税收政策等提供依据。

税种分类的方法有许多种，不同的分类方法在税制研究上具有不同的意义。就税种分类的一般方法讲，主要包括以下几种：

一、按征税对象分类

按征税对象进行分类，全部税种可划分为流转课税（商品或劳务课税）、所得（收益）课税、财产课税、资源土地课税和行为课税。

（一）流转课税

流转课税，又称商品或劳务课税。是指以商品或劳务的流转额为征税对象征收的一类税。流转税是商品生产和商品交换的产物，已经有了几千年的历史。世界各国开征的各种流转税（如增值税、消费税、营业税、关税等）是政府财政收入的重要来源。新中国成立以来，流转税在我国税制结构中一直处于主导地位，是政府税收收入、财政收入的主要来源。现行税制中的增值税、消费税、营业税和关税是我国流转税的主体税种。流转课税的计税依据是商品销售额或营业收入额，一般采用比例税率。流转课税对生产、流通、分配各个环节都可以征税，纳税人取得收入后就要交纳税款，不受成本费用的影响。

（二）所得课税

所得课税，又称收益课税。它是以纳税人的所得额为征税对象征收的一类税。所得额也称收益额，是指自然人、法人和其他经济组织从事生产、经营等各项活动所获得的收入，减去相应的成本费用之后的余额。所得税 1799 年创始于英国。由于这类税是以所得的多少为负担能力标准，比较符合公平、普遍的原则，并具有经济调节功能，所以被大多数西方经济学家视为良税，得以在世界各国迅速推广。在新中国成立以后的很长一段时间里，所得税收入在我国税收收入中的比重很小，所得税的作用微乎其微，这种状况直到改革开放，特别是 20 世纪 80 年代中期国营企业“利改税”和工商税制改革以后才得以改变。中国现行税制中的所得税税类税收，包括企业所得税和个人所得税两个税种。对收益额的课税能使税收收入比较准确地反映国民收入的增减变化情况，并且征纳双方的关系比较明确，税收的增减变动对物价也不会产生直接影响，有利于更好地发挥税收的调节作用。另外，收益课税一般采用累进税率，能适应纳税人的负担能力，体现合理负担的原则，有利于促进企业间的合理竞争。对收益额的课税往往受到经济波动和企业经营管理水平的影响，因而不能保证财政收入的稳定性，另外，其稽征技术也比较复杂，核实应税所得额的困难大。

（三）财产课税

财产税类是指以各种财产为征税对象的税收体系。财产税类税种的课税对象是财产的收益或财产所有人的收入，主要包括房产税、财产税、遗产和赠与税等税种。对财产课税，对于促进纳税人加强财产管理、提高财产使用效果具有特殊的作用。同时，对财产课税，还可以调节社会成员的财产收入水平，避免私人财产过分集中，财产占有差距过分拉大，有助于增进社会公平正义和促进社会和谐稳定，也有利于为地方财政提供稳定、可靠的收入来源。中共十八大已经将扩大直接税比重，要求加快房地产税立法并适时推进改革。但是，由于财产课税在收入上弹性小，课征范围难以普及到纳税人的全部财产，又由于财产课税采取从价征收，估价工作极为困难，所以世界各国的税制中都没有将其作为主体税种，只是税制结构中的辅助税种。

（四）资源土地课税

它是对开发和利用自然资源征收的一类税。目前中国的资源税、土地使用税和耕地占用税等税种都属于资源课税。这些税种主要是对矿产资源和土地资源的征税。既有对资源级差收入的调节，也有对资源收益的征收。因而资源、土地课税对调节级差收益，促进公平竞争，使企业加强经济核算，提高经济效益具有十分重要的作用。长期以来，中国经济增长方式粗放，资源能源消耗高，环境污染和生态破坏严重，已经严重制约中国经济社会可持续发展。为了促进资源节约、生态平衡，中共十八届三中全会提出了“加快资源税改革，推动环境保护费改税”的改革目标，可以预见，运用税收手段调节资源环境的力度将会不断加大。

（五）行为课税

它是以纳税人的某种特定经济行为作为征税对象征收的一类税。行为税是为了贯彻国家某项政策的需要而开征的。我国的固定资产投资方向调节税、印花税、屠宰税和筵席税等税种属于行为课税。

二、按计税依据分类

按计税依据划分税种，可分为从价税与从量税。

（一）从价税

从价税是以征税对象的价值为依据，按一定比例计征的一类税。如增值税、消费税、关税等。从价税的应纳税额随商品价格的变化而变化，能够体现合理负担政策，但是却不利于促进企业改进商品包装，因为改进商品包装而提高价格后，税额也会相应增加。

（二）从量税

从量税是以征税对象的特定标准（重量、面积、数量、件数等）为依据，采取固定税额计征的一类税。如资源税中的大部分课税税目、车船使用税和土地使用税等。从量税有利于鼓励企业改进商品包装，计算也比较简单，但是从量税的税收负担不能随价格波动而增减。

三、按税负能否转嫁分类

按税负能否转嫁，全部税种可分为直接税和间接税。

（一）直接税

直接税是指由纳税人直接负担税款，税负不易转嫁的一类税。如所得税、财产税等。这类税种大都设置在分配环节，是对收入、利润或财产占有与财产转移所课征的税，与价格没有直接的联系，纳税人缴纳了税款后，难以将税收负担转嫁给他人。因此，直接税的纳税人与负税人往往是同一个人。

（二）间接税

间接税是指纳税人有可能将税负转嫁给他人负担的一类税。主要是对商品流转额征收的各种税，如消费税、增值税等。这类税种的课税对象与商品的价格紧密地联系在一起，纳税人向国家缴纳了税款后，有可能通过提高商品的销售价格将税收负担转嫁给购买者，也有可能通过降低原材料的进价或压低工资把税收负担转嫁给原材料提供者或工人。在这种情况下，间接税的纳税人与负税人就发生了分离，纳税人虽依法履行了纳税义务，但最终却没有或没有全部负担税款；负税人虽不负有纳税义务，但却是税负的最终承担者。

四、按税收管理和税款使用权限划分

按税收管理和税款使用权限划分，可分为中央税、地方税和中央地方共享税。

（一）中央税

中央税又称国税，是指由中央立法机关立法，税收管理权和收入支配权归属中央政府的税种。在实行中央与地方分税制的国家，通常是将一些收入充足和稳定的税种作为中央税。由于各国税收管理体制不同，中央税的划分和规模各有不同的特点。一些国家如美国和日本；中央税占全部税收收入的60%以上。有些财权更为集中的国家如英国和法国，中央税高达80%左右。在我国，消费税、关税、中央企业所得税等，属于中央专享税，在营改增之前，增值税的75%归中央支配，营改增后，这一比例降为50%，在中央与地方分税制制度安排中，确保中央政府集中的税收收入占全部税收收入的50%以上，是中央政府确保具有足够的宏观调控能力、实施有效的国家治理的物质基础。

（二）地方税

地方税是指由一国地方政府征收、管理和支配的一类税种。地方税属于地方固定财政收入，由地方政府负责征收管理，税款由地方政府安排使用。在主要西方国家，地方税在全国税收收入总额中的比重一般不高，而且通常由一些收入零星且不稳定的税种组成。美国的州和地方政府享有相对独立的征税权，销售税和财产税是美国州和地方政府的主要地方税种，地方税的比重约占40%；英、法两国的地方税征管权更小，地方税比重仅占20%左右。在中国，地方企业所得税、城市维护建设税、城镇土地使用税、房产税、车船使用税、契税等，都属于地方税。中国的地方税收收入约占全部税收收入的30%左右。

（三）中央地方共享税

由中央和地方按一定比例分配后归属支配使用的税种为共享税。共享税属于税源普遍，收入大，能够兼顾中央和地方利益，具有调节中央与地方财政收支平衡功能的税种。我国的增值税、证券交易税、资源税等就属于中央与地方共享税。

这种按税种划分收入的方法可以使各级政府有稳定的收入来源和相应的税收管理权限，使责、权、利紧密结合，有利于调动地方政府组织收入的积极性，在分税制分级财政体制下，各级政府分职治事，自收自支，自求平衡。

五、按税收与价格的关系分类

按税收和价格的关系分类，全部税种可分为价内税和价外税。

（一）价内税

价内税是指税金作为价格组成部分的一类税种。价内税的优点在于税金包含在商品价格内，容易为人们所接受；税金随商品价格的实现而实现，有利于及时组织财政收入；税额随商品价格的提高而增加，使税收收入有一定的弹性；且计税简便，征收费用低。但价内税易发生商品价格与价值背离的情况，造成价格失真，并易发生税负转嫁。中国的消费税就是一种价内税，如一盒售价为10元的香烟，如果按照30%的税率征收消费税，那么10元的售价中就包含着3元的消费税税款，即税含价中，税款是商品价格的一个组成部分。

（二）价外税

价外税是指税金作为价格以外附加的一类税种。价外税的优点是税价分离，税金明确，税额不受价格变动的限制，收入较稳定，税负与纳税人的利益不直接挂钩，从而有利于促进企业降低生产成本、提高产品质量；有利于引导社会经济活动达到预期的目标。但价外税容易导致税负不合理现象。我国的增值税就属于价外税，如一盒售价为10元的香烟，如果按照17%的税率征收增值税，增值税税款就是1.7元，商品的价格是10元，增值税税款是1.7元，价税分离。

在上述各种税制分类方法中，尤以按征税对象分类的方法最为重要，是一种最基本的分类方法，其原因是：

（1）税收制度的核心要素是征税对象，不同税种以征税对象作为相互区别的主要标志，并以此规定税名。

（2）不同的税种因征税对象不同，作用也就不同，只有按征税对象分类，才能充分把握税收的具体作用，并据此制订体现国家政策意图的税收制度。

（3）现实的中国和西方国家税制基本上都是以征税对象作为分类标准的。

复习思考题

1. 基本概念

税收要素　纳税人　征税对象　税率　计税依据　纳税期限　流转税　所得税　资源税　价内税　价外税　从量税　从价税　直接税　间接税　减税　免税　偷税　抗税

2. 思考题

（1）征税对象的作用是什么？征税对象与计税依据有什么不同？

（2）纳税人与扣缴义务人之间是什么关系？“纳税人就是负税人”这一结论成立吗？

（3）税率的基本形式有哪几种？

（4）按照课税对象的性质不同税种可分为几大类？增值税属于哪一类？

（5）直接税与间接税的区分标准是什么？

（6）中央税、地方税与中央地方共享税的区分标准是什么？

3. 微型案例与讨论

“不求最好，但求最贵”。近年来，中国奢侈品增幅一直雄踞全球首位。对此，有人认为，开征奢侈品税和奢侈税也许是合理调控消费的好办法，可以在一定程度上调节社会收入分配的不公。眼下，国人普遍追求“吃”的奢侈，“用”的奢侈，“送”的奢侈，几乎到了无孔不入的地步，这不是一个好的现象。因此，对某些奢侈的消费予以征税，作为合理引导消费，间接调节收入分配的一种手段，对培养国民素质作用甚大。

另外的一种声音则认为，这种建议基本上属于乱开药方。因为目前对于奢侈品本来是有税收的，一些商品中的消费税就属于这种情况，如小轿车、高档手表、汽油等。这些商品不但缴纳增值税，还要缴纳消费税。再征奢侈税，有必要吗？

根据上述资料，讨论并回答以下几个问题：

（1）我国该不该开征奢侈品税和奢侈税？为什么？

（2）开征奢侈品税和奢侈税能否起到引导消费以及调节收入分配的作用？

第三章
税收职能

学习目标

税收职能是税收自身所固有的内在功能，它回答的是税收“能做什么”。本章从对税收职能的一般概念入手，具体分析税收的财政职能、经济职能和社会职能。正确认识税收职能，对于科学地制定税收法律法规、设计合理可行的税收制度、有效地制定和实施税收政策，加强税收管理，充分有效地发挥税收在国家治理中的基础性作用等，都具有重要的意义。掌握税收的三大基本职能是本章教学所要达到的主要目标。

第一节　税收职能概述

一、什么是税收职能

职能一般是指事物本身所固有的、客观存在的属性和本能。比如，水桶的职能是盛水，钢笔的职能是写字，食物的基本职能是充饥，棉衣的基本职能是御寒等。水桶、钢笔、食物、衣服等都是人类为了满足其消费的需要而生产的东西，是有形的物质产品，是看得见、摸得着的。

税收是一个古老的财政范畴，从税收产生迄今已有两千多年的历史了。在漫长的历史长河中，税收虽然经历了国家兴衰、无数的政权更迭以及法律和制度的变迁，但它却顽强地“生存”下来，这说明税收对国家来说，就像食物对人一样，具有国家其他的施政工具所不可替代的内在功能。

那么，什么是税收职能呢？税收职能是指税收作为政府筹集财政资金和调节社会经济的重要工具自身所固有的、内在的职责或功能。税收职能是客观存在的，是不依人们的主观意志为转移的，不因社会制度性质的不同而不同，或者说，税收职能是各种社会制度下税收所共有的、固有的功能。

二、税收职能的内容及相互关系

税收作为实现国家职能的一种重要工具，客观上具有三个基本职能，即财政职能、经济职能和社会职能。

税收的财政职能，也称税收的收入手段职能，是指国家凭借政治权力，通过税收把经济单位及个人占有的一部分社会产品或价值集中起来，形成由国家集中支配的财政收入，以满足国家提供公共品需要的职责或功能。税收的经济职能也称为经济调节职能，是指税收所具有的通过税收政策和税收制度，影响个人、企业的物质利益，进而影响经济活动和经济运行的职责或功能。税收的社会职能，又称税收的收入再分配职能，是指税收所具有的均衡社会成员之间占有收入或财富的差距，维护社会公平的职责或功能。

税收职能是一个具有统一性的整体。国家向纳税人征税，从国家方面看，可以形成由国家集中支配的财政收入，并在取得财政收入的过程中，调节经济活动和社会成员之间的收入分配；从纳税人方面看，纳税人向国家缴税，相应地减少了其可支配收入，从而相对降低了纳税人的消费能力或投资能力，最终影响了其消费或投资选择。可见，税收职能是一个有机的统一体，各个税收职能之间存在着相互制约、相辅相成的关系。

税收职能又具有差异性。各个税收职能在税收职能整体或结构中的地位不是平起平坐的。其中，税收的财政职能是其基本职能，其他职能是派生职能。因为税收的经济职能和社会职能，都是在政府取得财政收入的过程中实现的，或者说，税收的后两个职能寓于税收的财政职能之中，离开了税收的财政职能，其他职能就无法独立存在。同时，税收的经济职能和社会职能又能更好地保证税收财政职能的实现，如果失去税收的经济职能，国民经济的发展就不可能稳定、协调地正常进行，财政收入就无法实现；如果失去税收的社会职能，对高收入者的税收调节不力，对低收入者的财政救助不够，就会有失收入分配的社会公平、公正，长期发展下去就会危及经济发展和社会稳定，税收的财政职能也就难以有效实现。

第二节 税收的财政职能

一、什么是税收的财政职能

税收的财政职能是指国家凭借政治权力，通过税收把经济单位及个人占有的一部分社会产品或价值集中起来，形成由国家集中支配的财政收入，以满足国家提供公共品需要的职责或功能。它是税收的基本职能。

税收的财政职能包含以下几点含义：一是税收的财政职能是国家职能的重要组成部分或者说是国家职能的具体体现，它是凭借国家的政治权力强制实现的，马克思曾经形象地把税收比作是“喂养政府的奶娘”，就是对税收财政职能的经典概括；二是税收财政职能的履行过程，实际上也就是国家依法将经济单位或个人占有的一部分社会经济资源（社会产品或价值），强制、无偿地转移到国家手中的过程，其结果是改变了社会经济资源在国家与纳税人之间以及纳税人相互之间的占有和支配份额，并形成了由国家集中支配的财政收入；三是税收财政职能的最终目的并不仅仅是为了取得财政收入，而是为了实现国家职能及财政职能，在市场经济条件下，主要是弥补市场机制在调节资源配置中的不足和缺陷，通过税收和公共财政支出来有效地提供公共品，公平收入分配，以满足社会生产和生活的共同需要，维护社会稳定；四是税收的财政职能在税收职能体系中居于核心地位，是税收的基本职能。

二、税收财政职能的特点

（一）适用范围的广泛性

税收是国家凭借政治权力向纳税人进行的强制征收。从理论上讲，只要在国家主权管辖范围内的一切企业、单位和个人，均能从国家提供的各种公共品中直接或间接地受益，因此，一切企业、单位和个人也就都负有依法向国家纳税的义务，它不受所有制、行业、部门以及居民个人的居住地、职业、性别、户籍等身份地位差异的限制，国家可以根据需要与可能对纳税人进行征税，具有筹集财政资金或分配范围的广泛性特征。与国有资产收益比较，税收收入的范围，既可是国有企业，也可是非国有企业；而国有资产收益的范围则仅限于国有企业或国家参股的股份制企业。与政府收费比较，政府收费仅限于能够确定公共品直接受益对象的范围内，而税收的征收范围则不受这样的限制。

（二）取得财政收入的及时性

税法明确规定了纳税义务的成立时间及纳税期限，纳税人只要取得了应税收入或发生了应税行为，就必须依法及时地纳税。就纳税义务的成立时间看，流转税以企业取得销售收入为依据来确立纳税人的纳税义务，只要企业取得了销售收入，不论其最终盈亏如何，都必须依法及时地向国家缴税；所得税以企业取得利润与否为依据，只要企业发生盈利就应按国家规定的纳税期限及时交纳所得税。为了使税收征收管理具有严密性，税法明确规定了各个税种的纳税期限，纳税期限的规定，即使纳税人缴纳税款有了时间上的法定限制，也适应了企业盈利结算时间的局限，有利于国家及时取得财政收入。与国有资产收益比较，大型企业的销售收入或营业收入每一天发生的数额都较大，有的1天就要交纳一次税款，有的3天或5天就交纳一次税款，中型企业的纳税期限一般为10天或15天，税收收入及时、均衡；而国有资产收益则是按月预交，年底汇算清交。

（三）征收数额的稳定性

征收数额的稳定性首先是由税收的无偿性决定的。税收收入形成后，就归国家永久性地占有和支配使用，它不像公债那样需要到期归还本金并支付利息，这使国家的财政收入具有较强的稳定性。其次是由税收的强制性和税制的相对稳定性决定的。国家税法在某一税种实施前就明确规定了该种税的纳税人、征收范围和税率等，一旦税法颁布实施，就保持相对稳定，在税法实施过程中，任何经济单位和个人，只要负有纳税义务，就必须依法纳税，否则就要受到法律制裁，这也使财政收入具有较强的稳定性。与国有资产收益比较，有利润的国有企业才上缴，没有利润的就不缴，利润多的多缴，利润少的只能少缴，亏损的国有企业往往还需要财政补贴，既不稳定又不可靠，而税收一般不受这样的限制。

三、税收财政职能的基本内容

（一）取得财政收入

从国家角度来看，税收组织财政收入职能的过程，也就是为国家聚财的过程。国家是社会公共事务的管理者和公共品的提供者，它在执行公共事务和提供公共品的过程中必然要耗用一部分物质资财，从而就需要采用一定的手段取得相应的财政收入。国家取得财政收入的手段有税收、政府收费、发行公债、发行纸币、直接经营企业等。其中，由于税收同时具有强制性、无偿性、固定性等基本特征，成为国家尤其是现代政府取得财政收入的最重要、最可靠、最稳定的手段，现代政府公共财政收入中，税收收入通常占90%以上。

（二）调节经济和社会生活

税收在为国家筹集财政资金的同时，通过对纳税人和课税对象的不同选择、税率高低的确定等，使经济单位及个人占有和支配社会产品（或价值）的份额发生增减变化，相对改变了纳税人生产和生活的外部条件。一部分经济单位及个人，由于多纳税，占有和支配的社会产品在整个社会产品中的份额会相对地下降；另一部分经济单位及个人，由于少纳税或不纳税，占有和支配的社会产品在整个社会产品中的份额会相对地上升。从而对纳税人的投资和消费能力与行为乃至整个社会的资源配置和收入分配，都起到重要的调节作用。

第三节　税收的经济职能

一、什么是税收的经济职能

税收的经济职能是指税收所具有的国家通过制定和实施税收政策和税收制度，影响个人、企业的经济利益，进而影响经济活动和经济运行的职责或功能。

税收的经济职能包含以下含义：一是税收的经济职能是通过税收的财政职能实现的。在政府取得财政收入的过程中，政府通过选择纳税人和课税对象以及确定税率，直接影响经济当事人的经济利益，进而影响经济当事人的经济行为或选择，并对整个社会的生产结构、投资结构、消费结构、生产关系结构等产生广泛影响。二是税收经济职能的发挥不是自发的、更不是盲目的，特别是在市场经济条件下，税收对经济的调节范围和力度必须建立在市场调节的基础上。三是税收的经济职能是通过国家制定和实施各项税收政策与制度实现的，在各项税收政策和制度中，清晰地体现了政府对经济的调节意图。

税收经济职能有两种调节方式。一种是引起社会产品及社会经济活动的绝对量发生变化，也就是使经济单位及个人占有的社会产品无差异地同时变动，进而使它们所从事的各种社会经济活动等量地扩大或缩小；另一种是引起社会产品及社会经济活动的相对量发生变化，也就是使经济单位及个人占有的社会产品及从事的社会经济活动发生有增有减的结构性变化。政府应根据客观条件的可能，选择符合政府调控需要的方式加以运用，以有效发挥税收经济职能可能产生的积极作用。

二、税收经济职能的特点

政府用来管理、控制和调节经济的手段有许多种，如法律手段、行政审批或政府管制制度、指令性或指导性计划手段、产业政策、收入政策、货币政策等。各种手段具有不同的作用对象、范围和效果。与其他政府调节经济的手段比较，税收手段对经济的调节具有以下特点：

（一）调节行为的权威性

税收的征收主体是国家，它可以凭借政治权力使税收杠杆的直接承受者（纳税人），按税法要求履行纳税义务，任何单位和个人都不得以任何形式作出同税法规定相抵触的行为选择或决定。同时，国家在执行税法过程中，对纳税人的偷税和抗税等违法活动，依据税法规定实施相应的经济或法律制裁；对拖欠税款屡催不交者，可采取扣交入库、吊销税务登记证和建议工商部门吊销营业执照、提请司法机关强制征收等行政强制手段。这说明，税收的经济调节职能是以法律作保证的，因而是具有权威性、强制性的调节。

（二）调节范围的广泛性

从纳税人来看，国家征税不受所有制的约束，无论是国有经济，还是非国有经济，国家都可行使征税权。因而国家运用税收也完全能够对各种经济成分和各种经济活动进行引导和调控。从课税对象来看，它既可以对商品课税，也可以对企业和个人所得课税，还可以对财产、资源和特定的行为课税。从课税层次看，既可以在企业利润形成阶段课税，也可以在企业利润取得阶段课税，还可以在企业利润使用阶段课税。可见，税收的调节范围不仅覆盖生产、分配、交换、消费等再生产的各个环节，涉及经济活动的微观和宏观两个层次，而且还调节到各种经济成分和经营形式的单位及各阶层的公民，因而，调节范围十分广泛。

（三）调节措施的灵活性

国家可以根据政治、经济形势的需要，通过适时调整税收政策，包括设置税种、选择课税对象、规定征税范围和征收项目、调整税率、确定计税依据以及规定加成征收、减免税等措施，来调节不同产业、产品以及不同地区和纳税人的经济利益，做到有的放矢。从客观上说，政府可灵活选择和搭配运用各种税收政策工具，政府若对经济运行态势和人们的收入分配状况判断准确，税收调节的力度适当，政策出台适时等，就能取得良好的预期调节效果，如为应对经济下行、稳增长、稳就业、稳预期、稳投资等，中国政府在2018年全年减税规模1.3万亿元的基础上，2019年推出更大规模的减税降费政策，全年减税降费将超过2万亿元，尤其是增值税实质性减税和社会保险费负担实质性下降，对扶持民企发展、稳增长、稳就业等都发挥了重要作用。

三、税收经济职能的内容

由于税收调节经济的职能具有上述特点，因而其调节的内容也就十分丰富，主要有以下几方面：

（一）调节企业之间的利润水平

企业的利润，是反映企业生产经营情况的综合性指标。利润的多少关系到企业的生存和发展，与企业及职工的切身利益息息相关。从理论上讲，企业付出了同样的劳动，就要得到同样的物质利益。但是，实际上各个企业的利润并非都和它付出的劳动是相等的。付出了同样的劳动，有的企业得到的利润可能多一些，有的企业则可能少一些。这是因为一个企业利润水平的高低，除主观努力外，往往还受到其他许多客观因素的影响，如地理位置、交通运输条件、资源优劣、商品供求弹性等，这些客观因素就需要政府通过税收手段加以调节。例如，开采自然资源的企业，因资源的有限性，决定了国家不仅要开采优质资源，而且对劣质资源也必须进行开采和利用。在这种情况下，开采劣质资源的劳动就属于必要劳动，决定资源产品价值的就不是社会平均必要劳动时间，而是开采劣质资源的劳动时间。这样，开采优质资源的企业，就会因资源条件优越而得到一部分级差收入，这部分级差收入的存在，使企业之间的利润水平失去了可比性，也使各企业及职工的物质利益相差十分悬殊。这就需要将这部分由于客观因素造成的级差收入剔除掉，使企业利润能够正确地反映企业的主观努力成果。国家通过征收资源说，根据级差收入的多少和盈利水平的高低，制定不同的税率，就基本上可以将级差收入收归国有，从而使企业的利润具有可比性，能够反映出企业的实际主观努力程度，平衡企业间的经济利益。除此之外，对占有土地多少不同、地理位置不同、交通运输条件不同等造成的级差收入，以及各个产业之间因资本有机构成不同和商品供求弹性差异等因素而造成的盈利水平差异，也需要通过税收杠杆加以调节，从而给企业创造一个大体公平的外部竞争环境，付出同样的努力，可以得到大体均等的物质利益。

（二）调节资源在不同产业和不同产品之间的合理配置

无论是什么社会，经济资源都是有限的，而人们的需要则是无限的和多样化的。因此，运用有限的资源去最大限度地满足社会的无限的和多样化的需要，即最有效地合理配置社会资源，都是任何社会制度下的核心经济问题。在现有的技术条件和资源约束下，如果所生产的商品和劳务总量已达到最大化，用其他任何方法所生产的产量至多只能与这种方法所生产的产量相等，则资源达到了最合理有效的配置。

税收具有调节经济的职能，是实现资源合理有效配置的一个重要杠杆。首先，在市场配置起决定性作用的基础上，针对市场调节生产与消费的缺陷，通过对不同产品、产业有选择地实行适度的差别税率，或加征调节性税种，可以调整某些产业或产品的利益结构，影响其价格水平和市场竞争条件，从而诱导资源合理流动，改善投资需求结构和生产结构，促进资源合理配置，例如，对烟酒征收消费税，将会相应提高这类消费品的价格，从而抑制消费需求、减少供给。其次，利用税收筹集财政资金，并通过财政投资将其用于基础产业及政府公共部门，就会改变资源在地区之间、基础产业与加工工业之间以及私人品与公共品之间的配置比例，促进其合理利用。

（三）调节宏观经济运行，促进经济稳定发展

稳定和发展经济是税收调节经济的目的之一。任何社会形态下的国家，其经济都需要稳定和发展。但在现实经济生活中，由于政治的、社会的以及经济的原因，国民经济常常会出现一些不稳定因素。例如自然灾害、通货膨胀、供求矛盾、经济周期性危机等都会导致经济的不稳定，影响经济的发展。利用税收对经济进行调节可以使经济趋于稳定。例如，当经济发展速度过快，社会需求形成的社会购买力超过社会供给所代表的商品和劳务可供量时，增加税收可以提高财政收入占国民收入的比重，相应降低纳税人收入的增长速度，从而起到收缩社会需求，抑制经济过快增长的调控效应；反之，在经济衰退、社会有效需求不足、供给相对过剩的情况下，降低税负以降低财政收入占国民收入的比重，可以相应增加纳税人的实际可支配收入数额，使必要的投资需求和消费需求得以维持，从而起到刺激社会需求，促进经济增长的调控效应。正因为如此，市场经济国家普遍十分重视有效发挥税收对经济运行的稳定作用，把税收作为稳定政策的重要工具来使用，把税收视为调节市场经济活动的“内在稳定器”。

第四节　税收的社会职能

一、什么是税收的社会职能

税收的社会职能，又称税收的收入再分配职能，是指税收所具有的均衡社会成员之间占有收入或财富的差距，维护社会公平的职责或功能。

税收的社会职能有以下几点含义：一是税收的社会职能是税收所具有的对收入进行再分配的职能，在市场经济条件下，实际上就是在市场初次分配形成各种要素收入的基础上，政府对市场分配的结果进行的再分配；二是税收社会职能的调节对象，是社会成员中的高收入者和有产者；三是税收社会职能调节的力度，应由政府根据社会成员占有收入或财富的差距、公平与效率得失的权衡、社会大多数成员对收入或财富差距的认可及承受能力等因素来确定，由于上述因素是可变的，因此，调节的力度不仅在世界各国不同，而且在同一国家的不同历史时期内往往也有较大的差异；四是税收社会职能调节的目标，是维护社会公平，促进社会稳定，社会公平的含义不是不承认和完全消除社会成员间的收入或财富占有差距，而是政府通过税收和转移支付机制的调节，将社会成员间收入或财富的占有差距控制在大多数人所能接受的范围内，平均主义不是社会公平。

税收的社会职能主要体现在现代市场经济中。市场经济能够比较有效地解决效率问题，但它不能解决社会公平问题。“有效率的市场制度可能产生极大的不平等”①。其原因

---

① 萨谬尔森：《经济学》第12版（上），中国发展出版社，1992年版，第83—84页。

在于，商品跟随的是货币选票，而不是最大的需要。一个富人的猫喝到的牛奶，也许正是一个穷人的孩子维持健康所必需的。“如果一个国家花费在宠物食物上的支出高于花费在给穷人以高等教育上的支出，那么，这是收入分配的缺陷，而不是市场的过错”①。市场机制可以增进效率，但它并不是一定是以可以接受的方式来分配生产的成果。矫正市场机制下用货币选票分配生产成果所形成的不合理格局，必须由政府通过财政税收的再分配政策加以调节。

二、税收社会职能的特点

在市场经济条件下，经济活动以个人和企业为基础，政府的基本职责是按照“小政府、大社会”的原则，解决个人生活或企业生产经营中的一些不愿意干或者干不了、干不好的公共事务。其中，政府运用税收手段调节收入分配差距，维护社会稳定的社会职能就是政府的基本职能之一。不过，政府执行社会职能的手段也是多种多样的，除了税收以外，还有社会保险、社会救济、社会福利、财政补贴等，进一步来看，除了政府以外，志愿者以及志愿者组织（如中国的希望工程）、社会慈善机构（如中华慈善协会等）以及社区等也以不同的方式，济贫助残，执行社会职能。与其他手段比较，税收手段在执行政府的社会职能时，具有以下特点：

（一）税收社会职能的调节对象是高收入者和有产者

从上面所列举的例子可以看出，政府和其他社会组织执行社会职能时所面对的对象，主要是社会成员中的老、弱、孤、寡、残疾者、失业者等市场竞争中的弱势群体；而税收的调节对象则主要是社会成员中的高收入者和有产者，是市场竞争中的强势群体。税收调节是从收入角度入手的，政府通过对高收入者的所得或财产征收所得税或财产税，相对降低他们的收入水平和占有社会财富的水平；而其他调节手段则是通过财政支出等方式，相对提高低收入者的收入水平。

（二）税收社会职能的行使具有强制性

政府根据收入和财产在社会成员之间的分配、占有状况，权衡公平与效率，制定和实施收入分配政策和社会政策，并主要通过税收和财政转移支付来实现。其中，政府针对高收入者和有产者开征的各种税，是依据税法强制征收的，不以纳税人的意志为转移。

三、税收社会职能的内容

在现代市场经济条件下，税收社会职能的内容主要有四道防线：

（一）个人所得税

对高收入者征收累进所得税，收入越多缴纳的所得税也就越多，以相对降低高收入者

---

① 萨谬尔森：《经济学》第12版（上），中国发展出版社，1992年版，第83—84页。

的收入水平。

（二）财产税

开征财产税，适当调节社会财富分配。就中国的实际情况看，可将房产税、城市房地产税合并为统一的房产税，按评估值计征，扩大税基，将征税范围扩大到具有涉外因素的企业和个人，取消城市房地产税。

（三）遗产税与赠与税

从中国的实际情况出发，应该研究开征遗产和赠与税，遗产和赠与税可下设遗产和赠与两个税目，在新开征期间可采用稍微偏低的税率水平，待适合的时候再予调整；遗产和赠与的范围应根据国际惯例和中国国情确定。

（四）开征生活保障税

根据中国的实际，配合企业、劳动、人事、医疗等制度的改革，结合费改税，将现行的社会保险费改为生活保障税，建立全国统一的、全方位的社会保险税，为社会保障筹集稳定可靠的资金。

复习思考题

1. 基本概念

税收职能　税收财政职能　税收经济职能　税收社会职能

2. 思考题

(1) 什么是税收职能？在市场经济条件下税收有哪些职能？为什么说筹集财政收入是税收的基本职能？

(2) 税收的财政职能有哪些特点？税收财政职能的基本内容是什么？

(3) 税收的经济职能有哪些特点？税收经济职能的基本内容是什么？

(4) 税收的社会职能有哪些特点？税收社会职能的基本内容是什么？

3. 微型案例与讨论

某市地税局坚持服务地方经济的宗旨，把促进本市私营个体经济发展作为己任，按照“放心、放胆、放手、放开、放宽、放活”的要求，发挥税收的职能作用。他们提出的税收观念有：一是树立税收公平观念，使私营个体经济与其他所有制经济处在同一起跑线上，享受“国民待遇”，在地方税收征管措施的制定和执行上，对私营个体经济和其他性质的经济一视同仁，公平税负，以促进公平竞争，健康发展。二是树立“放水养鱼”、涵养税源观念。民营经济经济的大发展无疑会给该市地方税收收入带来大增长。因此，要充分发挥税收的经济调节作用，对国家明确的税收优惠政策，执行上决不打折扣；对可严可宽的政策，坚持能宽不严；在私营个体经济征管上，做到能松不紧，为促进本市私营个体经济发展“保驾护航”。他们所采取的主要税收政策措施包括：一是进一步推进私营个体经济发展上规模、上水平。对私营高新技术企业在计税工资标准及高新技术人员个人所得税的征收上，比照高新技术开发区内的有关企业执行；同时，鼓励私营企业加大技术投入和技术改造。二是鼓励私营企业安置城镇失业、下岗职工再就业。对私营企业安置上述人员达到规定比例、从事社区服务业取得的收入在三年内免征营业税和个人所得税。对失业、下岗职工从事个体经营，予以减免个人所得税一年。三是进一步扶持私营企业兴办第三产业。对新办独立核算私营企业，从事咨询业、信息业、技术服务业和交通运输业、邮电通讯业的，给予享受减免企业所得税1—2年的优惠。

根据这个案例，讨论并回答以下几个问题：

（1）你认为“放水养鱼”的观念是否正确？为什么？它与公平税负的观念是否有矛盾？

（2）该市出台的三项税收政策，主要发挥的是什么税收职能？

（3）这些税收政策有调节经济结构和个人收入结构的功能吗？为什么？

*第四章 税收原则

学习目标

政府课税，不仅直接涉及政府取得财政收入的多少以及政府职能实现的财力保障，而且也直接关系到纳税人的经济利益。因此，政府课税必须遵循一些基本的行为规范。本章首先对税收原则作出概要性的分析介绍，在此基础上，着重就我国社会主义市场经济中税收的财政原则、效率原则和公平原则等进行分析。了解和运用税收的这些基本原则是本章的主要学习目标。

第一节 税收的财政原则

一、什么是税收的财政原则

税收的财政原则是指税收应能为国家财政提供稳定充裕的财政收入来源的基本准则。它是我国税收的基本的、首要的原则。无论古今中外，税收总是国家政府取得财政收入的重要工具。

我国税收收入占一般公共预算收入的比例90%左右，这一比例与世界大多数国家已不相上下。税收筹资地位的变化，表明了已成为取得财政收入的基本手段。因此，为国家财政提供稳定充裕的收入来源、满足国家治理的财政资金需要，也就成为税收的基本原则。

税收如何为国家财政提供稳定、充裕的收入来源，有两个问题值得研究：一是什么叫稳定充裕的收入来源；二是如何提供稳定充裕的收入来源。这也是税收财政原则至少应包括的两项内容。

* 带*的为选用模块的内容。

二、税收财政原则的基本内容

（一）稳定充裕

1. 税收收入为什么要稳定充裕

税收从来就是与国家的政治权力相联系的，是筹集用来满足国家治理、满足社会公共需要和提供“一揽子”公共品的财政资金的重要手段。提供良好的社会秩序，为生产者的生产和消费者的消费创造一般的共同性外部条件是现代国家的基本职能，也是现代国家治理的基本任务。在新时代，中国的“建设”已由单一的经济建设，转变为经济、政治、文化、社会和生态文明“五位一体”的建设；中国的“发展”也已由以数量扩张和速度增长为目标的粗放式经济发展，转变为创新、协调、共享、绿色、开放“五位一体”的新发展。无论是践行五位一体建设，还是践行五位一体的发展，都需要以稳定、可靠、充足的财政资金作基础。如果税收收入不稳定、不可靠、不充足，寅吃卯粮，靠发债、收费甚至发行货币度日，就会难以实现新时代国家治理的基本任务。因此，在研究制定总体税负水平时，要保证税收收入与国民经济大致同步、稳定增长，使税收同国民生产总值和国民收入保持相对稳定的合理比例关系。

2. 税收收入怎样实现稳定充裕

为了保证财政收入的稳定充裕，在设计税制或者对税制进行改革调整时，要注重选择收入弹性较大的税种。所谓“税收弹性”通常是指税收总收入变化率与国内生产总值（也可用国民生产总值代之）的变化率之比。一般来说，如果税收总收入变化率与国内生产总值变化率之比，即税收弹性值大于1，表明税收收入增长快于经济的增长，这一比值越大，说明税收收入增长越快，即倾向于“高弹性增长”；反之，如果税收弹性值小于1，且比值过小，则表明税收收入不仅慢于经济的增长，而且呈“低弹性增长”。

税收的“高弹性增长”，可使财政收入显得较为充裕，财政支出的压力相对减轻，收入足以保证支出增长的需要。但是这种状况若长期持续下去，则会导致税收收入占国民收入的比重逐渐上升，税收总负担日趋加重，影响企业的投资扩张、抑制消费者的消费需求，从而对经济增长、就业等产生阻滞作用，反而使税源受到损害；税收的“低弹性增长”，虽然可以使税收总负担有减轻的趋势，但久而久之，会造成税收收入占国内生产总值的比重逐渐降低，特别是在财政收入以税收为主的情况下，会直接导致财政收入占国民收入比重的下降，激化财政收支矛盾，加重财政收支平衡压力，进而影响宏观经济稳定。可见，在一个较长的时期里，税收收入不论是呈“高弹性增长”，还是“低弹性增长”，都不是最理想的状态。在正常情况下，只有使税收弹性保持在1以上，并且不要太高，一方面确保税收收入增长要略快于经济的增长，另一方面又不因过重的税收总负担阻碍经济发展，才是税收收入政策所要追求的比较理想的目标。

此外，为了保证财政收入的稳定充裕，还要注意遵守税法，贯彻税收政策，促进效益提高，在公平税负的前提下，努力把该收的税都收上来，即应收尽收、收足收实。

（二）适度合理

1. 取之有度

税收收入的取得要适度，防止取之过度，影响企业和劳动者个人的积极性，损害公平和效率。而要做到这一点就不能把税率定得太高，但也不是说把税率定得越低越好，而是要找出与经济社会发展所处阶段相适应的税率最佳点。

如果把税率定得过高，超过了合理的限度后，那么，税收总额就不仅不会增加，反而会随着税率的提高而不断减少。当税率达到100%时，由于无人愿意工作或投资，经济增长将停滞，政府税收收入将趋于零。反之，如果把税率定得太低，虽然企业和个人可能因此而相对增加了税后可支配收入，投资和消费能力得以扩张，但政府却会因此而入不敷出，或增加货币发行，引起通货膨胀；或借债花费，若债台高筑，同样会给经济社会发展带来不良后果；或缩小政府提供公共品的范围、降低公共品的质量等，这会因投资环境和生活环境的恶化而增加交易费用，增加企业的生产经营成本，影响居民的生活质量，降低资源配置效率。可见，找出税率的最佳点，使它既能保证政府的财政支出需要，又不妨碍经济的正常运转是至关重要的。

在保证税收收入的适度方面，剩余产品价值是税收收入的最高限度。

2. 取之合理

取之合理主要是指政府在运用税收取得财政收入时，向谁取以及取多少（即税负在纳税人之间的分配）要公平合理，符合税收的能力原则和受益原则的基本要求。

从税收的能力原则来判断政府收税的合理性，主要是看政府是否根据纳税人的收入水平、消费水平或拥有的财产情况等来合理地分配税收负担，是否做到了纳税能力强的纳税人多负担、纳税能力弱的纳税人少负担或不负担等。

从税收的受益原则来判断政府收税的合理性，主要是看政府收入负担在纳税人之间的分配，与纳税人对政府提供的公共品的消费是否相匹配。一般地说，以下做法是合理的：第一，用于地方公共品的费用应尽可能向受益人收费来回收。这种收费应与个人的消费挂钩，若这种方法不可取，则应与个人的受益大小挂钩。第二，对那些成本不能通过收费来回收的公共品来说，其资金应从有关辖区中的一般税收（即财产税、营业税和销售税）中筹集。第三，如果地方公共品的利益溢入其他管辖区或给全国带来好处，上级政府就应对该公共品的外溢部分提供拨款，其资金应来源于一般税收。第四，政府收费亦应依法管理。收费范围、收费项目、收费标准等均要依法确定，收费收入要依法纳入政府统一的财政预算管理，预算应具有完整性、统一性、公开性，预算以外不允许存政府的分配活动。

第二节 税收的公平原则

一、什么是税收公平原则

税收公平原则，亦称公平税负原则，是指国家征税应使纳税人承受的负担与其经济状况相适应，并使纳税人之间的负担水平保持均衡的准则。

税收是国家从纳税人的收入或财富中征收一部分为国家所用的钱财。国家是依据税法向人们征收的，一般来说，人们是尊重法律交纳税款的。随着市场经济的发展和社会进步，人民要求在法律面前人人平等。为此，税收制度的核心——税法是否能达到公平合理，就成为税收征纳能否顺利进行的重要原则。税收的不公平，一部分课税较重的纳税人会设法抵制纳税，甚至会发生有组织的抗税活动，与政府发生激烈冲突。这不仅会影响税款的征收，更重要的是会影响社会安定和政权的巩固。所以，当今世界各国政府在建立和改革税收制度，制订或修订税法以及开设新税种时，都十分重视税收的公平性。

二、税收公平原则的内容

税收公平原则包括经济公平原则和社会公平原则两个内容。

（一）经济公平

税收的经济公平是指在市场经济条件下，经济环境的平等（主要是竞争环境的平等或者说是机会均等）和国家经费在社会各成员之间的合理分配。可见，税收的经济公平包括机会平等和税收负担合理分配两层意思。

1. 机会平等

政府通过税收手段的调节实现机会平等，是市场经济发展的内在要求。在市场经济条件下，对于企业来说，由于其产品价格、地理环境（它影响着运转、协作等费用）、人员装备、技术条件以及资源条件等方面都不相同，即外部竞争环境不同，对企业的生产成本和经营利润也就产生不同的影响。因上述外在条件的差异，使得一部分企业处于有利地位，而另一部分企业则处于不利地位。处于有利地位者，可以凭借各种甚至某一种外在的经济优势，就能占领市场，形成资源或价格垄断，其结果是竞争无法实现，降低资源配置效率。因此，国家通过适当的税收政策，改变以至消除由于企业对自然资源、人力、技术及其他生产条件占有状况的不同而形成的不平等竞争环境，使竞争者大致站在同一起跑线上开展公平竞争，是十分必要的。此外，税收在达到机会平等目标的过程中，还应鼓励人们去选择和用那些需要较高文化水平和知识才能获得的机会，鼓励人们去选择和利用那些能够对社会经济发展作出较大贡献的机会，从而促进社会效率的提高和个人能力的发挥，这也是税收经济公平的要求。

2. 税收负担合理分配

税收负担合理分配是税收经济公平的第二层含义。其核心是要解决税收负担是否与纳税人的条件相一致的问题和税款的使用是否给纳税人带来利益，要达到这一层次的税收经济公平，必须掌握和运用以下 3 个原则：

（1）纳税能力原则。所谓纳税能力原则，是指政府要以人们能否负担税收以及负担程度多少的能力为标准进行课税的准则。它包括三层含义：一是在有纳税能力者与无纳税能力者之中，前者应负担税款，而后者无需纳税，这是公平的。因为对无纳税能力者征税，不但执行不了，而且容易引起社会的不安定。二是在有纳税能力者之中，纳税能力相同者税负相等，这是最公平的，也称横向公平。因为在税法面前可以体现出人人平等，排除了特权阶级和特殊地位的人不纳税或少纳税的可能。三是在纳税能力不同者之中，能力大者多负担，能力小者少负担，也可以达到公平的目的，这称之为纵向公平。因为，税收应该体现出缩小贫富之间差别过大的社会政策作用。

（2）受益原则。所谓受益原则，是指政府按照使用税款的财政支出，给纳税人带来并享受的利益来分配税收的准则。这一原则是将商品经济中，私人品在自由市场中的等价交换理论，引入到政府所提供的公共品中。人们付钱在市场上购买商品或劳务，从而能够得到某种利益方面的享乐或满足；同样，在公共品上也可照此类推——若政府提供的某种公共品，其受益归于某个特定的使用者，他就应该纳税，而且受益多者应该多纳税，受益少者应该少纳税。这样，税收实际上就成为政府用来分摊公共品生产成本的一种社会分配机制。

（3）普遍征税原则。普遍征税原则有三层基本含义：一是对人（包括自然人和法人）征税应当普遍。政府应当普遍地对管辖权范围内的每一个纳税法人和自然人征收，税法面前人人平等。二是对物征税应当普遍。政府对物征税应涉及处于征税环节中的所有物品，包括这些物品的生产、流通、分配和消费的各环节。三是慎用税收减免。

（二）社会公平

社会公平包括两个层次的含义：一是政府应利用课税机制达到社会有序发展的目标，通过公平税负，实现收入的公平分配，力图以效率的最小代价达到经济社会稳定发展；二是在一国（地区）内全体社会成员之间所享有的经济福利不能过分悬殊，收入和经济福利差距不能过大。税收社会公平的核心是强调社会对个人间收入差距的合理调节，其调节力度或社会公平的判断是社会成员对收入差距的可承受度。社会公平是以伦理公平为基础，同时又对经济公平进行必要的修正，所以，从本质上说，社会公平是更高层次的公平。

第三节　税收的效率原则

一、什么是税收效率原则

所谓税收效率，是指以尽量小的税收成本取得尽量大的税收收益。税收收益不仅包括取得的财政收入，还包括因税收的调节，优化产业结构，提高了资源配置效率，促进了社会经济稳定发展和生态平衡而产生的正效应即“间接收益”。税收成本不仅包括税收的征收和管理费用，还包括因税收对社会经济进行调节而产生的负效应（不良影响）即“间接成本”。税收效率一般通过税收成本与税收收益的比率来衡量。比值越小意味着税收效率越高，反之则越低。

税收效率归根到底是税收与经济的相互关系问题。税收效率的提高，表现为征收管理费用的节省，好的税收效应的产生，表现为征税过程对社会经济阻碍小、促进大，其结果是纳税人可以投入更多的精力、时间、资金发展生产，创造财富或改善生活。因此，政府在确立和改革税制时，应当充分考虑税收的效率原则，使国家征税有利于资源配置和经济机制有效运行，有利于提高税务行政管理效率，有利于贯彻国家产业政策和发展社会生产力。

二、税收效率原则的内容

税收效率通过税收成本和税收收益的比率衡量。

（一）税收的行政效率

税收的行政效率是指税收征收管理部门本身的效率。它可通过一定时期直接的征税成本与入库的税收收入之间的对比来衡量。用公式表示就是：

税收的行政效率＝税收成本÷税收收入

这里的税收成本包括两类费用支出：一类是税务行政费用，即税务部门在实施各种税收计划、征管各个税种过程中所支出的费用，包括：税务机关工作人员工资、薪金和奖金支出，即人员经费；税务机关在征税过程中因采取各种方法所支付的费用以及为税制改革而付出的直接费用，即公用经费。另一类是纳税执行费用，即纳税人在纳税过程中所发生的费用，包括：纳税人雇用的会计师、顾问或职业税务代理人所花费的费用；公司、企业为个人代交税款所花费的费用；纳税人用在申报税收方面的时间等等。这里的税收收入是税收的直接收益，即入库的税收收入额。

一般地说，直接的征税成本与入库的税收收入之间的比例越小，税收的行政效率就越高。或者说，在一个预算年度内，直接征税成本的增量与入库的税收收入的增量之间比率越小，税收的行政效率就越高，反之相反。

用这种方法，不仅可以比较出每种税的征税效率（即将各种税所支付的费用与各种税的税收收入之比计算出来，比较和分析哪种税的征收效率高，哪种税的征收效率低）的高低，还可以比较出某一种税和全部税收在各个时期的征税效率的高低，以反映税收效率的动态关系。此外，还可以利用这种方法比较不同国家以及同一国家的不同地区的税收征收管理效率的高低，从而找出差距，改进工作方法，简化征管，提高税收的行政效率。

（二）税收的经济效率

税收的经济效率旨在考察税收对资源配置和经济运行的影响状况。检验税收经济效率的标准有两个：一是税收的额外负担或超额负担最小化；二是税收的额外收益最大化。

西方税收学界用所谓“帕累托效率”来解释经济效率。根据帕累托效率的定义，如果资源的配置和使用已经达到这样一种状态，即任何资源的重新配置已不可能使一些人的境况变好而又不使另一些人的境况变坏；或者说，社会分配已经达到这样一种状态，任何分配的改变都不可能在不减少其他人的福利的同时，还能够使至少一个人的福利有所增加，那么这种资源配置已经使社会效用达到最大，这种资源配置状态被称为资源最优配置状态，或“帕累托最优”。如果达不到这种状态，就说明资源配置的效率不是最佳的，还可以重新调整。由于现实经济生活中，大多数的经济活动都可能是以使其他人境况变坏为条件而使某些人的境况变好，所以，效率的实际含义可以解释为：经济活动上的任何措施都应当使“得者的所得多于失者的所失”。或者从全社会看，宏观上的所得要大于宏观上的所失。如果做到了这一点，经济活动也被认为是有效率的。

西方学者把“帕累托效率”概念应用于税收，用来解释税收经济效率问题。西方税收界认为，税收的征收活动同样存在“得者的所得和失者的所失”的比较问题。如果国家通过征税将社会资源从纳税人手中转移到政府手中所产生的影响，会使经济活动因此受阻，社会利益因此而减少，那么，就会产生税收的额外负担。相反，如果在资源转移过程中所产生的影响，会使经济活动得到促进，社会利益因此而得到增加，那么就会产生税收的额外收益。不论上述的额外负担发生在哪一方面，均说明了经济处于无效率或低效率状况。也就是说，税收的额外负担越大，给社会带来的消极影响就越大。因此，国家征税必须遵循这样一个原则：征税必须使社会承受的额外负担为最小，以最小的额外负担换取最大的经济效率。同时，在增加税收的额外收益方面，主要途径是要非常重视税收的经济杠杆作用，区别各种不同情况，采用比较灵活、有效的措施，使经济保持在充分就业和物价稳定的水平上。

复习思考题

1. 基本概念

税收原则　税收财政原则　税收公平原则　经济公平　社会公平　纳税能力原则　受益原则　普遍征税原则　税收效率原则

2. 思考题：

（1）简述税收财政原则的基本内容。

（2）简述税收公平原则的内容与实现机制。

（3）怎样理解税收的经济效率原则？

3. 案例与讨论

税收经济效率原则与“窗户税”。税收总是政府将社会资源从私人手中转移到政府手中，给私人部门带来一定的负担。如果某种税的征收除了给私人部门造成了税额上的负担之外，还干扰了社会经济运行的资源配置和最佳决策，那么这种税收就给社会带来了福利损失，这种损失要大于缴纳的税额的负担，即税收超额负担。英国18世纪开征的窗户税就是一个典型的例子。当时，英国政府开征窗户税后，有些纳税人为了避免纳税，就在税吏来征税时将窗堵死或干脆砌死。这一方面减少了纳税人的光线、通风等舒适感；另一方面，政府也并未获得税收利益。因此，这种税的征收使社会付出的代价超过了政府从纳税人那里实际得到的好处，并使生产和消费蒙受了损失，从而造成了税收的超额负担。因而征税时必须遵循税收的经济效率原则，即征税必须使社会承受的超额负担为最少，以较小的税收成本换取较大的效率。

根据上述资料，讨论并回答：

（1）英国政府开征窗户税后给纳税人带来的超额负担是什么？

（2）通过这个案例，你认为政府在征税时应如何处理好财政原则与经济效率原则之间的关系？

*第五章 税收负担

学习目标

税收负担是政府课税给纳税人造成的经济利益损失。任何一个税种的税法颁布实施后，纳税人只要发生了应税行为或取得了应税收入，就都必须依法缴税，税收负担也就形成。税收负担的高低，既关系到国家财政收入和国家治理能力，又关系到纳税人的经济承受能力和直接的经济利益。它既是一个重要的税收理论问题，又是一个政府在制定税收制度和税收政策时必须综合分析、权衡的重要的税收实践问题。本章学习的主要目标是了解税收负担特别是宏观税收负担与微观税收负担的有关知识。

第一节 税收负担概述

一、什么是税收负担

一般地说，税收负担是指因国家课税相应地减少了纳税人的可支配收入，从而使其承受的经济负担或造成的经济利益损失。其实质表现为国家与纳税人之间的一种分配关系。

税收负担的上述概念包含以下几层含义：

（一）税收负担的主体

税收负担的主体，可分为国家与纳税人两个层面，表现为负有纳税义务的企业、个人和其他社会团体对国家的一种支付关系。按照对国家制订或修改税收法律和税收政策是否有实际效应，纳税人可区分为具有一定群体特征的纳税人集合和单个纳税人两大类。前者是指在一定空间内的纳税人总体（如一个国家或地区的全部自然人纳税人和法人纳税人），或者在一定地域内从事某种行为性质相同或接近的社会经济活动的纳税人总体（如一个国家或地区按经济性质划分的全部私人企业的纳税人或者按行业划分的建筑业、运输业纳税人等），这类纳税人在一定时期内的税收负担情况，是国家制订或修改税收法律和

---

* 本章系选用模块的内容。

税收政策的基本依据之一，因而属于税收经济学研究的税收负担的纳税人。后者则是单个纳税人，因其只是税法执行时的研究内容，而对税收法律和税收政策的制订或修改无实际效用，因而一般不属于税收经济学考察的对象。

（二）税收负担的承负客体

税收负担的承负客体是指纳税人在一定时期内的生产经营活动所获得的总收入扣除物质消耗和劳动者基本消费后的剩余部分，即社会剩余产品或社会剩余产品价值。

税收负担承负客体的这一理论界定，从根本上说是由社会再生产规律所决定的。社会再生产按其规模可区分为简单再生产和扩大再生产。简单再生产是指生产在原有规模基础上的循环往复，它是社会能否存续和发展的基础；扩大再生产则是在简单再生产基础上通过追加生产要素或改善原有生产要素的质量而实现的生产规模扩大的循环往复。税收负担只能建立在社会总产品（总产值）足额地扣除了生产过程中所耗费的物质资料和活劳动消耗以后的余额基础上，这个余额就是剩余产品或剩余产品价值，只有在此基础上才能生成纳税人的实有纳税能力。这样，剩余产品或剩余产品价值也就为税款缴纳提供了承负客体，它的量也就成为税款交纳的上限，这是不依征税主体和纳税人双方的意志为转移的。

（三）税收负担的实质

税收负担首先表现为因国家征税使纳税人承担了一定量的税额，相应减少了纳税人的一部分收入或利润，并给纳税人造成了经济利益损失。其实质表现的是一种国家与纳税人之间的分配关系。这种分配关系有三个层次的含义：一是国家与单个纳税人之间对既定的剩余产品（或其价值）占有或支配的此增彼减的分配关系。就单个纳税人而言，在收入一定的前提下，国家对其征税越多，纳税人税后自己可支配的用于投资或消费的收入就越少，经济利益损失就越大。二是私人品与公共品之间的配置和消费关系。从税款运动的全过程来看，政府从纳税人手里强制征来的税款，相当大的一部分又通过财政支出用于生产或提供各种公共品，以满足企业生产和居民生活的公共需要，这实质上体现了以政府为中介调节私人品与公共品之间的配置结构，以满足全社会对公共品消费需要的分配关系。三是纳税人相互之间的分配关系。政府在征税与不征税、多征与少征之间的选择，以及政府将征收的税款通过转移支付转化为一部分社会成员的收入（补贴）过程中，客观上起到了调节纳税人相互之间对收入或财富占有关系的作用；就政府提供的公共品而言，因公共品在地区结构或品种结构上存在的差异，政府也不可能做到让纳税人等量损失、等量消费。因此政府的税收分配和再分配（财政支出），客观上起到了调节纳税人相互之间的分配关系的作用。总之，税收负担是一个客观的经济范畴，其实质表现为国家与纳税人之间以及纳税人相互之间的一种分配关系，它反映了社会剩余产品运动的方向和结构，体现了社会分配关系的某些方面和经济基础的特定属性。

二、税收负担的度量

从理论上分析，剩余产品或剩余产品价值是税收负担的承负客体，它的量就是税款交纳的最高限量。因此，税收负担的基本度量方法，就是纳税人在一定时期内的实纳税额占当期剩余产品量或剩余产品价值量的比重。其基本公式为：

$$税收负担=\frac{实纳税额}{剩余产品（价值）量}\times 100\%$$

上述公式表明以下几个含义：

（一）税收负担取决于纳税人的实纳税额和纳税人的剩余产品（价值）量

纳税人的剩余产品（价值）量，又受纳税人的生产经营水平、经济效益水平以及国家宏观经济政策等多种因素的综合影响；而纳税人的实纳税额，则除了取决于纳税人的剩余产品（价值）量的多寡外，还受政府职能和公共财政支出需要，以及国家税收制度和税收政策等因素的影响。纳税人的实纳税额与税收负担成正比；纳税人的剩余产品（价值）则与税收负担成反比。就是说，在纳税人的剩余产品（价值）一定的前提下，实纳税额越多，税收负担越重；实纳税额越少，税收负担则越轻。在纳税人的实纳税额既定的前提下，纳税人的剩余产品（价值）量越多，税负就越轻；纳税人的剩余产品（价值）量越少，税负则就越重。

（二）纳税人的剩余产品（价值）量与实纳税额的关系是主从关系

纳税人在一定时期内获取的剩余产品（价值）是这一关系的基本体，而实纳税额则是从剩余产品（价值）中经过税收征收过程导致所有权转移而分离出来的部分，它是源自剩余产品（价值）的衍生体，两者的主从关系不能颠倒。

（三）实纳税额占当期剩余产品（价值）的比重是纳税人税收负担的基本表述形式

除此之外，还有实纳税额占国民生产总值（或国内生产总值）的比重，实纳税额占净产值（国民收入）的比重，实纳税额占个人收入的比重以及实纳税额占企业盈利的比重等多种具体表述形式。但这些都是由税收负担的基本公式派生出来的，不可能脱离基本公式而独立存在。

第二节　宏观税收负担

一、宏观税收负担的度量

宏观税收负担是一国（或地区）所有的纳税人或按不同标准划分的具有总体性质的纳税人集团负担的税收总和。宏观税收负担的度量就是按照特定的方法对一国（地区）一定时期内的宏观税收负担水平所进行的测算、计量和分析。正确地度量宏观税收负担，是政府科学地制定和实施税收政策，有效发挥税收职能作用的重要依据。

衡量宏观税收负担水平，常用的指标有三个，即国内生产总值税负率、国民生产总值税负率和国民收入税负率。

（一）国内生产总值税负率

国内生产总值税负率，是指一定时期内（通常为一年），一国的税收收入总额占同期国内生产总值的比率。用公式表示为：

$$国内生产总值税负率=\frac{税收收入总额}{同期国内生产总值}\times 100\%$$

国内生产总值是指一个国家（或地区）的领土范围内本国居民和外国居民，在一定时期内（通常为一年）所生产和提供的按生产者价值或购买者价值计算的最终产品和劳务总量。根据国内生产总值在生产、分配和使用三方面的表现形态，相应地有三种不同的计算方法：一是最终产品法，即支出法，是按照社会最终使用的产品和劳务来计算的，包括个人购买的商品和劳务，政府购买的商品和劳务，国内私人总投资，净出口，国外要素收支差额等五项。二是成本法，即收入法，指生产产品和提供劳务的各项成本，包括雇佣人员报酬、业务收入、租金收入、公司利润、净利息、间接税净额（间接税减政府各种津贴的差额）和固定资产折旧费等项之和。三是新增价值法，即价值增加法或生产法，指按照各物质生产部门的总产值和非物质生产部门的总收入分别扣除物质消耗后得到的新增价值计算汇总的结果。

国内生产总值税负率是国民经济核算指标体系的一个组成部分，是国际上通用的衡量宏观税收负担水平的指标。在对我国宏观税负水平进行国际比较时，应按照国内生产总值的科学含义和计算统计口径进行计算统计，使之具有可比性。

（二）国民生产总值税负率

国民生产总值税负率是指一国在一定时期内（通常为一年）的税收收入总额占同期国民生产总值的比率。用公式表示为：

$$国民生产总值税负率=\frac{税收收入总额}{同期国民生产总值}\times 100\%$$

国民生产总值是指一国在一定时期内（通常为一年）以市场价格表示的国民经济各部门生产的最终产品和劳务的价值总和。一般由物质生产部门的净产值、固定资产折旧和非物质生产部门的纯收入三部分组成。国民生产总值与国内生产总值是两个既有联系又有区别的统计指标，国内生产总值是国民生产总值的基础。其主要区别是计算范围不同，国内生产总值是按国土原则（所在地区）计算的，国民生产总值是按照国民原则（所属地区）计算的，也就是说，国民生产总值加上国内常住居民投在外国的资本和服务的收入，减除外国投在本国的资本和服务的收入后，即为国内生产总值。

（三）国民收入税负率

国民收入税负率是指一国在一定时期内（通常为一年）的税收收入总额占同期国民收入的比例。其公式为：

$$国民收入税负率=\frac{税收收入总额}{同期国民收入}\times 100\%$$

二、衡量宏观税负水平是否适度的标志

（一）宏观税负的最低量限

宏观税负的最低量限是保证公共财政支出正常合理的需要。在社会主义市场经济条件下，公共财政支出是国家以满足社会公共需要为目的，凭借政治权力以社会管理者身份，对公共财政收入进行的有计划的再分配。公共财政支出范围主要是市场机制失效的领域，包括：

1. 保证政府机器正常运转的各项费用

按公共品理论，政府提供的各种行政管理、国防、社会治安安全、法律秩序等均属于纯公共品范畴。因其具有完全的不可分割性和非排他性等特征，其数量和价格都不能通过市场竞争机制来确定，是市场配置完全失灵的领域，必须由市场以外的力量，即通过政府机制（税收—公共支出）来完全替代。一定数量和质量的行政管理公共品，包括良好的法律秩序、稳定的宏观经济环境、财产权的有效保护、良好的治安安全和外交环境等，也是一国的所有企业从事生产经营、投资和对外贸易活动所不可缺少的外部条件，从经济分析的角度看，有些公共品如安全保卫即使单个企业能够分散提供，也不如由政府集中提供、各个企业共同享用，更经济、更方便，企业的交易成本更低。对个人和家庭生活而言，上述分析同样是成立的。

当然，行政管理又是有经济代价或成本的。在一国的经济资源一定的条件下，政府机构庞大、人员过多、行政效率低下以及由此造成的用于行政管理的费用过多，纳税人的税收负担就会因此而过重，相应地会降低微观经济主体的投资能力或消费能力，这样的资源分配显然是扭曲了公共品与私人品的合理配置结构；在一国的财政资源一定的条件下，政府用于行政管理的支出过多，用于提供其他公共品（如教育、科技、卫生保健等）的支出就会相应下降，这也会降低公共品配置的整体效率。

2. 提供公共服务的正常合理的资金需要

公共教育、公共文化、公共卫生、社会保障以及科技、环境保护、污染治理等各类公共事业，大都属于市场机制配置失灵或部分失灵的领域，需要由政府通过“税收—公共财政支出机制”来承担。其中，基本公共服务，包括基本公共教育服务、基本公共文化服务、基本公共卫生服务、基本环境公共服务等，需要由政府大致均等化提供，每个公民不分城乡、居住地、职业等大致均等化分享；对于兼有公共品与私人品两种经济属性的“准公共品”，如教育中的高等教育、职业技术教育等，也需要由政府支付一部分费用，以补偿其正外部性，受益者如受高等教育的学生，支付一部分学费，即这类教育费用的筹资机制至少应是“二元”的，适当的收费不仅可减轻财政税收负担，而且还有助于增进效率和改善公平。

3. 基础设施建设投资的资金需要

城市建设维护、公共廉租房建设、公共道路、通讯、公园、地下管道、江河湖海治理，以及桥梁、港口、码头、供水供气系统等基础设施建设投资，是保证经济社会发展所必不可少的基础性、共同性条件。一方面，由于这些基础设施都程度不同地具有效用的不

可分割性和消费的非排他性等特征，市场机制不能或不能有效提供，需要政府借助于税收一基础设施投资机制适当地介入；另一方面，这些项目大都属于“混合品”范畴，也不能由政府垄断投资经营，需要私人资本和外国资本进入，也需要通过对直接的受益者收取使用费的方式，弥补投资经营成本，这样，不仅有助于基础设施建设筹资，相对降低税收负担，也有助于增进基础设施投资经营效率。

在税收成为公共财政收入主要来源的条件下，税收分配的数量必须满足上述三大方面基本的、合理正常的需要，否则，或者影响公共机构正常运转或者缩小公共服务范围或降低公共服务质量或者收缩基础设施投资范围或削减投资规模或者导致公共财政赤字等等，所有这些都将带来严重的经济、社会、财政问题。

（二）宏观税负水平的最高量限

保证社会简单再生产的顺利进行是宏观税负水平的最高量限。税收分配的对象是纳税人生产经营活动所取得的总产品扣除物质消耗和劳动者基本消费后的剩余部分。这部分剩余产品为税款交纳确立了物质前提，它的量也就成为税款交纳即宏观税负水平的上限，这是不依国家与纳税人双方的主观意志为转移的。从全社会来说，如果宏观税负水平超过了社会剩余产品，将会造成下列不良后果：一是税收侵及了生产资本，生产耗费补偿不足，阻碍技术进步，长期下去会造成经济停滞甚至萎缩；二是税收侵及了劳动力再生产费用，影响劳动力生存和发展，会从根本上损害生产力；三是造成市场经济条件下的市场配置资源与政府直接配置资源的主辅关系倒置，降低整个社会经济资源的配置效益和效率。因为在市场经济条件下，市场是配置资源的最有效的机制，政府直接配置资源只能是对市场配置的补充。政府征税过重，实际上意味着本来应该由市场机制有效配置的一部分用于社会简单再生产的资源却由税收财政杠杆转为政府低效配置，表现为政府投资范围过宽，包揽过多等，从而降低整个资源的配置效率和效益。

从上述分析中可以看出，要使宏观税负水平不影响社会简单再生产的顺利进行，必须满足以下条件：一是保证生产过程中耗费的原材料、资本、技术等得到足额补偿，把税收分配在价值量上限定在当期劳动者新创造的价值，即国民收入的基础上，税收只能是国民收入的特定部分。二是保证劳动力再生产所需要的费用，在我国社会主义条件下包括劳动力再生产必要的生活资料数量以及最低限度的发展资料和享受资料的数量。三是按照以市场配置资源和调节分配为基础，政府宏观间接调控的原则合理确定宏观税收负担，政府通过税收直接配置资源的范围和数量一般应限定在公共产品领域内。

第三节　微观税收负担

一、微观税收负担的度量

微观税收负担是相对于宏观税收负担而言的，因此，衡量宏观税收负担的若干指标本质上与衡量微观税收负担的指标是一致的。严格地说，微观税收负担包括直接负担、间接负担和超额负担三个部分，因间接负担与超额负担的形成比较复杂，难以准确测度，因此，衡量微观税收负担的指标一般仅指直接税收负担。

（一）企业综合税负率

企业综合税负率，是指在一定时期内企业实际交纳的各种税收总额占同期企业盈利（或各项收入总额）的比例。其公式为：

$$企业综合税负率=\frac{企业实纳各种税收总额}{同期企业盈利}\times 100\%$$

1. 企业实纳各种税收总额

它是指企业在一定时期内按照税收法律制度实际交纳的流转税、所得税、资源税和其他各税之和。我国实行的是多税种、多环节的复合税制体系，企业生产经营活动的内容也是复杂多样的，因此，一个企业往往要同时交纳多种税收，在测算某一企业综合税收税负率时，应将该企业在一定时期内按税制交纳的各种税收加总起来，然后再与同期企业盈利进行比较。

2. 企业盈利

亦即企业纯收入，是指企业在一定时期内生产经营取得的销售收入扣除成本费用以后的余额。

这一指标的意义在于，它表明了国家以税收形式参与企业纯收入分配并占有和支配纯收入的规模与程度；也反映了企业对国家的贡献程度；可以用来比较不同企业的总体税收负担水平；可以通过具体分析各税在企业上交财政收入中的不同比例，为进一步完善国家税收制度和税收政策提供重要依据。

企业综合税负率是衡量企业税收负担水平的基本指标，在此基础上，还可以分出企业所得税税负率、企业流转税税负率等指标。

企业所得税税负率是指在一定时期内企业实际交纳的所得税额占同期企业利润总额的比例。其公式为：

$$企业所得税税负率=\frac{企业实纳所得税总额}{同期企业利润总额}\times 100\%$$

企业实纳所得税额是指企业按照企业所得税法规定的应纳税所得额和比例税率计算、上交入库的税额。

企业利润总额包括企业的营业利润、投资净收益以及营业外收支净额。其中，营业利润是指营业收入扣除成本、费用和各种流转税及附加税费后的数额；投资净收益是指投资收益扣除投资损失的数额；营业外收支净额是指营业外收入减去营业外支出后的数额。

（二）个人税收负担率

个人税收负担率是指在一定时期内个人实际交纳的税款占同期个人收入额的比例。一般可分为个人总收入税收负担率和个人单项收入税收负担率。个人总收入税收负担率是指在一定时期内个人交纳的各种税收总额占同期个人各项收入总额的比例，这一指标反映个人总收入的税收负担程度；个人单项收入税收负担率是指个人就某项收入所交纳的税额占该项收入的比例，反映各单项收入的税负程度及其国家对个人的各项收入采取的不同税收政策。其中，个人总收入税收负担率的公式为：

$$\text{个人总收入税负率}=\frac{\text{个人实纳各税总额}}{\text{同期个人各项收入总额}}\times 100\%$$

二、影响微观税收负担的因素

一个纳税人（自然人或法人）税收负担水平的轻重，是由多种因素决定的，其主要因素包括宏观税负水平、税收制度、负担能力、纳税人的行为以及税负转嫁等。

（一）宏观税负水平

宏观税负水平与微观税负水平的关系，实际上是整体与部分的关系。宏观税负是微观税负的抽象与概括，微观税负是宏观税负的分解与具体化。在一定的税制体系下，宏观税负水平的升降必然对微观税负水平产生重要影响。

（二）税收制度

税收制度是确定税收分配关系的具体形式。税收负担作为税收分配的核心，无论是税负水平与税负结构的确定，还是税负水平与结构的调整，都是通过税收制度以法律形式具体加以规范的。税收制度对微观税负水平的制约作用主要体现在以下方面：

1. 税种结构

税种设置决定税收参与分配的广度和深度，从而决定纳税人的税收负担水平。在市场经济条件下，一个纳税人往往要同时交纳几种税，而各个税种在税制体系和税种结构中的地位和作用是不一样的，因此税种结构的变化即税种的增加或减少，以及流转税系和所得税系各自内部税种之间的课说对象的调整，都会引起纳税人之间微观税负水平的变化。即使像我国 1994 年的税制改革，在宏观税负不增加的条件下，只是单纯地简并、规范和调整税种，也会引起一部分纳税人的税负与税制改革前大体持平、一部分纳税人的税负有所下降、一部分纳税人的税负有所增加三种不同的结果。

2. 税率设计

税率水平高低决定国家征税的深度。在计税依据等因素不变的情况下，税率同纳税人的税负之间是正比关系，即税率越高，税负越重；反之，则越轻。同时，不同形式的税率对微观税收负担水平的影响不尽相同。在实行比例税率的情况下，如果不考虑其他因素，表列税率就等于实际税负；在实行超额累进税率的情况下，即使其他因素不变，它也有降低实际税负率的功能，使实际税负率低于表列边际税率，即低于征税对象所适用的最高一档税率。定额税率则不论物价和成本等因素如何变动，税负都能保持稳定。

3. 计税依据

计税依据即税基。在税率一定时，计税依据的宽与窄直接决定税负的轻重，并导致名义税负率与实际税负率相背离。如我国农业税以计税土地的常年产量为计税依据，由于常年产量往往低于实际产量，相应地缩小了农业税的计税依据，其实际税负率往往低于名义税负率。

4. 税收优惠与加成加倍征收

税收优惠的具体形式包括减税、免税、起征点、免征额、税额扣除、出口退税、税收抵免等。由于享受各种税收优惠措施的纳税人，在一定时期内可以依法少交、免交税款或获得退还税款等，所以，纳税人的实际税负率必然会低于名义税负率。而加成和加倍征收则与税收优惠恰好相反，它实际上是对税率的延伸，属于加重税收负担的措施，纳税人按统一税率计纳税款后，还要再交纳一部分加征税款，因此，纳税人实纳税款要比依照统一税率计算交纳的税款多一些，税负相对也要重一些。

（三）纳税人的负担能力

按照公平原则的要求，负担能力相同的纳税人，税收负担也应该相同；负担能力不同的纳税人，税收负担也应该有所区别。前者为横向公平，后者为纵向公平。在税制设计中，所得税体现量能负担的公平原则最为直接、充分，通过累进税制使收入多者多负担，收入少者少负担，没有收入者不负担。

（四）纳税人的行为

在税制既定的前提下，纳税人的行为也会影响自身的税收负担。这种情况在行为税系的税种里体现得更为明显。如投资方向调节税，国家根据投资项目的性质规定了差别比例税率，投资主体若向国家鼓励的产业部门投资则不负担或少负担这种税，若向国家政策严格限制的产业部门投资则要负担较重的投资方向调节税。

（五）税负转嫁

税负转嫁使纳税人与负税人产生背离，影响纳税人的间接税收负担。在复合税制模式下，一个纳税人往往要同时交纳几种税，有些税种能转嫁，有些税种则不能转嫁，在能够转嫁的税种中还有个转嫁多少的问题。同时，每个纳税人往往既是税收负担的转嫁者，又是税收负担的被转嫁者。这样，如果纳税人 A 转嫁出去的税收负担大于由他人转嫁进来的税收负担，则纳税人 A 的实际税收负担就减轻了，减轻程度即为转出与转入的差额部分；反之，若转出小于转入，则实际税负加重。

复习思考题

1. 基本概念

税收负担　宏观税收负担　微观税收负担

2. 思考题

（1）衡量宏观税负水平是否适度的标志是什么？

（2）试分析影响微观税收负担的主要因素。

3. 微型案例与讨论

2018 年，中国的税收规模达 137967 亿元，比 2017 年增长 9.5%。有学者称中国已迈入到“人均万元税负”时代。“人均万元税负”引起中国人税收负担高不高等一系列的探讨。此前，福布斯发布的全球税收负担痛苦指数，中国排在了全球第二的位置。税负痛苦指数是国外一些咨询机构建构的一个衡量国民税收负担的指标，这个指数是否科学，大有商榷的必要。但在中国，税负高低还是一个模糊问题，财税部门和广大社会公众的认识甚至截然不同。

国家税务总局以及财政部官员认为，中国的宏观税负水平依然偏低，还有上升空间。因为中国的公共品和服务需求正处于快速上升阶段，宏观税负水平也应随着经济发展得到相应提升。而民众则从自己的切身感受认为税收负担已经过重了，甚至对税收痛苦指数"全球第二"产生了强烈共鸣。2018 年，中国开启大规模减税降费进程，在 2018 年减税降费 1 万亿元基础上，2019 年再减税降费 2 万亿元以上。

根据上述资料，讨论并回答下列问题：

(1) 按照宏观税负理论，你认为影响税收收入占 GDP 比重的主要因素是什么？

(2) 你认为中国的宏观税负是重还是轻？其理由是什么？

(3) 中国为什么自 2018 年开始大规模减税降费？

(4) 如何评价中国减税降费的政策效果？如何化解减税降费给财政平衡带来的压力？

第六章 流转税制

学习目标

本章主要阐述流转税各税种的基础知识和主要税制内容。流转税制是我国税制的重要内容，它在商品或劳务流转环节征税，有其独特有优势。

目前我国的流转税制中，主要包括的税种是增值税、消费税、关税和船舶吨税。

通过学习，系统地掌握增值税、消费税和关税的含义、特点、征收范围、纳税人、税率、应纳税额计算等基础知识和主要税制内容；能够正确计算增值税、消费税的应纳税额；了解纳税义务发生时间、纳税地点等内容。

第一节 流转税制概述

一、流转税与流转税制

（一）流转税的概念

流转税是以商品和劳务流转额为征税对象的一类税种的统称。

国际上一般称流转税为商品税，或劳务税。流转税的计税依据是商品流转金额或劳务流转金额，商品流转金额是指在商品交换过程中发生的交易金额，包括因销售商品而取得的销售收入金额或因购进商品而支付的价款金额；劳务流转金额是指经济主体提供劳务服务所取得的营业收入金额和取得了劳务支出的货币额。

流转税的征税对象既可以是全部流转金额，也可以是部分流转金额。比如消费税、关税，一般是以应税的全部流转金额为征税对象；而增值税却是以全部流转金额中所增加的那部分流转金额（增值额）为征税对象。

（二）流转税制的发展

流转税制是以流转税各税种组成的税收制度，是随着商品经济的产生和发展，而产生和发展的。

在商品经济不发达的奴隶社会和封建社会时期，流转税处于从属地位。而在资本主义时期，由于商品生产和交换以及服务业的发展，使流转税的地位得到迅速提高。到20世纪初，流转税成为西方发达国家税制中的主体税种，税收收入也成为政府财政收入的主要来源。二战后，虽然在一些发达国家流转税的主体地位被所得税替代，但就全球而言，流转税仍是许多国家的主体税种。

我国是一个发展中国家，流转税在税制结构中占主导地位。1994年税制改革前，流转税占整个税收收入的90%左右，目前流转税仍占税收收入的相当比例。

我国现行的流转税制主要有增值税、消费税和关税等税种组成。

二、流转税制的特点

与其他税收类别相比，流转税具有以下主要特点：

（一）税源稳定，能够充分体现普遍纳税原则

流转税是对商品和劳务的流转金额征税，一般采取多环节、道道征税的方式，只要发生商品和劳务交易并产生流转金额，就要征收流转税，而且其应纳税额随着流转额的增长而增加，受时间和纳税人经营状况的影响非常小，因此，流转税的税源稳定，从而确保了取得及时和稳定的财政收入。同时，流转税对纳税人购买和销售行为中的流转金额征税，只要有购买或销售行为，纳税人就要缴纳税收或负担税款，而购买行为具有普遍性，所以，流转税能够充分体现普遍纳税的税收原则。

（二）属于间接税，税负容易转嫁

流转税大部分是从价税，应纳税额与商品价格直接相关，纳税人可以通过压低进货价格和提高销售价格，将税负的全部或者一部分转嫁给他人负担，使纳税人和负税人产生了分离。而直接对所得和财产征税的所得税类和财产税类，则税负不容易产生转嫁，一般由纳税人负担。

（三）税负隐蔽，征收管理难度小

流转税一般采用从价定率征收或从量定额征收，加之税负容易转嫁，纳税人与负税人分离，即纳税人可能不是直接的负税人，而负税人不直接纳税，这使流转税的征收具有隐蔽性强、征收阻力小的特点。因此，在税收征管的实践中，征收管理难度小。

流转税虽然具有以上三个方面的特点，或者优点，但是，流转税也存在一些缺陷和不足，流转税的缺陷和不足主要是：

1. 税负具有累退性

流转税多实行统一税率，导致个人消费和个人收入不等比，造成税负不公平，使个人总体税负具有累退性，即税负不能随着收入的增加而提高。

2. 流转税税负难测定，政策确定难

由于流转税税负容易转嫁，税收负担的具体要求程度难以测量、评定，所以，有时会使流转税的制度产生背离预定税收政策目标的现象，不利于国家税收政策的实施。

3. 可能出现重复征税现象

因流转税按流转额征税，且多环节、道道征税，对于一些商品、劳务而言，可能会产生重复征税的现象，不利于专业化协作和商品进入国际市场。

4. 调节经济波动的效能较差

由于流转税多实行统一的比例税率或定额税率，在平抑经济周期，调节经济波动方面，作用弱一些。所以，自20世纪40年代，流转税的主体地位被快速发展的所得税所取代。

第二节　增值税

一、增值税概述

（一）增值税的概念

增值税是以商品生产流通和劳务服务在各环节所创造的新增价值额为征税对象的一种税。在我国，增值税是对在我国境内生产、销售应税货物、提供应税劳务及进口货物的单位和个人，就其增值额征收的一种税。

法国于1954年首创增值税。至今，世界上已有100多个国家和地区实行了增值税。我国推行增值税经过了试点、试行和全面施行3个阶段。1979年起在部分地区、对少数产品进行增值税改革的试点；1983年起在全国进行试行；1993年在全国施行。

《中华人民共和国增值税暂行条例》于2008年11月5日国务院第34次常务会议修订通过，根据2016年2月6日《国务院关于修改部分行政法规的决定》第一次修订；根据2017年11月19日《国务院关于废止〈中华人民共和国营业税暂行条例〉和修改〈中华人民共和国增值税暂行条例〉的决定》第二次修订，中华人民共和国国务院令第691号公布新的增值税条例，自公布之日起施行。

（二）增值额的概念

增值额是指商品生产、流通和劳务服务各环节中新创造的价值额。增值额有理论上的增值额和法定增值额两种。

1. 理论上的增值额

理论上的增值额，是指企业生产、经营过程中新创造的价值额，相当于商品价值（C+V+M）扣除生产中消耗掉的生产资料的转移价值（C）之后的余额（V+M），它主要包括工资、利润、利息、租金和其他属于增值性的项目。关于理论上的增值额的含义，具体可从以下两个方面来理解：

（1）就某一个企业而言，增值额是该企业商品的销售收入额或经营业务收入额扣除非增值项目（一般相当于物化劳动的价值）后的余额，大体相当于该企业活劳动创造的价值额。

（2）就某种商品生产的全过程而言，增值额是一种商品从生产到流通各个经营环节的价值增加之和，相当于该商品实现消费时的最后销售总额。

为了理解理论上的增值额的含义，下面举例说明。

例如，某产品经过ABCD 4个生产经营环节，其理论增值额和销售额情况，见表6－1理论增值额含义表。

从表6－1中看出，理论上就某种商品生产的全过程而言，增值额和最终销售额是相同的，都是290元。

表6－1　　理论增值额含义表　　单位：元

生产经营企业	销售额	增值额
A（原材料）	100	100
B（半成品）	160	60
C（产成品）	270	110
D（商品零售）	290	20
合计	—	290

注：为了举例方便，原材料生产企业的其他相关消耗略去不计，所以，有关消耗为零，销售额即是其增值额。同理，其他生产环节对购入辅助材料、固定资产等也略去未计。

2. 法定增值额

法定增值额，是国家税法上规定的增值额。由于国家社会经济政策、税收政策、征管水平和法制等种种原因，法定增值额和理论上的增值额会出现一些差别。

从国际上实行增值税国家的情况来看，由于对增值额和税基确定的差别，增值税可分为消费型、收入型和生产型三种类型。消费型增值税，是指以从商品销售额中扣除所有外购商品额后的余额，为法定增值额的一种增值税类型。收入型增值税，是指以从商品销售额中扣除固定资产折旧及其他外购商品额后的余额，为法定增值额的一种增值税类型。生产型增值税，是指以从商品销售额中扣除固定资产购进额或折旧额外的外购商品额后的余额，为法定增值额的一种增值税类型。

我国现行的增值税税制属于消费型。1994年我国对增值税进行了一次重大的改进，实行了国际上通行的发票扣税法。2004年9月14日，财政部、国家税务总局对辽宁、吉林、黑龙江3省，颁行《东北地区扩大增值税抵扣范围若干问题的规定》，开始了由生产型向消费型增值税的改革。从2009年1月1日起，全国推行消费型增值税，外购固定资产的已纳税金，也可以扣除。

（三）增值税的特点

增值税是一种流转税，除了具有流转税税制的一般共性外，还具有以下三个特点：

1. 以增值额为征税对象

以增值额为征税对象，是增值税最基本的特点。不论各国的法定增值额差别有多大，但是，都只以增值额为征税对象，而不是以全部销售额为征税对象。这是增值税最核心的内容，否则就不称其为增值税了。

2. 实行普遍征税

增值税的征税范围，从纳税人来看，是对从事商品生产和劳务服务的所有单位和个人征税，从商品和劳务来看，是对规定范围内的所有商品和劳务征税，而不是局限于少数单位和个人，基本涉及全部商品和劳务，所以，增值税是普遍征税，相对来讲，税负较公平。

3. 实行多环节征税

从增值税的纳税环节来看，在生产、批发、零售、劳务提供和进口等生产和经营各个环节上，分别对各自的增值额征税。只要生产、经营活动产生了增值额，就应该征收增值税，所以，增值税是多环节、道道征税。

（四）增值税的作用

在我国现行税收制度中，增值税是主体税种，与消费税、关税等构成了我国流转税的体系，在为国家组织财政收入，调节社会经济等方面起着重要的作用。

增值税的作用主要是为国家组织财政收入；平衡税负，促进社会化大生产的发展；有利于“奖出限入”，促进对外贸易的发展等方面。

二、增值税的征税范围

（一）增值税征税范围的一般规定

我国现行增值税的征税范围，包括在我国境内销售货物或者加工、修理修配劳务（以下简称劳务），销售服务、无形资产、不动产以及进口货物3个方面。

1. 销售货物或者劳务（加工、修理修配劳务）

（1）在我国境内销售的货物。货物是除土地、房屋和其他建筑物等不动产之外的各种有形动产，包括水、电力、热力、气体在内。销售货物，是指有偿转让货物的所有权。“在我国境内销售货物”，是指所销售的货物的起运地或所在地在境内。

（2）在我国境内提供劳务（加工、修理修配劳务）。提供加工、修理修配劳务，是指有偿提供加工、修理修配劳务。加工，是指受托加工货物，即委托方提供原料及主要材料，受托方按照委托方的要求制造货物并收取加工费的业务；修理修配，是指受托对损伤和失去功能的货物进行修复，使其恢复原状和功能的业务。“在我国境内销售应税劳务”，是指所销售的应税劳务发生在境内。

企业、单位或个体经营者聘用的员工为本单位或雇主提供加工、修理修配劳务，不征税。

2. 销售服务、无形资产、不动产

（1）销售服务，是指提供交通运输服务、邮政服务、电信服务、建筑服务、金融服务、现代服务、生活服务。

1）交通运输服务是指利用运输工具将货物或者旅客送达目的地，使其空间位置得到转移的业务活动。包括陆路运输服务、水路运输服务、航空运输服务和管道运输服务。

①陆路运输服务是指通过陆路（地上或者地下）运送货物或者旅客的运输业务活动，包括铁路运输服务和其他陆路运输服务。

②水路运输服务是指通过江、河、湖、川等天然、人工水道或者海洋航道运送货物或

者旅客的运输业务活动。

③航空运输服务是指通过空中航线运送货物或者旅客的运输业务活动。

④管道运输服务是指通过管道设施输送气体、液体、固体物质的运输业务活动。

2）邮政服务是指中国邮政集团公司及其所属邮政企业提供邮件寄递、邮政汇兑和机要通信等邮政基本服务的业务活动。包括邮政普遍服务、邮政特殊服务和其他邮政服务。

①邮政普遍服务是指函件、包裹等邮件寄递，以及邮票发行、报刊发行和邮政汇兑等业务活动。

②邮政特殊服务是指义务兵平常信函、机要通信、盲人读物和革命烈士遗物的寄递等业务活动。

③其他邮政服务是指邮册等邮品销售、邮政代理等业务活动。

3）电信服务是指利用有线、无线的电磁系统或者光电系统等各种通信网络资源，提供语音通话服务，传送、发射、接收或者应用图像、短信等电子数据和信息的业务活动。包括基础电信服务和增值电信服务。

①基础电信服务是指利用固网、移动网、卫星、互联网，提供语音通话服务的业务活动，以及出租或者出售带宽、波长等网络元素的业务活动。

②增值电信服务是指利用固网、移动网、卫星、互联网、有线电视网络，提供短信和彩信服务、电子数据和信息的传输及应用服务、互联网接入服务等业务活动。

4）建筑服务是指各类建筑物、构筑物及其附属设施的建造、修缮、装饰，线路、管道、设备、设施等的安装以及其他工程作业的业务活动。包括工程服务、安装服务、修缮服务、装饰服务和其他建筑服务。

①工程服务是指新建、改建各种建筑物、构筑物的工程作业，包括与建筑物相连的各种设备或者支柱、操作平台的安装或者装设工程作业，以及各种窑炉和金属结构工程作业。

②安装服务是指生产设备、动力设备、起重设备、运输设备、传动设备、医疗实验设备以及其他各种设备、设施的装配、安置工程作业，包括与被安装设备相连的工作台、梯子、栏杆的装设工程作业，以及被安装设备的绝缘、防腐、保温、油漆等工程作业。

③修缮服务是指对建筑物、构筑物进行修补、加固、养护、改善，使之恢复原来的使用价值或者延长其使用期限的工程作业。

④装饰服务是指对建筑物、构筑物进行修饰装修，使之美观或者具有特定用途的工程作业。

⑤其他建筑服务是指上列工程作业之外的各种工程作业服务，如钻井（打井）、拆除建筑物或者构筑物、平整土地、园林绿化、疏浚（不包括航道疏浚）、建筑物平移、搭脚手架、爆破、矿山穿孔、表面附着物（包括岩层、土层、沙层等）剥离和清理等工程作业。

5）金融服务是指经营金融保险的业务活动。包括贷款服务、直接收费金融服务、保险服务和金融商品转让。

①贷款是指将资金贷与他人使用而取得利息收入的业务活动。

②直接收费金融服务是指为货币资金融通及其他金融业务提供相关服务并且收取费用的业务活动。包括提供货币兑换、账户管理、电子银行、信用卡、信用证、财务担保、资

产管理、信托管理、基金管理、金融交易场所（平台）管理、资金结算、资金清算、金融支付等服务。

③保险服务是指投保人根据合同约定，向保险人支付保险费，保险人对于合同约定的可能发生的事故因其发生所造成的财产损失承担赔偿保险金责任，或者当被保险人死亡、伤残、疾病或者达到合同约定的年龄、期限等条件时承担给付保险金责任的商业保险行为。包括人身保险服务和财产保险服务。

④金融商品转让是指转让外汇、有价证券、非货物期货和其他金融商品所有权的业务活动。

6）现代服务是指围绕制造业、文化产业、现代物流产业等提供技术性、知识性服务的业务活动。包括研发和技术服务、信息技术服务、文化创意服务、物流辅助服务、租赁服务、鉴证咨询服务、广播影视服务、商务辅助服务和其他现代服务。

①研发和技术服务包括研发服务、合同能源管理服务、工程勘察勘探服务、专业技术服务。

②信息技术服务是指利用计算机、通信网络等技术对信息进行生产、收集、处理、加工、存储、运输、检索和利用，并提供信息服务的业务活动。包括软件服务、电路设计及测试服务、信息系统服务、业务流程管理服务和信息系统增值服务。

③文化创意服务包括设计服务、知识产权服务、广告服务和会议展览服务。

④物流辅助服务包括航空服务、港口码头服务、货运客运场站服务、打捞救助服务、装卸搬运服务、仓储服务和收派服务。

⑤租赁服务包括融资租赁服务和经营租赁服务。

⑥鉴证咨询服务包括认证服务、鉴证服务和咨询服务。

⑦广播影视服务包括广播影视节目（作品）的制作服务、发行服务和播映（含放映，下同）服务。

⑧商务辅助服务包括企业管理服务、经纪代理服务、人力资源服务、安全保护服务。

⑨其他现代服务是指除研发和技术服务、信息技术服务、文化创意服务、物流辅助服务、租赁服务、鉴证咨询服务、广播影视服务和商务辅助服务以外的现代服务。

7）生活服务是指为满足城乡居民日常生活需求提供的各类服务活动。包括文化体育服务、教育医疗服务、旅游娱乐服务、餐饮住宿服务、居民日常服务和其他生活服务。

①文化体育服务包括文化服务和体育服务。

②教育医疗服务包括教育服务和医疗服务。

③旅游娱乐服务包括旅游服务和娱乐服务。

④餐饮住宿服务包括餐饮服务和住宿服务。

⑤居民日常服务是指主要为满足居民个人及其家庭日常生活需求提供的服务，包括市容市政管理、家政、婚庆、养老、殡葬、照料和护理、救助救济、美容美发、按摩、桑拿、氧吧、足疗、沐浴、洗染、摄影扩印等服务。

⑥其他生活服务是指除文化体育服务、教育医疗服务、旅游娱乐服务、餐饮住宿服务和居民日常服务之外的生活服务。

（2）销售无形资产。销售无形资产是指转让无形资产所有权或者使用权的业务活动。

无形资产是指不具实物形态，但能带来经济利益的资产，包括技术、商标、著作权、商誉、自然资源使用权和其他权益性无形资产。

技术，包括专利技术和非专利技术。

自然资源使用权包括土地使用权、海域使用权、探矿权、采矿权、取水权和其他自然资源使用权。

其他权益性无形资产包括基础设施资产经营权、公共事业特许权、配额、经营权（包括特许经营权、连锁经营权、其他经营权）、经销权、分销权、代理权、会员权、席位权、网络游戏虚拟道具、域名、名称权、肖像权、冠名权、转会费等。

（3）销售不动产。销售不动产是指转让不动产所有权的业务活动。

不动产是指不能移动或者移动后会引起性质、形状改变的财产，包括建筑物、构筑物等。

建筑物包括住宅、商业营业用房、办公楼等可供居住、工作或者进行其他活动的建造物。

构筑物包括道路、桥梁、隧道、水坝等建造物。转让建筑物有限产权或者永久使用权的，转让在建的建筑物或者构筑物所有权的，以及在转让建筑物或者构筑物时一并转让其所占土地的使用权的，按照销售不动产缴纳增值税。

3．进出口的货物

纳税人进口的货物按规定应当征收增值税。

纳税人出口货物税率为零。但是，纳税人出口的原油，援外出口的货物，糖等国务院规定的货物，都应按规定征收增值税。

（二）增值税征税范围的特殊规定

除了上述增值税征税范围外，还有三项特殊的规定。

1．视同销售行为

增值税视同销售行为，主要包括：

（1）将货物交付他人代销；

（2）销售代销货物；

（3）设有两个以上机构并实行统一核算的纳税人，将货物从一个机构移送其他机构用于销售，但相关机构设在同一县（市）的除外；

（4）将自产或委托加工的货物用于非应税项目；

（5）将自产、委托加工或购买的货物作为投资，提供给其他单位或个体经营者的；

（6）将自产、委托加工或购买的货物分配给股东或投资者；

（7）将自产、委托加工的货物用于集体福利或个人消费；

（8）将自产、委托加工或购买的货物无偿赠送他人等行为。

（9）兼营非应税劳务行为，对增值税纳税人兼营非应税劳务，如果纳税人不分别核算或者不能准确划分应税和非税销售额的，则其非应税劳务应与应税销售货物或应税劳务一并征收增值税。

2．增值税的免税

增值税的免税主要包括：

（1）校办企业生产的应税货物，用于本校教学、科研方面的，经审核确认后，免征增值税。

（2）高校后勤实体为高校师生食堂提供的粮食、食用植物油、蔬菜、肉、禽、蛋、调味品和食堂餐具等，免征增值税。

（3）电子出版物，免征增值税。

（4）小化肥厂停产碳酸氢氨、普通过磷酸钙、钙镁磷肥产品后，改产的尿素、磷铵和硫磷铵，当年生产设备所达设计能力内生产的，免征增值税。

（5）一般纳税人销售其自行开发生产的软件产品，2010 年以前按 17% 的法定税率征税，实际税负超过 3% 的部分即征即退；

（6）融资租赁业务，租赁货物的所有权转让给承租方的，征收增值税；租赁货物的所有权未转让给承租方的，不征收增值税；

（7）农业生产者销售的自产农产品；

（8）避孕药品和用具；

（9）古旧图书，直接用于科学研究、科学试验和教学的进口仪器、设备；

（10）外国政府、国际组织无偿援助的进口物资和设备，由残疾人的组织直接进口供残疾人专用的物品。

3. 增值税的起征点

纳税人销售额未达到国务院财政、税务主管部门规定的增值税起征点的，免征增值税；达到起征点的，依照增值税条例规定全额计算缴纳增值税。

为了照顾收入低微的个体经营者和其他个人纳税人，全国统一规定的增值税起征点的幅度是：

（1）按期纳税的，为月销售额 5000—20000 元（含本数）。

（2）按次纳税的，为每次（日）销售额 300—500 元（含本数）。

起征点的调整由财政部和国家税务总局规定。省、自治区、直辖市财政厅（局）和国家税务局应当在规定的幅度内，根据实际情况确定本地区适用的起征点，并报财政部和国家税务总局备案。

对增值税小规模纳税人中，月销售额未达到 2 万元的企业或非企业性单位，免征增值税。

2019 年 1 月 9 日的国务院常务会议，决定对小微企业推出一批普惠性减税政策。其中，对主要包括小微企业、个体工商户和其他个人的小规模纳税人，将增值税起征点由月销售额 3 万元提高到 10 万元（自 2019 年 1 月 1 日起施行，期限暂定三年）。

三、增值税的纳税人

（一）增值税纳税人一般规定

1. 境内纳税人

增值税的纳税人是在我国境内销售货物或者加工、修理修配劳务（以下简称劳务），销售服务、无形资产、不动产的单位和个人。

“单位”，是指国有企业、集体企业、私营企业、股份制企业、其他企业和行政单位、事业单位、军事单位、社会团体及其他单位；“个人”，是指个体经营者及其他个人。

2. 进口货物纳税人

进口货物增值税的纳税人是进口货物的收货人或办理报关手续的单位和个人。

3. 扣缴人

境外的单位和个人在境内销售应税劳务而在境内未设有机构的，其应纳税款以代理人为扣缴义务人；没有代理人的，以购买者为扣缴义务人。

根据国际惯例，结合我国的具体情况，增值税纳税人划分为一般纳税人和小规模纳税人两种。增值税一般纳税人和小规模纳税人，其进项税额抵扣、应纳税额计算、征收管理等方面具有较大的不同。

（二）增值税小规模纳税人

增值税小规模纳税人是指年应征增值税的销售额在规定标准以下，并且会计核算不健全（不能正确核算增值税的销项税额、进项税额和应纳税额），不能按规定报送有关税务资料的增值税纳税人。

1. 小规模纳税人的认定标准

根据国务院的规定，由财政部确定的小规模纳税人的标准。具体如下：

（1）从事货物生产或提供应税劳务的纳税人，以及以从事货物生产或提供应税劳务为主，兼营货物批发或零售的纳税人，年应税销售额在50万元（含）以下的。以从事货物生产或者提供应税劳务为主，是指纳税人的年货物生产或者提供应税劳务的销售额占年应税销售额的比重在50%以上；

（2）其他增值税纳税人，年应税销售额在80万元（含）以下的；

（3）年应税销售额超过小规模纳税人标准的其他个人按小规模纳税人纳税；非企业性单位、不经常发生应税行为的企业可选择按小规模纳税人纳税；

（4）小规模纳税人会计核算健全，能够提供准确税务资料的，可以向主管税务机关申请资格认定，不作为小规模纳税人。所称会计核算健全，是指能够按照国家统一的会计制度规定设置账簿，根据合法、有效凭证核算。

2. 小规模纳税人的管理

增值税小规模纳税人，虽然实行简易办法征税，而且一般不使用增值税专用发票，但是对其应加强管理。国家税务总局制定的《增值税小规模纳税人征收管理办法》，其内容主要包括下列规定：

（1）基层税务机关要加强对小规模生产企业财会人员的培训，帮助建立企业账簿，只要小规模企业有会计、有账簿、能够正确计算进项税额、销项税额和应纳税额，并能按规定报送有关税务资料，年应税销售额不低于30万元的，可认定为增值税一般纳税人。

（2）对没有条件设置专职会计人员的小规模企业，在纳税人自愿并配有本单位兼职会计人员的前提下，可采取措施，使兼职人员尽快独立工作，进行会计核算。

（3）小规模企业可以单独聘请会计人员，也可以几个企业联合聘请会计人员。

（4）从事货物零售业务的小规模企业，不得认定为增值税一般纳税人。

（三）增值税一般纳税人

增值税一般纳税人，是指应征增值税的销售额超过规定的小规模纳税人标准的企业和企业性单位，以及会计核算健全，能够按规定报送有关税务资料的增值税纳税人。一般纳税人必须向税务机关办理认定手续，才能取得法定资格。

1. 增值税一般纳税人申请认定的范围

按照增值税相关的规定，可以申请办理增值税一般纳税人认定手续的包括：

（1）年应征增值税的销售额超过规定的小规模纳税人标准的企业和企业性单位；

（2）纳税人总、分机构实行统一核算，其总机构年应税销售额超过规定的小规模企业标准的，但分支机构年应税销售额未超过小规模企业标准，其分支机构可申请认定；

（3）新开业的符合一般纳税人条件的企业，在办理税务登记的同时申请认定；

（4）年应税销售额未超过规定的小规模企业标准，但会计核算健全，能准确提供计税依据的小规模企业；

（5）已开业的小规模企业，其年应税销售额超过小规模纳税人标准的，必须在次年一月底以前申请认定。

（6）从事成品油销售的加油站，无论年应税销售额是否超过 80 万元，一律按增值税一般纳税人征税。

（7）新办小型商贸企业自税务登记之日起，在 1 年内实际销售额达到 80 万元以上后，可申请办理一般纳税人的认定手续；对设有固定经营场所和拥有货物实物的新办商贸零售企业以及注册资金在 500 万元以上、人员在 50 人以上的新办大中型商贸企业在进行税务登记时，可提出一般纳税人资格的认定申请。

2. 增值税一般纳税人申请认定的程序

申请认定增值税一般纳税人，遵循下列程序和规定：

（1）企业申请办理一般纳税人认定手续，应提出申请报告，并提供下列有关证件、资料：①营业执照；②有关合同、章程、协议书；③银行账号证明；④省级税务机关要求提供的其他有关证件、资料。

总分机构实行统一核算的，其分支机构申请认定一般纳税人时，还须提出总机构所在地主管税务机关批准其部机构为一般纳税人的证明。

（2）主管税务机关在初步审核企业的申请报告和有关资料后，发给“增值税一般纳税人申请认定表”（一式两份），企业应如实填写。

（3）县级以上负责审批的税务机关，对企业填报的申请认定表，在收到之日起 30 日内审核完毕。对符合一般纳税人条件的，在其《税务登记证》副本首页上方加盖“增值税一般纳税人”确认专章。同时将审批后的申请认定表，一份交基层征收机关，一份退企业留存。

3. 符合一般纳税人条件而不申请认定的纳税人

符合一般纳税人条件，但不申请办理一般纳税人认定手续的，按销售额依照税率计算应纳税额，不能抵扣进项税额，也不得使用增值税专用发票。

四、增值税的税率

我国增值税采用比例税率。

2017 年 11 月 19 日国务院公布和实施的新增值税条例中对税率作出了规定，分别为 17%、11%、6%、零税率 4 档。小规模纳税人增值税征收率为 3%，国务院另有规定的除外。

财政部、税务总局《关于调整增值税税率的》通知（财税〔2018〕32 号），对增值税税率进行了调整，自 2018 年 5 月 1 日起，原适用 17% 和 11% 税率的，分别调整为 16%、10% 等。财政部、税务总局、海关总署《关于深化增值税改革有关政策的公告》（财政部、税务总局、海关总署公告 2019 年第 39 号），自 2019 年 4 月 1 日起，原适用 16% 税率的调整为 13%、原适用 10% 税率的调整为 9% 等。目前增值税的具体税率见表 6－2 增值税税率表。

表 6－2　　增值税税率表

征税范围	税率（%）	备注
1. 销售货物或者劳务（加工、修理修配劳务）		
（1）在我国境内销售的货物	13	
（2）在我国境内提供劳务（加工、修理修配劳务）	13	
（3）销售或进口下列货物	9	
1）粮食等农产品、食用植物油、食用盐		
2）自来水、暖气、冷气、热水、煤气、石油液化气、天然气、二甲醚、沼气、居民用煤炭制品		
3）图书、报纸、杂志、音像制品、电子出版物		
4）饲料、化肥、农药、农机、农膜		
5）国务院规定的其他货物		
2. 销售服务、无形资产、不动产		
（1）销售服务		
1）交通运输服务	9	
2）邮政服务	9	
3）电信服务	9	
其中：基础电信	6	
增值电信	9	
4）建筑服务	9	营改增项目
5）金融服务	6	
6）现代服务	13	
其中：有形动产租赁服务	9	
不动产租赁服务	6	
7）生活服务	9	
（2）销售无形资产	6	
其中：转让土地使用权	9	
（3）销售不动产	9	

续表

征税范围	税率（%）	备注
3. 进口货物	13	
出口货物，税率为零；但国务院另有规定的除外		
4. 小规模纳税人（简易计税的征收率）		
（1）小规模纳税人销售货物或者劳务（加工、修理修配劳务）	3	
（2）一般纳税人适用简易办法计税的应税行为（适用5%征收率的除外）	3	
（3）小规模纳税人销售不动产、房地产开发销售、一般纳税人提供人力资源外包业务	5	征收率
（4）个人出租住房	1.5	
（5）销售旧货、小规模纳税人及符合规定的一般纳税人销售自己使用过的固定资产	2	

注：根据相关税收文件、规定整理。

纳税人兼营不同税率的项目，应当分别核算不同税率项目的销售额；未分别核算销售额的，从高适用税率。

增值税税率、征收率的调整，由国务院决定。

五、增值税的计算征收

（一）增值税应纳税额的计算

1. 增值税一般纳税人应纳税额的计算

增值税一般纳税人，其应纳税额的计算，实行发票扣税法。计算公式为：

应纳税额 = 当期销项税额 - 当期进项税额

当期销项税额 = 当期销售额 × 增值税税率

或：

应纳税额 = 当期销售额 × 增值税税率 - 当期进项税额

除出口货物外，因当期销项税额小于当期进项税额不足抵扣时，其不足部分可以结转下期继续抵扣。

例如：某家具厂（属于增值税一般纳税人），2019 年 9 月销售书架，应税销售额 6000 万元，家具厂为生产这批书架购进木材和其他（油漆、钉子等）取得的增值税专用发票上注明的增值税额是 520 万元。增值税税率为 13%。计算该家具厂该月应纳增值税税额。

计算如下：

①销项税额 = 6000 × 13% = 780（万元）

②进项税额 = 520（万元）

③应纳增值税额 = 780 - 520 = 260（万元）

（1）销售额的确定。

1）销售额是纳税人销售货物或者提供应税劳务向购买方收取的全部价款和价外费

用。但是，不包括所收取的增值税额和规定的项目。价外费用，是指价外向购买方收取的手续费、补贴、基金、集资费、返还利润、奖励费、违约金（延期付款利息）、包装费、包装物租金、储备费、优质费、运输装卸费、代收款项、代垫款项及其他各种性质的价外收费。凡价外费用，无论其会计制度如何核算，均应并入销售额计算应纳税额。但下列项目不包括在销售额内：

①向购买方收取的销项税额；

②受托加工应征消费税的消费品所代收代缴的消费税；

③同时符合下列条件的代垫运费：承运部门的运费发票开具给购货方的；纳税人将该项发票转交给购货方的。

2）含税销售收入的换算。如果一般纳税人销售货物或者应税劳务，采用了销售额和销项税额合并定价方法的，按下列公式换算销售额：

销售额 = 含税销售收入额 ÷ (1 + 税率)

例如：某企业，2019年10月销售电视机的销售收入（包括销项税额）为360000元，增值税税率为13%。计算该企业的销售额和销项税额。

计算如下：

销售额 = 360000 ÷ (1 + 13%) = 318584.07（元）

销项税额 = 318584.07 × 13% = 41415.93（元）

3）销售额的特殊情况。

①对纳税人采取折扣方式销售货物。销售额和折扣额在同一张发票上分别注明的，可按冲减折扣后的销售额征收增值税；将折扣额另开发票的，不论其在财务上如何处理，在征收增值税时，折扣额均不得冲减销售额。

例如，某企业销售1000元的商品，折扣为八折，即800元，则如果销售额1000元和折扣额200元开在同一张发票上，并分别注明的，可按冲减折扣后的销售额800元征收增值税；将折扣额200元另开发票的，不论其在财务上如何处理，在征收增值税时，折扣额均不得冲减销售额，按1000元计算征收增值税。

②纳税人采取以旧换新方式销售货物，应按新货物的同期销售价格确定销售额。以旧换新方式销售货物，是目前很多企业所采用的一年销售方式。例如，某企业采取以旧换新方式销售电冰箱，旧的同牌子的电冰箱可折价200元，新电冰箱的销售额为3000元，消费者只要支付2800元即可购得此新电冰箱。按照增值税的规定，计征增值税时，应按新电冰箱的销售额3000元，而不能按2800元。

③对纳税人为销售货物而出租出借包装物收取的押金，单独计账核算的，不并入销售额征税。但对因逾期未收回包装物不再退还的押金，应并入销售额，按照包装货物的适用税率征收增值税。

④纳税人无销售额、销售货物或者提供应税劳务的价格明显偏低并无正当理由的，或者视同销售行为而无销售额的，由主管税务机关核定其销售额。税务机关可按下列顺序确定其销售额：

第一，按纳税人当月同类货物的平均销售价格确定；

第二，按纳税人最近时期同类货物的平均销售价格确定；

第三，按组成计税价格确定。

组成计税价格的计算公式：

组成计税价格 = 成本 ×（1 + 成本利润率）

公式中的成本，销售自制货物的是实际生产成本，销售外购货物的是实际采购成本。成本利润率由国家税务局统一确定为 10%。但属于从价定率征收消费税的货物，其成本利润率为：甲类卷烟 10%；乙类卷烟 5%；雪茄烟 5%；烟丝 5%；粮食白酒 10%；薯类白酒 5%；其他酒 5%；酒精 5%；化妆品 5%；护肤护发品 5%；鞭炮、焰火 5%；贵重首饰及珠宝玉石 6%；汽车轮胎 5%；摩托车 6%；小轿车 8%；越野车 6%；小客车 5%；其他货物和劳务 10%。

例如：某针织厂（增值税一般纳税人），2019 年 8 月将两种自产的针织内衣作为福利发给本厂职工，发放 A 型内衣 300 件，同类产品每件销售价格 20 元；发放 B 型内衣 200 件，无同类产品销售价格。制作 B 型内衣 200 件的成本为 4000 元。确定发放给本厂职工而视同销售内衣的销售额及销项税额。

确定如下：

A 型内衣的销售额 = 300 × 20 = 6000（元）

B 型内衣的销售额 = 4000 ×（1 + 10%）= 4400（元）

视同销售内衣的销项税额 =（6000 + 4400）× 13% = 10400 × 13% = 1352（元）

（2）进项税额的确定。进项税额是纳税人购进货物或者接受应税劳务，所支付或者负担的增值税税额。

1）准予从销项税额中抵扣的进项税额。按照增值税相关规定，准予从销项税额中抵扣的进项税额，限于下列规定的增值税税额：

①纳税人购进货物或者应税劳务，从销货方取得的增值税专用发票上注明的增值税额；

②纳税人进口货物，从海关取得的完税凭证上注明的增值税额；

③购进免税农业产品的进项税额，按买价依照 10% 的扣除率计算。

计算公式为：

进项税额 = 买价 × 扣除率

公式中的买价，包括纳税人购进免税农业产品支付给农业生产者的价款和按规定代收代缴的农业特产税。价款，是经主管税务机关批准使用的收购凭证上注明的价款。

财政部、税务总局、海关总署《关于深化增值税改革有关政策的公告》（财政部、税务总局、海关总署公告 2019 年第 39 号）规定（自 2019 年 4 月 1 日起执行）：纳税人购进农产品，原适用 10% 扣除率的，扣除率调整为 9%。纳税人购进用于生产或者委托加工 13% 税率货物的农产品，按照 10% 的扣除率计算进项税额。

④纳税人购进国内旅客运输服务，其进项税额允许从销项税额中抵扣。

A. 取得增值税电子普通发票的，为发票上注明的税额；

B. 取得注明旅客身份信息的航空运输电子客票行程单的，为按照下列公式计算进项税额：

航空旅客运输进项税额 =（票价 + 燃油附加费）÷（1 + 9%）× 9%

C. 取得注明旅客身份信息的铁路车票的，为按照下列公式计算的进项税额：

铁路旅客运输进项税额 = 票面金额 ÷（1 + 9%）× 9%

D. 取得注明旅客身份信息的公路、水路等其他客票的，按照下列公式计算进项税额：

公路、水路等其他旅客运输进项税额 = 票面金额 ÷ （1 + 3%） × 3%

⑤从事废旧物资经营的增值税一般纳税人收购废旧物资，按收购金额和10%的扣除率计算进项税额。

⑥混合销售行为和兼营的非应税劳务，按规定应当征收增值税的，该混合销售行为所涉及的非应税劳务的兼营的非应税劳务所用购进货物的进项税额，凡符合规定允许扣除的，准许从销项税额中抵扣。

2）不得抵扣的进项税额。纳税人购进货物或者应税劳务，未按照规定取得并保存增值税扣税凭证，或者增值税扣税凭证上未按照规定注明增值税额及其他有关事项的，其进项税额不得从销项税额中抵扣。

按照增值税规定，下列项目的进项税额不得从销项税额中抵扣：

①用于简易计税方法计税项目、免征增值税项目、集体福利或者个人消费的购进货物、劳务、服务、无形资产和不动产；

②非正常损失的购进货物，以及相关的劳务和交通运输服务；

③非正常损失的在产品、产成品所耗用的购进货物（不包括固定资产）、劳务和交通运输服务；

④国务院规定的其他项目；

⑤另外，纳税人有下列情形之一的，不得抵扣进项税额：

A. 会计核算不健全，或者不能够提供准确税务资产的；

B. 符合一般纳税人条件，但不申请办理一般纳税人认定手续的。

C. 如果纳税人存在下列行为的，税务机关可决定其不得抵扣进项税额：

未按照税务机关的要求建立专用发票管理制度；未按照税务机关的要求设专人保管专用发票；未按照税务机关的要求设置专门存放专用发票的场所；税款抵扣联未按税务机关的要求装订成册；未经税务机关查验擅自销毁专用发票的基本联次；丢失专用发票；损毁专用发票。

（3）加计进项税额抵减办法。财政部、税务总局、海关总署《关于深化增值税改革有关政策的公告》（财政部、税务总局、海关总署公告2019年第39号）规定，自2019年4月1日至2021年12月31日，允许生产、生活性服务业纳税人按照当期可抵扣进项税额加计10%，抵减应纳税额（以下称加计抵减政策）。

1）生产、生活性服务业纳税人，是指提供邮政服务、电信服务、现代服务、生活服务（以下称四项服务）取得的销售额占全部销售额的比重超过50%的纳税人。四项服务的具体范围按照《销售服务、无形资产、不动产注释》（财税〔2016〕36号印发）执行。

2019年3月31日前设立的纳税人，自2018年4月至2019年3月期间的销售额（经营期不满12个月的，按照实际经营期的销售额）符合上述规定条件的，自2019年4月1日起适用加计抵减政策。2019年4月1日后设立的纳税人，自设立之日起3个月的销售额符合上述规定条件的，自登记为一般纳税人之日起适用加计抵减政策。

纳税人确定适用加计抵减政策后，当年内不再调整，以后年度是否适用，根据上年度销售额计算确定。纳税人可计提但未计提的加计抵减额，可在确定适用加计抵减政策当期一并计提。

2）纳税人应按照当期可抵扣进项税额的10%计提当期加计抵减额。按照现行规定不得从销项税额中抵扣的进项税额，不得计提加计抵减额；已计提加计抵减额的进项税额，按规定作进项税额转出的，应在进项税额转出当期，相应调减加计抵减额。计算公式如下：

当期计提加计抵减额＝当期可抵扣进项税额×10%

当期可抵减加计抵减额＝上期末加计抵减额余额＋当期计提加计抵减额－当期调减加计抵减额

3）纳税人应按照现行规定计算一般计税方法下的应纳税额（以下称抵减前的应纳税额）后，区分以下情形加计抵减：

①抵减前的应纳税额等于零的，当期可抵减加计抵减额全部结转下期抵减；

②抵减前的应纳税额大于零，且大于当期可抵减加计抵减额的，当期可抵减加计抵减额全额从抵减前的应纳税额中抵减；

③抵减前的应纳税额大于零，且小于或等于当期可抵减加计抵减额的，以当期可抵减加计抵减额抵减应纳税额至零。未抵减完的当期可抵减加计抵减额，结转下期继续抵减。

4）纳税人出口货物劳务、发生跨境应税行为不适用加计抵减政策，其对应的进项税额不得计提加计抵减额。

纳税人兼营出口货物劳务、发生跨境应税行为且无法划分不得计提加计抵减额的进项税额，按照以下公式计算：

不得计提加计抵减额的进项税额＝当期无法划分的全部进项税额×当期出口货物劳务和发生跨境应税行为的销售额÷当期全部销售额

5）纳税人应单独核算加计抵减额的计提、抵减、调减、结余等变动情况。骗取适用加计抵减政策或虚增加计抵减额的，按照《中华人民共和国税收征收管理法》等有关规定处理。

6）加计抵减政策执行到期后，纳税人不再计提加计抵减额，结余的加计抵减额停止抵减。

（4）期末留抵税额退税制度。财政部、税务总局、海关总署《关于深化增值税改革有关政策的公告》（财政部、税务总局、海关总署公告2019年第39号）规定，自2019年4月1日起，试行增值税期末留抵税额退税制度。

1）同时符合以下条件的纳税人，可以向主管税务机关申请退还增量留抵税额：

①自2019年4月税款所属期起，连续6个月（按季纳税的，连续两个季度）增量留抵税额均大于零，且第6个月增量留抵税额不低于50万元；

②纳税信用等级为A级或者B级；

③申请退税前36个月未发生骗取留抵退税、出口退税或虚开增值税专用发票情形的；

④申请退税前36个月未因偷税被税务机关处罚两次及以上的；

⑤自2019年4月1日起未享受即征即退、先征后返（退）政策的。

2）本公告所称增量留抵税额，是指与2019年3月底相比新增加的期末留抵税额。

3）纳税人当期允许退还的增量留抵税额，按照以下公式计算：

允许退还的增量留抵税额＝增量留抵税额×进项构成比例×60%

进项构成比例，为2019年4月至申请退税前一税款所属期内已抵扣的增值税专用发票（含税控机动车销售统一发票）、海关进口增值税专用缴款书、解缴税款完税凭证注明的增值税额占同期全部已抵扣进项税额的比重。

4）纳税人应在增值税纳税申报期内，向主管税务机关申请退还留抵税额。

5）纳税人出口货物劳务、发生跨境应税行为，适用免抵退税办法的，办理免抵退税后，仍符合本公告规定条件的，可以申请退还留抵税额；适用免退税办法的，相关进项税额不得用于退还留抵税额。

6）纳税人取得退还的留抵税额后，应相应调减当期留抵税额。按照本条规定再次满足退税条件的，可以继续向主管税务机关申请退还留抵税额，但本条第（一）项第1点规定的连续期间，不得重复计算。

7）以虚增进项、虚假申报或其他欺骗手段，骗取留抵退税款的，由税务机关追缴其骗取的退税款，并按照《中华人民共和国税收征收管理法》等有关规定处理。

8）退还的增量留抵税额中央、地方分担机制另行通知。

（5）计算应纳税额的时限。一般纳税人应纳税额计算的当期，是指税务机关依据税法规定对纳税人确定的纳税期限。在规定的纳税期限内实际发生的销项税额、进项税额，即为法宝的当期销项税额和进项税额。

1）当期销项税额的时间规定。纳税人销售货物或应税劳务，以及视同行为，应计入当期销售额和销项税额的时间为纳税人纳税义务发生之时。

2）当期进项税额的时间规定，一般纳税人购进货物或应税劳务，其进项税额申报抵扣的时间分别情况确定为：

①工业生产企业购进货物（包括外购货物所支付的运输费用），必须在购进货物已经验收入库后，才能申报抵扣进项税额，对货物尚未到达企业或尚未验收入库的，其进项税额不得作为当期进项税额进行抵扣。

②商业企业购进货物（包括外购货物所支付的运输费用），必须在购进的货物付款后才能申报抵扣进项税额，尚未付款或尚未开出、承兑商业汇票时，其进项税额不得作为纳税人当期进项税额进行抵扣。

③一般纳税人购进应税劳务，必须在劳务费用支付后，才能申报抵扣进项税额，对接收应税劳务，但尚未支付款项的，其进项税额不得作为纳税人当期进项税额予以抵扣。

④对商业企业接受投资、捐赠和分配的货物，以收到增值税专用发票的时间为申报抵扣进项税额的时限。在纳税人申报抵扣进项税额时，应提供有关投资、捐赠和分配货物的合同或证明材料。

⑤分期付款方式购进货物的抵扣时间。商业企业采取分期付款方式购进货物，凡是发生销货方先全额开具发票，购货方再按合同规定的时间分期支付款项的情况，其进项税额的抵扣时间应在所有款项支付完毕后，才能够申报抵扣该货物的进项税额。

增值税一般纳税人违反上述规定的，按偷税论处，一经查出，则应从当期进项税额中剔除，并在该进项发票上注明，以后不论其货物到达或验收入库，或支付款项，均不能计入进项税额申报抵扣。

2. 增值税小规模纳税人应纳税额的计算

小规模纳税人发生应税销售行为，实行按照销售额和征收率计算应纳税额的简易办法，并不得抵扣进项税额。计算公式为：

应纳税额 = 销售额 × 征收率

公式中销售额的确定与一般纳税人相同，对销售收入中包括销项税额的，要通过计算分离出销售额和销项税额。

例如：某个体汽修店，2019年9月修理各种车辆的营业收入共121600元，征收率为3%。计算该个体经营者应纳增值税额。

计算如下：

第一步，销售额 = 121600 ÷ (1 + 3%) = 118058.25（元）

第二步，应纳增值税额 = 118058.25 × 3% = 3541.75（元）

3. 进口货物应纳税额的计算

纳税人进口货物，按照组成计税价格和规定税率计算应纳税额，不得抵扣任何税额。计算公式为：

应纳税额 = 组成计税价格 × 税率

组成计税价格的计算公式为：

组成计税价格 = 关税完税价格 + 关税 + 消费税

完税价格是指以海关审定的成交价格为基础的到岸价格。进口货物应纳的增值税额，由海关在纳税人将货物报关进口时代征。

4. 出口货物退（免）税的规定

对不同出口货物，分别实行出口退税、出口免税和出口不退税也不免税三种政策。

（1）出口退税的适用范围。目前，我国增值税出口免税的企业，主要包括生产企业、外贸企业和特准退税的货物。

1）生产企业。对于享有出口经营权的生产企业，自营出口或委托外贸企业代理出口的自产货物，以及没有出口经营权的生产企业委托外贸企业代理出口的货物，不论内外奖企业，（除小规模企业和1993年底以前批准设立的外商投资企业外）均可退还在国内生产流通环节已纳的增值税。

2）外贸企业。有出口经营权的外贸企业收购货物后直接出口或委托其他外贸企业代理出口的货物，均可退还收购环节已纳的增值税。

3）特准退税的货物。

（2）出口免税的适用范围。出口货物适用免税的适用范围，主要有：

1）1993年12月31日前设立的生产性外商投资企业自营出口或委托外贸企业代理出口的自产货物；

2）属于生产企业的小规模纳税自营出口或委托外贸企业代理出口的自产货物；

3）外贸企业直接购进国家规定的免税货物，包括免税实用农产品出口；

4）来料加工复出口的业务；

5）避孕药品或用具、古旧图书；

6）计划内出口香烟；

7）军品及军队系统企业出口军需工厂生产或军需部门调拨的货物。

（3）出口不退税也不免税的适用范围。主要有：原油、柴油、糖、援外出口货物、国家禁止出口的货物。包括天然牛黄、麝香、铜及铜基合金、白金等。

（4）出口货物的退税率。不同货物规定不同的退税率。

（5）出口退税的计算。有三种计算方法：

1）免抵退税法。适用于既有内销，又有外销的生产企业产品出口，具体计算步骤为：

第一，出口货物当期不予抵扣或退税的税额，从当期全部进项税额中剔除，计入出口产品的成本。计算公式为：

当期不予抵扣或退税的税额＝当期出口货物离岸价格×外汇人民币牌价×（增值税条例规定的征税率－出口货物退税率）

第二，出口货物当期准予抵扣或退税的税额，计算公式为：

当期准予抵扣或退税的税额＝当期全部进项税额－当期不予抵扣或退税的税额－上期未抵扣完的进项税额

第三，当期应纳税额，将当期准予抵扣或退税的税额抵扣当期内销售货物的销项税额计算出应纳税额后，如果当期应纳税额为正数，则为纳税人当期应缴纳增值税；如果当期应纳税额为负数，表示尚有未抵扣完的进项税额。当存在未抵扣完的税额时，如该企业出口货物占当期全部货物销售额50%以上的，则可以退税，否则应结转下期继续抵扣。

第四，增值税的退税额，先计算当期出口货物销售额按照规定的退税率计算最大退税额，然后将未抵完的进项税额与其比较，以较小的数额为退税额。

2）先征后退法。适用于企业自营出口或委托外贸企业代理出口。计算公式为：

当期应纳税额＝当期内销货物的销项税额＋当期出口货物离岸价格×外汇人民币牌价×法定征税率－当期全部进项税额

3）以进定退法。适用于有进出口经营权的外贸企业收购直接出口或委托其他外贸出口企业代理出口的货物，以及从事对外承包项目、对外修理修配业务、对外投资和销售给外轮或远洋货轮而收取外汇的货物。计算公式为：

应退税额＝购进货物的进项税额×退税率

（6）出口退税的管理。一般出口货物必须符合下列三个条件，才能退税：

1）必须是出口属于增值税范围并已征了增值税的货物；

2）出口货物必须报关离境；

3）必须是财务上已作出销售处理。

（二）增值税的征收管理

1. 纳税义务发生时间

纳税义务发生时间，是法定的计算增值税起点。销售货物或者应税劳务的纳税义务的发生时间，为收讫销售额或者取得索取销售额凭证的当天。按销售结算方式的不同，具体分为：

（1）采取直接收款方式销售货物，不论货物是否发出，均为收到销售额或取得索取销售额的凭据，并将提货单交给买方的当天；

（2）采取托收承付和委托银行收款方式销售货物，为发出货物并办妥托收手续的当天；

（3）采取赊销和分期付款方式销售货物，为按合同约定的收款日期的当天；

（4）采取预收货款方式销售货物，为货物发出的当天；

（5）委托其他纳税人代销货物，为收到代销单位销售的代销清单的当天；

（6）销售应税劳务，为提供劳务同时收讫销售额或取得索取销售额的凭证的当天；

（7）纳税人发生“视同销售货物”的第3至第8种情况，其纳税义务的发生时间，为货物移送的当天。

（8）进口货物的纳税义务发生时间，为报关进口的当天。

2. 纳税期限

（1）增值税的纳税期限分别为1日、3日、5日、10日、15日或者1个月。纳税人的具体纳税期限，由主管税务机关根据纳税人应纳税额的大小分别核定；不能按照固定期限纳税的，可以按次纳税。纳税人以1个月为一期的，自期满之日起10日内申报纳税；以1日、3日、5日、10日或者15日为一期纳税的，自期满之日起5日内预缴税款，于次月1日起10日内申报纳税并结清上月应纳税款。

（2）纳税人进口货物，应当自海关填发税款缴纳证的次日起7日内缴纳税款。

（3）纳税人出口货物，应按月向税务机关申报办理该项出口货物退税。

3. 纳税地点

（1）固定业户。向其机构所在地主管税务机关申报纳税。总机构和分支机构不在同一县（市）的，应当分别向各自所在地主管税务机关申报纳税；经国家税务总局或其授权的税务机关批准，可以由总机构汇总向总机构所在地主管税务机关申报纳税。

固定业户到外县（市）销售货物的，应当向其机构所在地主管税务机关申请开具外出经营活动税收管理证明，向其机构所在地主管税务机关申报纳税。未持有其机构所在地主管税务机关核发的外出经营活动税收管理证明，到外县（市）销售货物或者应税劳务的，应当向销售地主管税务机关申报纳税，销售地主管税务机关按3%的征收率计征增值税；其在销售地发生的销售额，待纳税人回到机构所在地，仍需要对其在外地的销售行为按规定申报纳税，在销售地缴纳的税款不得从当期应纳税额中扣减。

固定业户（增值税一般纳税人）临时到外省、市销售货物的，必须向经营地主管税务机关出示“外出经营活动税收管理证明”回原地纳税，需要向购货方开具增值税专用发票的，亦回原地补开。

（2）非固定业户。向销售地主管税务机关申报纳税。非固定业户到外县（市）销售货物或者应税劳务未向销售地主管税务机关申报纳税的，由其机构所在地或者居住地主管税务机关补征税款。

（3）进口货物。由进口人或其代理人向报关地海关申报缴纳增值税。

六、增值税专用发票

（一）什么是增值税专用发票

增值税专用发票是纳税人经济活动中的重要商事凭证，是兼记销货方纳税义务和购货方进项税额的合法证明。简称专用发票。

因为我国实行的是发票扣税法，所以，增值税专用发票对正确计算增值税额以及增值税的征收管理等，都起着决定性的重要的作用。增值税专用发票具体格式、内容见附表6-3《增值税专用发票》（样票）。

表6－3　《增值税专用发票》（样票）

××省（市、区）增值税专用发票

开票日期：　年　月　日　　　　　　　　　　　　　　　　　　　　No

<table>
<tr><td colspan="2" rowspan="2">购货单位</td><td>名称</td><td colspan="6"></td><td colspan="5">纳税人登记号</td><td colspan="9"></td></tr>
<tr><td>地址 电话</td><td colspan="6"></td><td colspan="5">开户银行及账号</td><td colspan="9"></td></tr>
<tr><td rowspan="2">商品或劳务名称</td><td rowspan="2">计量单位</td><td rowspan="2">数量</td><td rowspan="2">单价</td><td colspan="8">金额</td><td>税率</td><td colspan="9">税额</td></tr>
<tr><td>拾</td><td>万</td><td>千</td><td>百</td><td>十</td><td>元</td><td>角</td><td>分</td><td>（%）</td><td>百</td><td>拾</td><td>万</td><td>千</td><td>百</td><td>十</td><td>元</td><td>角</td><td>分</td></tr>
<tr><td></td><td></td><td></td><td></td><td></td><td></td><td></td><td></td><td></td><td></td><td></td><td></td><td></td><td></td><td></td><td></td><td></td><td></td><td></td><td></td><td></td><td></td></tr>
<tr><td></td><td></td><td></td><td></td><td></td><td></td><td></td><td></td><td></td><td></td><td></td><td></td><td></td><td></td><td></td><td></td><td></td><td></td><td></td><td></td><td></td><td></td></tr>
<tr><td></td><td></td><td></td><td></td><td></td><td></td><td></td><td></td><td></td><td></td><td></td><td></td><td></td><td></td><td></td><td></td><td></td><td></td><td></td><td></td><td></td><td></td></tr>
<tr><td></td><td></td><td></td><td></td><td></td><td></td><td></td><td></td><td></td><td></td><td></td><td></td><td></td><td></td><td></td><td></td><td></td><td></td><td></td><td></td><td></td><td></td></tr>
<tr><td></td><td></td><td></td><td></td><td></td><td></td><td></td><td></td><td></td><td></td><td></td><td></td><td></td><td></td><td></td><td></td><td></td><td></td><td></td><td></td><td></td><td></td></tr>
<tr><td></td><td></td><td></td><td></td><td></td><td></td><td></td><td></td><td></td><td></td><td></td><td></td><td></td><td></td><td></td><td></td><td></td><td></td><td></td><td></td><td></td><td></td></tr>
<tr><td>合计</td><td></td><td></td><td></td><td></td><td></td><td></td><td></td><td></td><td></td><td></td><td></td><td></td><td></td><td></td><td></td><td></td><td></td><td></td><td></td><td></td><td></td></tr>
<tr><td>价税合计（大写）</td><td colspan="21">佰　拾　万　仟　佰　拾　元　角　分　¥</td></tr>
<tr><td colspan="2" rowspan="2">销货单位</td><td>名称</td><td colspan="6"></td><td colspan="5">纳税人登记号</td><td colspan="9"></td></tr>
<tr><td>地址 电话</td><td colspan="6"></td><td colspan="5">开户银行及账号</td><td colspan="9"></td></tr>
</table>

收款人：　　　复核：　　　制单人：　　　开票单位（未盖章无效）：

（二）增值税专用发票的填写

1. 增值税专用发票的联次

增值税专用发票一般为四联。各联次的名称和用途为：第一联：存根联，由销货方留存作备查之用；第二联：发票联，交购货方记账用；第三联：税款抵扣联，由购货方交税务机关用作确定进项税额的依据；第四联：记账联，由售货方记账用。

2. 增值税专用发票的填写方法和注意事项

增值税专用发票所有项目必须填写齐全，各栏填写方法和注意事项如下：

（1）"开票日期"栏，填写开具专用发票的日期。

（2）购货单位有关情况各栏的填写：

①"名称"栏，填写购货单位名称的全称，不得简写，如果单位名称较长，可在"名称"栏分上下两行填写，必要时可出该栏的上下横线；

②"地址、电话"栏，填写购货方单位的详细地址和电话号码；

③"纳税人登记号（税务登记号）"栏，填写购货方税务登记证号，共15位，不得简写；

④"开户银行及账号"栏，填写购货单位的开户银行名称及账号。

（3）经济业务有关内容的填写。

①"货物或应税劳务名称"栏，填写货物或劳务的名称。如果销售货物或应税劳务的品种较多，则纳税人可按照不同税率的货物进行汇总开具专用发票，在这种情况下，本栏可填写"汇总"或"××"等。

②"规格型号"栏，填写货物的规格型号。

③"计量单位"栏，填写货物或者劳务的计量单位。如果是汇总开具专用发票，则此栏可以不填写。

④"数量"栏，填写货物或者劳务的数量。如果汇总开具专用发票，则此栏可以不填写。

⑤"单价"栏，填写货物或劳务的不含税单价。如果纳税人采用销售额和增值税额合并定价方法的，则应按有关规定换算成不含税销售额。

⑥"金额"栏，填写货物或劳务的销售额。企业应按不含税单价和数量相乘计算填写，计算公式为：

"金额"栏数字＝不含税单价×数量

实行防伪税控系统的企业，在发生销货退回或折让需要开具红字发票时，改为开具负数发票，在"金额"栏填写负数。

⑦"税率"栏，填写货物或劳务的适用税率。税务征收机关代小规模企业开具专用发票，不论销售的是何种货物或劳务，本栏一律填写征收率6%，严禁填写17%或13%的税率；一般纳税人如选择简易办法计算缴纳增值税，应在专用发票的"单价""金额"栏填写不含其本身应纳税额的金额，在"税率"栏填写征收率6%，在"税额"栏填写其本身应纳的税额。此种专用发票可以作为扣税凭证。

⑧"税额"栏，填写销售货物或者提供应税劳务的销项税额，销项税额计算公式为：

销项税额＝销售额×税率

纳税人以含税单价销售货物或应税劳务，换算成不含税单价，其尾数应为小数点后两位，即元以下保留到分。对由于单价小数点后位数的取舍关系，用换算后的不含税单价计算出的销售额、税额之和与换算前的含税收入有一定的误差。在这种情况下，纳税人可以按下列方法开具专用发票：

销售额计算公式：

销售额 = 含税总收入 ÷（1 + 税率或征收率）

税额计算公式：

税额 = 含税总收入 − 销售额

不含税单价计算公式：

不含税单价 = 销售额 ÷ 数量

按照上述办法计算开具的专用发票，如果票面“货物数量 × 不含税单价 = 销售额”这一逻辑关系存在少量尾数误差，属于正常现象，按照规定可以作为购货方的扣税凭证。

⑨“合计”栏，填写销售项目的销售额（金额）、税额各自的合计数。开具专用发票，必须在“金额”“税额”栏合计（小写）数前用“￥”符号封顶，未封顶的专用发票将不得作为购货方的扣税凭证。由于不得超面额开具专用发票，因此销售额合计数不得超过专用发票规定的最高限额。

⑩“价税合计（大、小写）”栏，填写各项商品销售额（金额）与税额汇总数额的大写金额。开具专用发票，必须在“价税合计（大写）”栏大写合计数前用“※”符号封顶。实行防伪税控系统的企业，在发生销货退回或折让需要开具红字发票时，改为开具负数发票，“价税合计（大写）”栏大写合计数前用“负数”字样封顶，未封顶的专用发票将不得作为购货方的扣税凭证。

（4）“备注”栏，据情填写一些需要补充说明的事项。

（5）销货单位有关情况各栏的填写。销货单位的“名称”“地址、电话”“纳税人登记号”“开户银行及账号”栏，填写基本与购货单位有关项目的填写相同，只是填写方式不同。纳税人领购专用发票（电脑版专用发票除外）时必须在专用发票1至4联的有关栏目中加盖专用发票销货单位栏戳记，经税务机关检验无误后方可使用。纳税人不得使用未加盖上述戳记或印迹不清晰的专用发票。专用发票销货单位栏戳记是指按专用发票“销货单位”栏的内容（包括销货单位名称、税务登记号、地址、电话号码、开户银行及账号等）和格式刻制的专用印章，用于加盖在专用发票“销货单位”栏内，专用发票销货单位栏戳记全国统一使用蓝色印泥。纳税人开具专用发票（电脑版专用发票除外）不得手工填写“销货单位”栏，从1995年11月1日起，凡手工填写“销货单位”栏的（电脑版专用发票除外），属于未按规定开具专用发票，购货方不得作为扣税凭证。

（6）票尾部分的填写。

①“销货单位（章）”栏，加盖财务专用章或发票专用章。开具专用发票应严格按照专用发票使用规定统一加盖单位财务专用章或发票专用章，不得加盖其他财务印章，如“现金收讫”章等，否则不得作为购货方的扣税凭证。财务专用章或发票专用章加盖在专用发票的左下角，覆盖“销货单位”一栏，否则不得作为购货方的扣税凭证；

②“收款人”栏，填写办理收款事项人员的姓名；

③“复核”栏，填写复核人员的姓名；

④“开票人”栏，填写开票人员的姓名。

（三）增值税专用发票的管理

1. 专用发票的领购和使用

（1）领购使用对象：增值税专用发票只限于增值税一般纳税人领购使用，增值税的小规模纳税人和非增值税纳税人不得领购使用。部分小规模企业，虽然不能领购使用专用发票，但可以申请税务机关为其代开增值税专用发票。

（2）不得领购的范围：增值税一般纳税人有下列情形之一者，不得领购使用增值税专用发票：

1）会计核算不健全，即不能按会计制度和税务机关的要求准确核算增值税的销项税额、进项税额和应纳税额者。

2）不能向税务机关准确提供增值税销项税额、进项税额、应纳税额数据及其他有关增值税税务资料者。

3）有以下行为，经税务机关责令限期改正而仍未改正者：私自印制专用发票；向个人或税务机关以外的单位买取专用发票；借用他人专用发票；向他人提供专用发票；未按开具专用发票的要求开具专用发票；未按规定保管专用发票；未按规定申报专用发票的领、用、存情况；未按规定接受税务机关检查。

4）销售的货物全部属于免税项目者。

2. 专用发票的开具

增值税一般纳税人销售货物（包括视同销售货物在内）、应税劳务、根据增值税暂行条例细则规定应当征收增值税的非应税劳务，必须向购买方开具增值税专用发票。

（1）下列情形不得开具专用发票：向消费者销售应税项目；销售免税项目；销售报关出口的货物、在境外销售应税劳务；将货物用于非应税项目；将货物用于集体福利或个人消费；将货物无偿赠送他人；提供非应税劳务（应当征收增值税的除外）、转让无形资产或销售不动产。

（2）专用发票必须按下列要求开具：字迹清楚。不得涂改。如填写有误，应另行开具专用发票，并在误填的专用发票上注明“误填作废”四字。如专用发票开具后因购货方不索取而成为废票的，也应按填写有误办理。项目填写齐全。票、物相符，票面金额与实际收取的金额相符。各项目内容正确无误。全部联次一次填开，上、下联的内容和金额一致。发票联和抵扣联加盖财务专用章或发票专用章。按照规定时限开具专用发票。不得开具伪造的专用发票。不得拆本使用专用发票。不得开具票样与国家税务总局统一制定的票样不相符的专用发票。

3. 专用发票的最高开票限额

最高开票限额是指单份专用发票开具的销售额合计数不得达到的上限额度。专用发票实行最高开票限额管理，最高开票限额由一般纳税人申请，税务机关依法审批。最高开票限额为10万元及以下的，由区县级税务机关审批；最高开票限额为100万元的，由地市级税务机关审批；最高开票限额为1000万元及以上的，由省级税务机关审批。防伪税控系统的具体发行工作由区县级税务机关负责。

4. 专用发票开具时间

专用发票开具时限的规定为：采用预收货款、托收承付、委托银行收款方式的，为货物发出的当天；采用交款提货结算方式的，为收到货款的当天；采用赊销、分期付款结算方式的，为合同约定的收款日期的当天；将货物交付他人代销，为收到受托人送交的代销清单的当天；设有两个以上机构并实行统一核算的纳税人，将货物从一个机构移送其他机构用于销售，按规定应当征收增值税的，为移送货物的当天；将货物作为投资提供给其他单位和个体经营者的，为货物移送的当天；将货物分配给股东，为货物移送的当天。

5. 专用发票开具后发生退货或销售折让的处理

（1）购买方未付款且未作账务处理的，须将原发票联和税款抵扣联主动退还销售方。销售方收到后，应在该发票联和税款抵扣联及有关的存根联、记账联上注明“作废”字样，并依次粘贴在存根联后面，作为扣减当期销项税额的凭证，下月领购专用发票时随同其他专用发票存根联一起提交税务机关核查。未收到购买方退还的专用发票前，销售方不得扣减当期销项税额。

（2）购买方已付货款，或货款未付但已作账务处理，发票联及税款抵扣联无法退还的，购买方必须取得当地主管税务机关开具的《进货退出或索取折让证明单》送交销售方，作为销售方开具红字专用发票的合法依据。销售方在未收到证明单以前，不得开具红字专用发票；收到证明单后，根据退回货物的数量、价款或折让金额向购买方开具红字专用发票。红字专用发票的存根联、记账联作为销售方扣减当期销项税额的凭证，其发票联、税款抵扣联作为购买方扣减进项税额的凭证。购买方收到红字专用发票后，应将红字专用发票所注明的增值税额从当期进项税额中扣减。如不扣减，造成不纳税或少纳税的，属于偷税行为。

6. 使用计算机开具专用发票

符合条件的一般纳税人，可以向主管税务机关申请使用电子计算机开具专用发票。这些条件是：

（1）有专业电子计算机技术人员、操作人员；

（2）具备通过电子计算机开具专用发票和按月列印进货、销货及库存清单的能力；

（3）省级国家税务局规定的其他条件。经税务机关审查批准，可按规定使用计算机开具专用发票。

7. 专用发票的取得和保管

纳税人必须严格按照相关规定取得和保管增值税专用发票，否则，不得作为计算进项税额的依据。纳税人未按规定取得、保管或开具专用发票，除购进免税农产品和自营出口货物外，其购进的应税项目不得抵扣进项税额。

未按规定取得专用发票，是指未从售货方取得专用发票，或只取得记账联、抵扣联中的一联。

未按规定保管专用发票的情节包括下列各项：未按照税务机关的要求建立专用发票管理制度；未按照税务机关的要求设专人保管专用发票；未按照税务机关的要求设置专门存放专用发票的场所；税款抵扣联未按税务机关的要求装订成册；未经税务机关查验擅自销毁专用发票的基本联次；丢失专用发票；损（撕）毁专用发票；未执行国家税务局或其直辖分局提出的其他有关保管专用发票的要求。

有上述情形之一的纳税人，如其购进应税项目的进项税额已经抵扣，应从税务机关发现其有上述情形的当期进项税额中扣减。

第三节 消费税

一、消费税概述

（一）消费税的概念

消费税，是对在我国境内生产销售、委托加工和进口应税消费品的单位和个人，就其应税消费品的销售金额或应税数量征收的一种税。目前，我国消费税与增值税相配合，形成双层次调节。即增值税发挥普遍调节作用，保证财政收入的稳定增长；消费税作为特殊税种，目的是调节产品结构、引导消费方向、增加财政收入。

《中华人民共和国消费税暂行条例》是1994年1月1日开始施行的。2008年11月10日国务院发布新的《中华人民共和国消费税暂行条例》，财政部、国家税务总局2008年11月15日发布新的《中华人民共和国消费税暂行条例实施细则》，2009年1月1日起施行。

（二）消费税的特点

消费税与其他流转税相比，具有以下特点：

1. 征收范围具有较强的选择性和弹性

消费税的征收范围是根据国家的产业政策、消费政策的要求，有选择地确定的，目前只是对部分消费品征税。征收范围具有弹性，可根据经济情况及消费结构变化进行调整。

2. 征收环节单一

消费税只在生产环节和进口环节征收，在一个环节征税后，其他环节一般不再征收消费税。

3. 实行差别较大的比例税率或定额税率

消费税税率的设计有明显的政策性意图，现有14个档次的税率（税额），其中，比例税率10档，最高的50%，最低的3%，差别很大。

4. 从价定率和从量定额征收

在计税方法上，除主要实行从价定率征收外，对某些价格差异不大、计量单位规范的消费品，实行从量定额征收。

二、我国消费税征收制度

（一）征税范围

我国的消费税的征税范围主要是一些高档消费品、奢侈品和非生活必需品。根据新条例和细则，现有14个税目。

1. 烟

烟指以烟叶为原料加工生产的产品。包括卷烟（甲类卷烟、乙类卷烟），雪茄烟，烟丝3个子目。凡是以烟叶为原料加工生产的产品，不论使用何种辅料，均属于该税目的征收范围，具体包括卷烟（进口卷烟、白包卷烟、手工卷烟和未经国务院批准纳入计划的企业及个人生产的卷烟）、雪茄烟和烟丝。

2. 酒

酒及酒精下设白酒，黄酒，啤酒（甲类啤酒、乙类啤酒），其他酒，酒精5个子目。其中其他酒是指除粮食白酒、薯类白酒、黄酒、啤酒以外，酒度在1度以上的各种酒，包括糠麸白酒、其他原料白酒、土甜酒、复制酒、果木酒、汽酒、药酒等等。超过12度的土甜酒按黄酒征税。取消酒精消费税（自2014年12月1日起）。取消酒精消费税后，“酒及酒精”品目相应改为“酒”，并继续按现行消费税政策执行。

3. 化妆品

化妆品是日常生活中用于修饰美化人体表面的用品。包括香水、香水精、香粉、口红、指甲油、胭脂、眉笔、唇笔、蓝眼油、眼睫毛、成套化妆品等。

4. 贵重首饰及珠宝玉石

包括金银首饰、铂金首饰和钻石及钻石饰品，其他贵重首饰和珠宝玉石2个子目。包括各种金银珠宝首饰和经采掘、打磨、加工的各种珠宝玉石。

5. 鞭炮、焰火

包括鞭炮和焰火，通常分为13类：喷花类、旋转类、旋转升空类、火箭类、吐珠类、线香类、小礼花类、烟雾类、造型玩具类、爆竹类、摩擦炮类、组合烟花类、礼花弹类等各种鞭炮、焰火。

6. 成品油

包括汽油（无铅汽油），柴油，航空煤油，石脑油，溶剂油，润滑油，燃料油7个子目。

（1）汽油是指用原油或其他原料加工生产的辛烷值不小于66的可用作汽油发动机燃料的各种轻质油。取消车用含铅汽油消费税，汽油税目不再划分二级子目，统一按照无铅汽油税率征收消费税（自2014年12月1日起）。汽油分为车用汽油和航空汽油。以汽油、汽油组分调和生产的甲醇汽油、乙醇汽油也属于本税目征收范围。

（2）柴油是指用原油或其他原料加工生产的倾点或凝点在－50至30的可用作柴油发动机燃料的各种轻质油和以柴油组分为主、经调和精制可用作柴油发动机燃料的非标油。以柴油、柴油组分调和生产的生物柴油也属于本税目征收范围。

（3）航空煤油，也叫喷气燃料，是用原油或其他原料加工生产的用作喷气发动机和喷气推进系统燃料的各种轻质油。

（4）石脑油，又叫化工轻油，是以原油或其他原料加工生产的用于化工原料的轻质油。石脑油的征收范围包括除汽油、柴油、航空煤油、溶剂油以外的各种轻质油。非标汽油、重整生成油、拔头油、戊烷原料油、轻裂解料（减压柴油VGO和常压柴油AGO）、重裂解料、加氢裂化尾油、芳烃抽余油均属轻质油，属于石脑油征收范围。

（5）溶剂油是用原油或其他原料加工生产的用于涂料、油漆、食用油、印刷油墨、皮革、农药、橡胶、化妆品生产和机械清洗、胶粘行业的轻质油。橡胶填充油、溶剂油原料，属于溶剂油征收范围。

（6）润滑油是用原油或其他原料加工生产的用于内燃机、机械加工过程的润滑产品。润滑油分为矿物性润滑油、植物性润滑油、动物性润滑油和化工原料合成润滑油。润滑油的征收范围包括矿物性润滑油、矿物性润滑油基础油、植物性润滑油、动物性润滑油和化工原料合成润滑油。以植物性、动物性和矿物性基础油（或矿物性润滑油）混合掺配而成的"混合性"润滑油，不论矿物性基础油（或矿物性润滑油）所占比例高低，均属润滑油的征收范围。

（7）燃料油，也称重油、渣油，是用原油或其他原料加工生产，主要用作电厂发电、锅炉用燃料、加热炉燃料、冶金和其他工业炉燃料。腊油、船用重油、常压重油、减压重油、180CTS燃料油、7号燃料油、糠醛油、工业燃料、4-6号燃料油等油品的主要用途是作为燃料燃烧，属于燃料油征收范围。

7. 摩托车

包括气缸容量（排气量，下同）250毫升和250毫升（不含）以上的2个子目。对最大设计车速不超过50krn/h，发动机气缸总工作容量不超过50ml的三轮摩托车，不征收消费税。取消气缸容量250毫升（不含）以下的小排量摩托车消费税（自2014年12月1日起）。

8. 小汽车

包括乘用车（气缸容量〈排气量，下同〉在1.0升〈含1.0升〉以下的、气缸容量在1.0升以上至1.5升〈含1.5升〉的、气缸容量在1.5升以上2.0升〈含2.0升〉的、气缸容量在2.0升以上至2.5升〈含2.5升〉的、气缸容量在2.5升以上至3.0升〈含3.0升〉的、气缸容量在3.0升以上至4.0升〈含4.0升〉的、气缸容量在4.0升以上的），中轻型商用客车2个子目。用上述应税车辆的底盘组装、改装、改制的各种货车、特种用车（如急救车、抢修车）等不属于本税目征收范围。

9. 高尔夫球及球具

高尔夫球及球具是指从事高尔夫球运动所需的各种专用装备，包括高尔夫球、高尔夫球杆及高尔夫球包（袋）等。其征收范围包括高尔夫球、高尔夫球杆、高尔夫球包（袋），以及高尔夫球杆的杆头、杆身和握把。

10. 高档手表

高档手表是指销售价格（不含增值税）每只在10000元（含）以上的各类手表。其征收范围包括符合以上标准的各类手表。

11. 游艇

游艇是指长度大于8米小于90米，船体由玻璃钢、钢、铝合金、塑料等多种材料制作，可以在水上移动的水上浮载体。征收范围包括艇身长度大于8米（含）小于90米（含），内置发动机，可以在水上移动，一般为私人或团体购置，主要用于水上运动和休闲娱乐等非牟利活动的各类机动艇。

12. 木制一次性筷子

木制一次性筷子，又称卫生筷子，是指以木材为原料经过锯段浸泡、旋切、刨切、烘干、筛选、打磨、倒角、包装等环节加工而成的各类一次性使用的筷子。其征收范围包括各种规格的木制一次性筷子。未经打磨、倒角的木制一次性筷子属于本税目征税范围。

13. 实木地板

实木地板是指以木材为原料，经锯割、干燥、刨光、截断、开榫、涂漆等工序加工而成的块状或条状的地面装饰材料。其征收范围包括各类规格的实木地板、实木指接地板、实木复合地板及用于装饰墙壁、天棚的侧端面为榫、槽的实木装饰板，以及未经涂饰的素板。

14. 电池

电池是一种将化学能、光能等直接转换为电能的装置，一般由电极、电解质、容器、极端，通常还有隔离层组成的基本功能单元，以及用一个或多个基本功能单元装配成的电池组。范围包括：原电池、蓄电池、燃料电池、太阳能电池和其他电池。

为促进节能环保，经国务院批准，自2015年2月1日起对电池、涂料征收消费税。

（1）原电池，又称一次电池，是按不可以充电设计的电池。按照电极所含的活性物质分类，原电池包括锌原电池、锂原电池和其他原电池。

1）锌原电池。以锌做负极的原电池，包括锌二氧化锰原电池、碱性锌二氧化锰原电池、锌氧原电池（又称“锌空气原电池”）、锌氧化银原电池（又称“锌银原电池”）、锌氧化汞原电池（又称“汞电池”“氧化汞原电池”）等。

2）锂原电池。以锂做负极的原电池，包括锂二氧化锰原电池、锂亚硫酰氯原电池、锂二硫化铁原电池、锂二氧化硫原电池、锂氧原电池（又称“锂空气原电池”）、锂氟化碳原电池等。

3）其他原电池。指锌原电池、锂原电池以外的原电池。

原电池又可分为无汞原电池和含汞原电池。汞含量低于电池重量的0.0001%（扣式电池按0.0005%）的原电池为无汞原电池；其他原电池为含汞原电池。

（2）蓄电池，又称二次电池，是按可充电、重复使用设计的电池；包括酸性蓄电池、碱性或其他非酸性蓄电池、氧化还原液流蓄电池和其他蓄电池。

1）酸性蓄电池。一种含酸性电解质的蓄电池，包括铅蓄电池（又称“铅酸蓄电池”）等。

铅蓄电池是指含以稀硫酸为主电解质、二氧化铅正极和铅负极的蓄电池。2015年12月31日前对铅蓄电池缓征消费税；自2016年1月1日起，对铅蓄电池按4%税率征收消费税。

2）碱性或其他非酸性蓄电池。一种含碱性或其他非酸性电解质的蓄电池，包括金属锂蓄电池、锂离子蓄电池、金属氢化物镍蓄电池（又称“氢镍蓄电池”或“镍氢蓄电池”）、镉镍蓄电池、铁镍蓄电池、锌氧化银蓄电池（又称“锌银蓄电池”）、碱性锌二氧化锰蓄电池（又称“可充碱性锌二氧化锰电池”）、锌氧蓄电池（又称“锌空气蓄电池”）、锂氧蓄电池（又称“锂空气蓄电池”）等。

3）氧化还原液流电池。一种通过正负极电解液中不同价态离子的电化学反应来实现电能和化学能互相转化的储能装置，目前主要包括全钒液流电池。全钒液流电池是通过正负极电解液中不同价态钒离子的电化学反应来实现电能和化学能互相转化的储能装置。

4）其他蓄电池。除上述外的蓄电池。

（3）燃料电池是指通过一个电化学过程，将连续供应的反应物和氧化剂的化学能直接转换为电能的电化学发电装置。

（4）太阳能电池是将太阳光能转换成电能的装置，包括晶体硅太阳能电池、薄膜太阳能电池、化合物半导体太阳能电池等，但不包括用于太阳能发电储能用的蓄电池。

（5）其他电池是指除原电池、蓄电池、燃料电池、太阳能电池以外的电池。

15. 涂料

涂料是指涂于物体表面能形成具有保护、装饰或特殊性能的固态涂膜的一类液体或固体材料之总称。

涂料由主要成膜物质、次要成膜物质等构成。按主要成膜物质涂料可分为油脂类、天然树脂类、酚醛树脂类、沥青类、醇酸树脂类、氨基树脂类、硝基类、过滤乙烯树脂类、烯类树脂类、丙烯酸酯类树脂类、聚酯树脂类、环氧树脂类、聚氨酯树脂类、元素有机类、橡胶类、纤维素类、其他成膜物类等。

上述应税消费品可归纳为五大类：

第一，一些过度消费会对人类健康、社会秩序、生态环境等方面造成危害的特殊消费品，如烟、酒、鞭炮、焰火等；

第二，奢侈品、非生活必需品，如贵重首饰、珠宝玉石、化妆品等；

第三，高耗能及高档消费品，如小轿车、摩托车等；

第四，不可再生和替代的石油类消费品，如汽油、柴油等；

第五，具有一定财政意义的消费品，如护肤护发品等。

对未体现销售而发出、使用和收回的应税消费品应视同销售，纳入征税范围。具体包括以下三个方面：

一是纳税人换取生产资料和消费资料、投资入股、抵偿债务、支付代购手续费，以及在销售之外另付给购货方或中间人作为奖励和报酬的应税消费品。

二是纳税人用于生产非应税消费品和在建工程，管理部门，非生产机构，提供劳务，以及用于馈赠、赞助、集资、广告、样品、职工福利、奖励等方面的应税消费品。但纳税人自产的应税消费品用于连续生产应税消费品的，即作为生产最终应税消费品的直接材料，并构成最终产品实体的应税消费品，不纳税。例如卷烟厂将自产烟丝用于连续生产卷烟，炼油厂以自产的低标号汽油连续生产高标号汽油，其中烟丝、低标号汽油属用于连续生产的自产应税消费品，称为中间产品，不必纳税；而只就生产的最终消费品卷烟、高标号汽油征税。

三是纳税人委托加工的应税消费品，委托加工的应税消费品是指委托方提供原料和主要材料，受托方只收取加工费和代垫部分辅助材料的应税消费品。

（二）纳税人

消费税的纳税人，是在我国境内生产、委托加工和进口应税消费品的单位和个人。缴纳消费的纳税人一般要缴纳增值税。

（三）税率

我国现行消费税对不同的应税消费品采用了两种税率形式。

一是对一些供求基本平衡、价格差异不大、计算单位规范的消费品采用定额税率。适用的有黄酒、啤酒、汽油、柴油四种液体消费品。有利于简化征纳手续，稳定税收负担。

二是对其他应税消费品，选择了价税联动、差别较大的比例税率，如卷烟、酒类、化妆品等。有利于平衡不同价格的消费品之间的税收负担。

各种应税消费品的具体适用税目税率见表 6－4 消费税税目税率（税额）表。

表6-4 消费税税目税率（税额）表

税目	税率
一、烟	
1. 卷烟	
工业（生产环节征税）	
（1）甲类卷烟［调拨价70元（不含增值税）/条以上（含70元）］	56%加0.003元/支（生产环节）
（2）乙类卷烟［调拨价70元（不含增值税）/条以下］	36%加0.003元/支
商业批发（批发环节征税）	11%加0.005元/支
2. 雪茄烟（生产环节征税）	36%
3. 烟丝（生产环节征税）	30%
二、酒	
1. 白酒	20%加0.5元/500克（或者500毫升）
2. 黄酒	240元/吨
3. 啤酒	
（1）甲类啤酒	250元/吨
（2）乙类啤酒	220元/吨
4. 其他酒	10%
三、化妆品	30%
四、贵重首饰及珠宝玉石	
1. 金银首饰、铂金首饰和钻石及钻石饰品	5%
2. 其他贵重首饰和珠宝玉石	10%
五、鞭炮、焰火	15%
六、成品油	
1. 汽油（无铅汽油）	0.20元/升
2. 柴油	0.10元/升
3. 航空煤油	0.10元/升
4. 石脑油	0.20元/升
5. 溶剂油	0.20元/升
6. 润滑油	0.20元/升
7. 燃料油	0.10元/升
七、摩托车	
1. 气缸容量（排气量，下同）250毫升的	3%
2. 气缸容量在250毫升（不含）以上的	10%
八、小汽车	
1. 乘用车	
（1）气缸容量（排气量，下同）在1.0升（含1.0升）以下的	1%
（2）气缸容量在1.0升以上至1.5升（含1.5升）的	3%
（3）气缸容量在1.5升以上至2.0升（含2.0升）的	5%
（4）气缸容量在2.0升以上至2.5升（含2.5升）的	9%
（5）气缸容量在2.5升以上至3.0升（含3.0升）的	12%
（6）气缸容量在3.0升以上至4.0升（含4.0升）的	25%
（7）气缸容量在4.0升以上的	40%
2. 中轻型商用客车	5%

续表

税　目	税　率
九、高尔夫球及球具	10%
十、高档手表	20%
十一、游艇	10%
十二、木制一次性筷子	5%
十三、实木地板	5%
十四、电池	4%
十五、涂料	4%

注：

1. 卷烟消费税采用的是定额税率和比例税率两种计税，分别工业、商业批发2个环节征税。在工业生产环节，甲类卷烟（调拨价70元（不含增值税）/条以上（含70元）），适用56%的税率，加征0.003元/支的定额税；乙类卷烟（调拨价70元（不含增值税）/条以下），适用36%和税率，加征0.003元/支；商业批发，适用11%和税率，加征0.005元/支的定额税。

2. 下列情况按照规定税率计税：

（1）纳税人兼营不同税率的应税消费品，即生产销售两种税率以上的应税消费品时，应当分别核算不同税率应税消费品的销售额或销售数量，未分别核算的按最高税率征税；（2）纳税人将适用税率不同的应税消费品组成成套消费品销售的，应根据组合产制品的销售全额，按应税消费品的最高税率征税；（3）对既销售金银首饰，又销售非金银首饰的生产经营单位，应将两类货物划分清楚，并分别核算销售额。凡划分不清楚或不能分别核算的，在生产环节销售的，一律从高适用税率；在零售环节销售的，一律按金银首饰征收消费税。

3. 金银首饰、钻石及钻石饰品零售环节由10%减按5%的税率征税；石脑油、溶剂油、润滑油、燃料油，暂按应纳税额的30%征收消费税；企业生产销售达到低污染排放值标准（相当于欧洲2号标准）的小轿车、越野车和小客车，减征30%的消费税。

4. 为鼓励出口，除国家限制出口消费品以外出口的应税消费品免税；生产企业自营或委托外贸企业代理出口的应税消费品；来料加工复出口的应税消费品；外商投资企业以“来料加工”“进料加工”贸易方式进口的应税消费品；子午线轮胎免征消费税；航空煤油暂缓征收消费税。

三、消费税的计算征收

（一）消费税的计算

1. 计税依据

消费税实行从价定率计征和从量定额计征两种计税方法。从价定率计征，以征税对象的自然数量与单位价格的乘积作为计税依据；从量定额计征，以征税对象的自然实物量（重量、体积、面积等）用为计税依据。消费税的计税依据是：实行从价定率计征办法的应税消费品，其计税依据是含消费税而不含增值税的销售额；实行从量定额计征办法的应税消费品，其计税依据是其销售数量。

（1）从价定率办法计税依据的确定。实行从价定率计征办法的，以应税消费品的含消费税而不含增值税的销售额为计税依据。具体规定为：

1）销售应税消费品的计税依据确定。纳税人销售应税消费品的销售额，是向购买方收取的全部价款和价外费用。但不包括应向购买方收取的增值税款。价外费用是指外向购买方收取的除价款以外的手续费、补贴、基金、集资费、返还利润、奖励费、违约金（延期付款利息）、包装费、包装物租金、储备费、优质费、运输装卸费、代收款项、代垫款项及其他各种性质的价外收费等。凡价外费用，无论其会计制度如何核算，均应并入销售额计算应纳税额。但受托加工应税消费品所代收代缴的消费税和企业销售货物委托其他单位运输，由企业代垫运费，承运部门将运输发票直接开具给购货方的不包括在内。实行从价定率办法的应税消费品的销售额中不包括缴纳的增值税税款。如果企业应税消费品的销售额中未扣除或不允许扣除增值税税款的，在计算消费税时，应换算为不含增值税的计税销售额。换算公式为：

销售额 = 含税销售收入额 ÷（1 + 增值税税率）

或：销售额 = 含税销售收入额 ÷（1 + 增值税征收率）

2）应税消费品连同包装一同销售的计税依据确定。纳税人应税消费品连同包装一同销售的，无论包装是否单独计价，在财务上如何核算，均应并入应税消费品的销售额中征收消费税。如果包装物不作价随同产品销售，而是收取押金，以便收回周转使用，则押金（黄酒、啤酒以外）不并入应税消费品的销售额中征税。对因逾期未收回的包装物不再退还的和已收取1年以上的押金，应并入应税消费品的销售额征税。对既作价随同应税消费品销售，又另外收取押金的包装物的押金，凡纳税人在规定的期限内不予退还的，均应并入应税消费品的销售额，按照应税消费品的适用税率征收消费税。

3）自产自用的应税消费品的计税依据确定。纳税人生产的产品热用于连续生产应税消费品的，即作为生产最终应税消费品的直接材料，并构成最终产品实体的应税消费品，不纳消费税。纳税人用于生产非应税消费品和在建工程，管理部门，非生产机构，提供劳务，以及用于馈赠、赞助、集资、广告、样品、职工福利、奖励等方面的应税消费品，应视同销售，计入销售额中征收消费税。其计税依据为纳税人生产的同类消费品的销售价格。如果当月无销售或当月未完结，则应按同类消费品上月或最近月份的销售价格作为同类消费品的销售价格；没有同类消费品销售价格的，应按下列公式计算组成计税价格作为计税依据。计算公式为：

组成计税价格 =（成本 + 利润）÷（1 − 消费税税率）

成本是指应税消费品的产品生产成本。利润是指根据应税消费品的全国平均成本利润率计算的利润。应税消费品的全国平均利润率由国家税务总局确定。现行国家税务总局确定的应税消费品全国平均利润率为：甲类卷烟10%；乙类卷烟5%；雪茄烟5%；烟丝5%；粮食白酒10%；薯类白酒5%；其他酒5%；酒精5%；化妆品5%；鞭炮、焰火5%；贵重首饰及珠宝玉石6%；汽车轮胎5%；摩托车6%；乘用车8%；中轻型商用客车5%；高尔夫球及球具10%；高档手表20%；游艇10%；木制一次性筷子5%；实木地板5%；电池4%；涂料7%。

另外，用于馈赠、赞助、集资、广告、样品、职工福利、奖励等方面的金银首饰，应按纳税人销售同类金银首饰的销售价格确定计税依据；没有同类金银首饰销售价格的，应按下列公式计算组成计税价格作为计税依据。计算公式为：

组成计税价格 = 购进原价 ×（1 + 利润）÷（1 − 金银首饰消费税税率）

纳税人为生产企业的，购进原价为生产成本，利润率一律为6%。

4）委托加工应税消费品的计税依据确定。委托加工的应税消费品是指委托方提供原料和主要材料，受托方只收取加工费和代垫部分辅助材料的应税消费品。对于受委托方提供原料生产的应税消费品，或者受托方先将原料卖给委托方，然后再接受加工的应税消费品，以及由受托方以委托方的名义购进原材料生产的应税消费品，不论企业在财务上是否作销售处理，都不能作为委托加工应税消费品，而应当作为自制消费品缴纳消费税。

由于税法对委托加工消费品和自制消费品的征税规定是不同的，为了防止纳税人将消费品购销关系混淆，逃避国家税收，必须正确区分委托加工的应税消费品和企业购进原材料生产销售的消费品。对委托方加工的应税消费品直接出售的，税法规定不再征收消费税（委托方将收回的应税消费品，以不高于受托方的计税价格出售的，为直接出售，不再缴纳消费税；委托方以高于受托方的计税价格出售的，不属于直接出售，需按照规定申报缴纳消费税，在计税时准予扣除受托方已代收代缴的消费税。自 2012 年 9 月 1 日起施行）。委托加工的应税消费品，按照受托方按照受托方同类消费品的销售价格计算纳税；没有同类消费品的销售价格的，应下列公式计算组成计税价格作为计税依据。计算公式为：

组成计税价格 =（材料成本 + 加工费）÷（1 - 消费税税率）

材料成本是指委托方提供加工材料的实际成本。委托加工应税消费品的纳税人，必须在委托加工合同上如实注明（或以其他方式提供）材料成本。凡未提供材料成本的，受托方所在地主管税务机关有权核定其材料成本。加工费是指受托方加工应税消费品向委托方所收取的全部费用（包括代垫辅助材料的实际成本）。

5）进口的应税消费品的计税依据确定。实行从价定率办法计算应纳税额的，按规定的组成计税价格作为计税依据。计算公式为：

组成计税价格 =（关税完税价格 + 关税）÷（1 - 消费税税率）

关税完税价格是指海关核定的关税计税价格，关税是指应税消费品进口时应缴纳的关税。

6）通过自设非独立核算的门市部销售自产应税消费品的计税依据确定。通过自设非独立核算的门市部销售自产应税消费品以门市部对外的实际销售额为计税依据。

7）用于换取生产资料和消费资料、投资入股和抵偿债务的应税消费品计税依据的确定。用于换取生产资料和消费资料、投资入股和抵偿债务的应税消费品以同类消费品的最高销售价格为计税依据。

8）外汇销售额折合人民币的计税依据确定。如果纳税人销售的应税消费品，是以外币计算销售额的，应当按外汇市场价格折合成人民币计算应纳税额。其销售额的人民币折合率可以选择结算当天或者当月 1 日的国家外汇牌价（原则上为中间价）。纳税人应在事先确定采取何种折合率，确定后一年内不得变更。

9）应税消费的生产者销售两种以上不同税率的应税消费品计税依据确定。应税消费的生产者销售两种以上不同税率的应税消费品，应分别核算不同税率应税消费品的销售额或销售数量，计算纳税；未分别核算，或者将应税消费品与非应税消费品以及适用税率不同的应税消费品组成成套消费品销售的，应按组合产品的销售全额依应税消费品的最高税率征税。

10）纳税人应税消费品的计税价格明显偏低又无正当理由的，由主管税务机关核定其计税价格。应税消费品的计税价格的核定权限是：甲、乙类卷烟和粮食白酒的计税价格，由国家税务总局核定；其他应税消费品的计税价格，由国家税务总局所属分局核定；进口的应税消费品的计税价格由海关核定。

11）以外购或委托加工收回的下列应税消费品用于连续生产应税消费品的计税依据确定。以外购或委托加工收回的下列应税消费品用于连续生产应税消费品的，其已纳消费税税款，准予从应纳消费税税额中扣除。包括以外购或委托加工收回的已税烟丝、酒和酒精、化妆品、护肤护发品、珠宝玉石、鞭炮焰火、汽车轮胎、摩托车为原料生产的卷烟、酒、化妆品、护肤护发品、贵重首饰和珠宝玉石、鞭炮焰火、汽车轮胎、摩托车等。

（2）从量定额办法计税依据的确定。实行从量定额办法的应税消费品，计税依据为应税消费品的销售数量。

按照应税消费品的行为具体划分为：

1）销售应税消费品的，计税依据为应税消费品的销售数量；

2）自产自用应税消费品的，计税依据为应税消费品的移送使用数量；

3）委托加工应税消费品的，计税依据为纳税人收回的应税消费品的数量；

4）进口应税消费品的，计税依据为海关核定的应税消费品进口征税数量。

实行从量定额办法计算应纳税额的应税消费品，税法规定的计量单位的换算标准是：

啤酒，1吨=988升；黄酒，1吨=962升；汽油，1吨=1388升；柴油，1吨=1176升；航空煤油，1吨=1246升；石脑油，1吨=1385升；溶剂油，1吨=1282升；润滑油，1吨=1126升；燃料油，1吨=1015升。

2. 应纳税额的计算

（1）实行从价定率办法的应纳税额的计算。

1）一般情况下，销售应税消费品应纳税额的计算公式为：

应纳消费税税额=销售额×税率

销售额=应税消费品单位计税价格×征税对象数量

例如：某汽车厂，2019年8月销售小轿车1000辆，每辆价格80000元（不含税价格）。消费税税率为5%，计算该厂该月应纳消费税税额。

应纳消费税税额=80000×1000×5%=4000000（元）

2）准予扣除外购已税消费品已纳税款的，计算公式为.

应纳消费税税额=销售额×税率-当期准予扣除的外购应税消费品已纳税款。

当期准予扣除的外购应税消费品已纳税款=当期准予扣除的外购应税消费品买价×外购应税消费品适用税率

3）没有同类消费品销售价格的自产自用应税消费品，应纳税额的计算公式为：

应纳税额=组成计税价格×自用数量×税率

例如：某汽车公司，2019年9月，将12辆新研制的小轿车赞助给福利单位，没有同类产品销售价格。该厂生产一辆小轿车的成本为100000元，小轿车的全国平均利润率为8%，消费税税率为8%。计算该业务应纳税额。

小轿车的组成计税价格=100000×（1+8%）÷（1-8%）≈117391（元）

应纳消费税额=117400×12×8%≈112695（元）

4）进口应税消费品应纳税额，其计算公式如下：

应纳税额=组成计税价格×进口数量×税率

（2）实行从量定额办法计算应纳税额的计算。实行从量定额办法计算应纳税额的，应纳税额的计算计算公式为：

应纳消费税税额 = 应税消费品销售数量 × 单位税额

或：

应纳消费税税额 = 移送使用数量 × 单位税额

（3）进口消费品应纳税额的计算。

1）从价定率的消费税额计算。税法规定对进口应税消费品按其组成计税价格计算征收消费税。

实行从价定率办法计算纳税的组成计税价格计算公式：

组成计税价格 =（关税完税价格 + 关税）÷（1 − 消费税比例税率）

关税完税价格，是指经海关审查确定的货物在采购地的正常批发价格，加上运抵我国输入口岸起卸前的包装费、运费、保险费、手续费等一切费用之和。进口货物在采购地的正常批发价格海关未能确定的，则关税完税价格由海关估定。

税额的计算公式为：

应纳税额 = 组成计税价格 × 税率

2）从量定额的消费税额计算。计税依据为进口应税消费品的数量。

税额的计算公式为：

应纳税额 = 进口的应税消费品数量 × 单位税额

3. 出口退（免）税的计算

对出口的应税消费品，除国务院另有规定的外（是指国家限制出口的消费品），免税。出口的应税消费品是指报关出口的应税消费品。出口应税消费品的免税办法，由国家税务总局规定。对出口消费品免税，目前采取“先征后退”的办法，纳税可在规定期限内向其所在地的主管税务机关申请退还已纳的消费税税款。

消费税出口应税消费品的退（免）税，与增值税的有关规定相同，具体见增值税有关规定。与增值税规定不同的内容，介绍如下。

（1）出口退（免）税的基本规定。

1）有出口经营权的企业出口和代理出口的应税消费品，除另有规定者外，可在消费品报关出口并在财务上作销售后，凭有关凭证按月报送税务机关批准退还或免征消费税。

2）下列企业出口的应税消费品特准退还或免征消费税：第一，对外承包工程公司运出境外用于对外承包项目的；第二，对外承接修理、修配业务的企业用于对外修理、修配的；第三，外轮供应公司、远洋运输供应公司销售给外轮、远洋货轮而收取外汇的；第四，企业在国内采购并运往境外作为在国外投资的。

3）出口下列消费品免征消费税：第一，卷烟；第二，军品以及军队系统企业出口军需工厂或军需部门调拨的消费品；第三，有出口经营权的生产企业自营出口的应税消费品，依据其实际出口数量及金额予以免税；第四，来料加工复出口的应税消费品。由于国家对上述出口产品予以免税，因此，在出口时不同办理退税。

（2）出口退（免）退税的适用退税率。出口退（免）税消费品的退税，其退税率或单位税额，严格按照消费税暂行条例规定的《消费税税目税率（额）表》执行。办理出口退（免）税的企业，应将出口的不同税率的应税消费品分开核算和申报，凡划分不清的，一律从低适用税率计算退（免）税。

（3）出口退（免）税的计算。

1）外贸企业出口和代理出口应税消费品应退消费税税款的退税依据及计算办法：

第一，实行从价定率办法计征消费税的应税消费品，应以外贸企业从工厂购进应税消费品时征收消费税的价格作为退税依据计算应退消费税税额。计算公式为：

应退消费税税额 = 出口消费品的工厂销售价格 × 适用税率

第二，实行从量定额办法计征消费税的应税消费品，应以外贸企业报关出口的数量作为退税依据计算应退消费税税额。计算公式为：

应退消费税税额 = 应税消费品的出口数量 × 单位税额

2）有出口经营权的生产企业自营出口的应税消费品，依照其实际出口数量予以免税。出口的应税消费品办理退税后，发生退关，或者国外退货进口时予以免税的，报关出口者必须及时向其机构所在地主管税务机关申报补缴已退的消费税税款。纳税人直接出口的应税消费品办理免税后，发生退关或国外退货进口时已予以免税的，经所在地主管税务机关批准，可暂不办理补税，待其转为国内销售时，再向其主管税务机关申报补缴消费税。

4. 消费税的减免

一般不得减免消费税。由于开征消费税的目的主要是限制消费品的消费，另外征收消费税的消费品一般是非生活必需品，购买者一般具有较高的消费水平，所以，为了公平税负，确保国家财政收入，充分发挥消费税调节特殊消费的作用，税法规定对应税消费品一般不得减免消费税。但有下列2项免税规定：

（1）对无汞原电池、金属氢化物镍蓄电池（又称“氢镍蓄电池”或“镍氢蓄电池”）、锂原电池、锂离子蓄电池、太阳能电池、燃料电池和全钒液流电池免征消费税。

（2）对施工状态下挥发性有机物（Volatile Organic Compounds，VOC）含量低于420克/升（含）的涂料免征消费税。

（二）消费税的征收管理

1. 纳税义务发生时间

消费税纳税义务发生时间根据纳税人生产经营方式以及结算货款方式不同，具体规定为：

（1）纳税人生产的应税消费品于销售时纳税。其纳税义务的发生时间为：

1）纳税人采取赊销和分期收款结算方式的，为销售合同规定的收款日期的当天；

2）纳税人采取预收货款结算方式的，为发出应税消费品的当天；

3）纳税人采取托收承付和委托银行收款方式销售的应税消费品，为发出应税消费品并办妥托收手续的当天；

4）纳税人采取其他结算方式的，为收讫销售额或取得索取销售额凭证的当天。

（2）纳税人自产自用的应税消费品，其纳税义务的发生时间为移送使用的当天。

（3）纳税人委托加工的应税消费品，其纳税义务的发生时间为纳税人提货的当天。

（4）纳税人进口的应税消费品，其纳税义务的发生时间为报关进口的当天。

2. 纳税期限

（1）生产应税消费品的纳税期限。纳税人缴纳消费税税款的期限，由主管税务机关根据纳税人应纳税额的多少，分别为1日、3日、5日、10日、15日或1个月为一期，逐期计算纳税。不能按期计算纳税的，可按次计算纳税。消费税税款的缴库时间为：以 1 个月为一期的纳税人，自期满之日起 10 日内申报纳税；以 1 日、3 日、5 日、10 日或者 15 日为一期纳税的纳税人，自期满之日起 5 日内预缴税款，于次月 1 日起 10 日内申报纳税并结清上月应纳税款。

（2）进口应税消费品的纳税期限。纳税人进口货物，应当自海关填发税款缴纳证的次日起 7 日内缴纳税款。

（3）纳税人出口货物，应按月向税务机关申报办理该项出口货物退税。

3. 纳税环节

消费税的纳税环节，除了金银首饰消费税外，一律确定在生产环节。这样既可以减少纳税人的数量，降低征收费用和减少税款流失，又可以保证国家税款及时入国库。消费税的纳税环节具体规定为：

（1）生产环节。在我国境内征税的应税消费品，由生产者于销售时纳税。征税者自产自用的应税消费品，用于连续生产应税消费品的不纳税；用于其他方面的，于移送使用时纳税。

（2）委托加工环节。委托加工的应税消费品，由受托方在向委托方交货时代收代缴税款。

（3）进口环节。进口的应税消费品，在报关进口时纳税。

（4）金银首饰零售环节。金银首饰消费税在零售环节征收，生产、批发和进口环节均不征收消费税。

4. 纳税地点

（1）纳税人征税销售（包括到地自销或委托外地代销）以及自产自用的应税消费品，除国家另有规定外，均应在纳税人核算地缴纳消费税。纳税人到外县（市）销售或委托外县（市）代销自产应税消费品的，应事先向其所在地主管税务机关拨出申请，经税务机关审核批准于应税消费品销售后，回纳税人核算地或所在地缴纳消费税。纳税人的总机构与分支机构不在同一县（市）的，应在生产应税消费品的分支机构所在地缴纳消费税。但经国家税务总局及所属税务分局批准，纳税人分支机构应纳消费税税款也可由总机构汇总向总机构所在地主管税务机关缴纳。

（2）委托加工的应税消费品，由委托方向所在地主管税务机关解缴代收的消费税。委托个人加工的应税消费品，由委托方向其机构所在地或者居住地主管税务机关申报纳税。

（3）进口的应税消费品，由进口报关人或其代理人向报关地海关申报缴纳消费税。

第四节　关　税

一、关税概述

（一）关税的概念

1. 关税的定义

关税是对进我国国境或关境的货物和物品的单位和个人，就其应税货物和物品征收的一种税。关税包括进口税、出口税和过境税。

国境是一个主权独立的国家行使主权的境域，包括领土、领海、领空。关境又称税境或海关境域，是指海关征收关税的领域。一般情况下一国的关境和国境是一致的。若在国境内设有免征关税的自由港或自由贸易区时，关境就小于国境。当几个国家结成关税同盟时，成员国之间货物进出国境不征收关税，只对来自和运往非同盟成员国的货物进出共同关境时征收关税，这时各成员国的关境就大于国境。

我国现行关税的基本规范是1992年3月修订的《海关进出口税则》。我国海关除关税外，还代征某些国内税费，如代国家税务机关征收进口环节的增值税、消费税等；代交通部门征收船舶吨税等，这些税费都不是关税，称为代征税。

2. 关税的作用

征收关税作用主要是调节进出口产品和贸易，维护国家主权和经济利益，增加财政收入。

（二）关税的特点

1. 以进出国境或关境的货物为征税对象

关税的征税对象是进出国境、关境的货物。根据我国征收关税的相关规定，征收关税的货物分为两类：属于外贸出口的，称为货物；属于入境旅客携带的、个人邮递的、运输工具服务人员携带的以及用其他方式进口个人自用的，称为物品。它们同以销售额、所得额、财产额等为征税对象的其他税种有着明显的不同。

2. 执行统一的对外经济政策

关税是一个主权独立国家的重要税种，它不仅为国家取得财政收入，更重要的是执行国家统一的对外政治经济政策和实现其他政治经济目的。在我国现阶段，需要实行保护国内民族产业的保护关税政策，关税被用来争取实现平等互利的对外贸易，保护并促进国内产业的发展。同时，还要考虑对外开放，与其他国家的贸易往来。因此，关税具有很强的涉外性。

3. 征收关税与海关的其他职责密切相关

关税之所以交由海关代征，除了海关征收的方便外，还有与海关的监督管理、查辑走私等工作相结合的原因。我国海关的三大职责是监督管理、征收关税和查辑走私，三项是统一的，有机联系，缺一不可。

（三）关税的分类

1. 按货物的不同流向分类

按货物的不同流向，关税可分为进口关税、出口关税和过境税三类。

（1）进口关税是对从国外运入的货物所征收的一种关税。一般在进入国境或关境时征收，或在货物从海关保税仓库中转出，投入国内市场时征收，是关税中最基本的一种，也是执行保护关税政策的基本手段。在许多不征收出口税的国家，它是唯一的关税。进口税除税则规定的正税外，还有额外征收的附加税。

（2）出口关税是对从本国出口的货物或物品征收的一种关税。目前发达国家多已不征出口税。但有些国家或是为了限制本国某些产品和自然资源出口，或是为了增加财政收入，或是为了国际上政治经济斗争需要，仍对某些货物征收出口税。我国现在仍对少数货物征收出口税。

（3）过境税是一个国家的海关对从外国运经本国国境或关境，运往第三国的货物所征收的一种关税。过境货物不进入该国市场，对本国生产没有影响，所征收的税率又很低，财政意义不大，大多数国家都不征收过境税，只是在外国货物过境时，征收少量的印花费、签证费、统计费等。

2. 按计征标准分类

按计征标准不同，关税分为复合关税、选择关税和滑动关税三类。

（1）复合关税是对同一进出口货物同时采取从价与从量两种标准课征的关税。课征时或从价税为主，加征从量税；或以从量税为主，加征从价税。这种关税计征手续繁琐，但在物价波动较大时，可以减少对税负和财政收入的影响。

（2）选择关税是对同一进出口货物，同时规定从价税与从量税两种税率，征税时选择其中的一种进行课征的关税。这是为了避免因物价下跌而影响财政收入，或为了鼓励某种货物进口而采取的措施。

（3）滑动关税是对某种进出口货物规定其价格的上下限，按货物价格涨跌情况，分别采取高低不同的几种税率的关税。其目的是保护国内生产免受国外物价波动的影响。

3. 按征收目的分类

按征收目的不同，关税分为财政关税和保护关税二类。

（1）财政关税是指以增加国家财政收入为目的征收的关税。财政关税通常具有征税范围具有普遍性、税率较低的特点。财政关税在各国历史上曾占有重要的地位，随着资本主义制度的确立和发展，国际市场的竞争日益激烈，各国开始推行保护贸易政策，财政关税的地位逐渐削弱，关税在财政收入中的比重也大幅度下降。

（2）保护关税是指以保护国家社会经济为目的征收的关税。保护关税通常具有征税范围具有选择性、税率较高的特点。保护关税最早产生于英国，目前被世界各国普遍采用。保护关税一般对进口的、与国内产业竞争的制成品规定较高的关税，以削弱进口商品在本国市场的竞争力；对非必需品或奢侈品的进口实行限制性关税，阻止其进口；对本国需要或紧缺的商品的进口，规定较低的关税或免税，以鼓励进口；对鼓励出口的商品不征关税或免税，对限制出口的商品征税。

4. 按税收待遇分类

按对进口货物输出国的税收待遇的不同，关税可分为普通关税、优惠关税和歧视关税三类。

（1）普通关税是指没有优惠也没有歧视的正常关税。通常对进口货物的原产地国家，与进口国没有签订含关税优惠条款的贸易协定或条约的，适用普通关税征税。

（2）优惠关税是指对来自特定国家的进口货物规定和适用较低的优惠税率而征收的关税。优惠关税通常是在签订关税优惠条款的协定或条约的国家间实行。目前的优惠关税有最惠国待遇关税、协定关税、普遍优惠制关税、特惠关税等形式。

（3）歧视关税是指对来自特定国家的进口货物规定和适用正常税率征税基础上，再加征一定税的关税。歧视关税一般是国家采取的临时性的措施。目前的歧视关税有反倾销税、反补贴税、报复性关税等形式。

二、我国关税的征收制度

（一）征税对象

关税的征税对象是进出国境或关境的货物或物品。属于外贸出口的称为货物；属于出入境旅客、运输工具服务人员携带的、个人邮递以及用其他方式进口个人自用的称为物品。对非贸易性物品征收进口税办法另有规定。

（二）纳税人

关税的纳税人是进口货物的收货人，出口货物的发货人。接受委托办理有关手续的代理人，承担纳税人的各项纳税义务。在外贸企业逐步实行进出口业务代理制以后，由外贸企业代理进出口业务的，该外贸企业为纳税人；自营进出口业务的，由收、发货人自行申报，缴纳关税。

（三）税则和税率

1. 关税税则

关税税则，是按照国家关税政策，由国家有关部门规定的进出口应税和免税商品的品目表。关税税则包括国家实施税则的法令、总规则和税目表。

2. 关税税率

（1）进口关税税率。进口关税对同一进口商品分别制定普通税率和优惠税率（又称最低税率）两栏税率。其中，对原产于与我国订有关税互惠条款的贸易条约或者协定的国家进口的货物，按照最低税率征税；对原产于与我国未订有关税互惠条款的贸易条约或者协定的国家进口的货物，按照普通税率征税。按照普通税率征税的进口货物，经国务院关税税则委员会特别批准，可以按照优惠税率征税。普通税率按进口同样货物的最低税率加高1—2个税级。进口货物，依照《海关进出口税则》归类原则归入适当的税号，并按照适用的税率征税。进口关税税率为从价计征，除免税的外，现行最低税率为2%—220%；普通税率为8%—270%。近几年，我国为了适应对外贸易的发展，关税税率不断降低，特别是加入世贸组织后，每年都按世贸组织的要求进行关税税率的调整。

（2）出口关税税率。对出口货物的纳税人，依照《海关进出口税则》规定的归类原则归入适当的税号，并按照适用的税率征税。对鳗鱼苗、生锑、磷等35个序号的列名商品征收出口税的税率分别为20%、25%、30%、40%、50%五级。

三、关税的计算征收

（一）关税应纳税额的计算

1. 关税的完税价格

进出口关税的完税价格，是指以进出口货物的实际成交价格为基础，由海关审定的计算关税的价格。

（1）进口货物的完税价格。

1）以到岸价格为进口货物的完税价格。进口货物以海关审定的成交价格为基础的到岸价格作为完税价格。该成交价格是一般贸易项下进口货物的买方为购买该项货物向卖方实际支付或应当支付的价格。该到岸价格是指货品在采购地的正常批发价格，加上国外已征的出口税以及运到我输入地起卸前的包装费、运费、保险费、手续费等费用组成的一种价格。

2）特殊贸易方式进口货物完税价格特殊确定。

①运往境外加工的货物。出境时已向海关报明，并在海关规定的期限内复运进境的，就以加工后的货物进境的到岸价格与运出境货物或者相同及相类似货物在进境时的到岸价格之间的差额，作为完税价格。如原出境货物进境时的到岸价格无法得到时，可以采用原出境货物申报出境时的离岸价格。如以上两种货物的到岸价格无法得到时，可以原出口货物城境外加工时支付的工缴费，加上运抵中国关境起卸前的包装费、运费、保险费等一切费用，作为完税价格。

②运往境外修理的机械器具、运输工具或者其他货物。出境时已向海关报明并在海关规定的期限内复运进境的，应以海关审定的正常修理费和料件费作为完税价格。如果把该货物运回时，还向外方支付了运费、保险费等，也要计算在完税价格内。

③租赁（包括租借）方式进境的货物。以海关审定的正常租金作为完税价格。如租赁进口货物一次性支付租金，则可以海关审定该项进口货物的到岸价格作为完税价格。

3）进口货物海关估定价格的确定。进口货物成交价格经海关审定未能确定的，由海关本着合理、公正的原则，依照相同货物成交价格法、类似货物成交价格法、国际市场价格法、国内市场价格倒扣法、其他方法的次序，以这些方面的价格为基础，估定完税价格。

第一，以该货物的同一出口国或地区购进的相同货物的成交价格为基础的到岸价格作为完税价格。

第二，以该货物的同一出口国或地区购进的类似货物的成交价格为基础的到岸价格作为完税价格。

第三，以该货物的相同或者类似货物的国际市场价格为基础的到岸价格作为完税价格。

第四，以相同或者类似进口货物在国内市场的批发价格，减去进口关税和进口环节其他税收以及进口后的正常运输、储存、营业费用及利润后的价格作为完税价格。为简化计算办法，进口后的各项费用及利润按完税价格的20%估定。计算公式为：

完税价格 = 国内批发价格 ÷（1 + 进口最低关税税率 + 20%）

如果是在国内征收消费税的货物，则应扣除该国内税后计算。计算公式为：

完税价格 = 国内批发价格 ÷〔（1 + 进口最低关税税率）÷（1 + 消费税税率）+ 20%〕

第五，由海关按照其他合理的办法估定。

（2）出口货物的完税价格。

1）以离岸价格为出口货物的完税价格。出口货物以海关审定的成交价格为基础的对外离岸价格扣除出口关税后作为完税价格。计算公式为：

完税价格 = 离岸价格 ÷（1 + 出口税率）

出口货物成交价格中包含支付给国外的佣金，如与货物的离岸价格分列，可以扣除，未单独列明的不予扣除。离岸价格应以该项货物运离关境前的最后一个口岸的离岸价格为实际离岸价格，不包括装船后发生的费用。出口货物在离岸价格以外，买方另行支付的货物包装费，应计入完税价格。

2）海关审定完税价格。对不符合海关审定的完税价格依据的出口商品，由海关根据规定确定完税价格。

2. 关税应纳税额的计算

关税的完税价格确定后，就可以计算进出口关税的应纳税额。计算公式为：

应纳税额 = 单位完税价格 × 应税进出口货品数量 × 适用税率

例如：某进出口公司，9月进口小轿车400辆，每辆货款80000元，运抵青岛港起卸前的包装、运输、保险等其他费用每辆400元，小轿车关税税率为25%。计算该批进口小轿车应纳的进口关税。

关税完税价格 =（80000 + 400）× 400 = 32160000（元）

应纳关税税额 = 32160000 × 25% = 8040000（元）

3. 关税的减免税

关税的征收与减免，由海关总署会同财政部制定办法和统一办理。关税的减免税可分为法定减免、特定减免和临时减免三种：

（1）法定减免税。关税的法定减免税，是指我国《海关法》《进出口关税条例》和《进出口税则》明确规定的减免税。主要包括：

①一定税额以下和无偿赠送物资等的免税；

②暂时进出境在期限内复出进境的某些货物的免税；

③为制造外销产品而进口原料等的某些免税；

④货物损坏等的免税；

⑤国际协定规定的免税；

⑥在《进出口税则》中单独列出名称的某些货物的免税。

（2）特定减免和。关税的特定减免税，是指在法定减免之外，根据国务院有关进出口货品减免关税办法办理的政策性减免税。如科研单位进口的仪器设备、特定边境地区居民互市贸易和小额贸易的税收优惠和减免等。

（3）临时减免税。关税的临时减免税，是指在法定减免和特定减免之外，由海关审批的减免税。主要是对某个收、发货人或其代理人，由于特殊原因临时给予的减免税。

（二）关税的征收管理

1. 关税的纳税期限

进出口货物的收发货人或其代理人，应当在海关签发税款缴纳凭证的次日起15日内，向指定的银行缴纳税款。逾期不缴的，除限期追缴外，由海关自到期的次日到缴清税款日止，按日加收欠缴税款总额1‰的滞纳金。

2. 关税的退税

对下列情况，纳税人可在缴纳税款之日起一年内，提出书面说明，连同纳税收据向海关申请退税，逾期不予办理：

(1) 因海关失误，多纳税款的；

(2) 海关核准免验的进口货物，完税后发现有短缺情节，经海关审查认可的；

(3) 已征出口关税的货物，因故未装运出口，申报退关，经海关查验属实的。

海关应当自受理之日起30日内做出书面答复并通知退税申请人。

3. 关税的追缴

进出境货物完税后，如发现少征或漏征税款情节，海关应当自缴纳税款或货物放行之日起1年内，向收发货人或其代理人补征税款。对纳税人违章的短缴税款，追缴期为3年。

(三) 行邮物品进口税

1. 行邮物品进口税的概念

行邮物品进口税简称“行邮税”，是海关对入境旅客行李物品和个人邮递物品征收的一种进口税。其中包含了代征的增值税、消费税，是一种综合税。目前，行邮税对入境个人携带行李物品和邮递物品，以及跨境电子商务的内外价格、市场，具有一定的调节作用。

2. 行邮税的主要规定

(1) 行邮税的征税对象。征税对象包括入境旅客、运输工具、服务人员携带的应税行李物品、个人邮递物品、馈赠物品以及其他方式入境的个人自用物品等，简称进口物品。对进口物品采取单独制定征税规定的办法，主要是因为这些物品数量零星，品种繁杂，涉及面广，政策性强。虽然行邮税在关税总收入中所占比重很低，但该进口物品绝大部分是国家严格限制进口的产品，对其征税具有重要的意义。

(2) 行邮税的纳税人。纳税人是携带应税个人自用物品的入境旅客及运输工具、服务人员进口邮件的收件人以及以其他方式进口应税个人自用物品的收件人。纳税人可以办理纳税手续，也可以委托他人代办。受委托人应当遵守税法的各项规定。对国家限制出口，需征收出口关税的商品，进境旅客用自带外汇购买，由我国内单位代办托运出境者，也应照章征收出口关税。

(3) 行邮税的税率。2016年，中国海关推出新的税制，实施三档的行邮税，税率分别为15%、30%、60%。这个行邮税，就是我们携带物品入关时要缴的主要税种。2018年11月，国务院对行邮税税率进行了调整，总体是将进境物品进口税率由15%、30%和60%三档调整为15%、25%和50%。涉及降税的物品税号占税号总数的69.7%。将进境物品进口税税目1、2的税率分别调降为13%、20%。自2019年4月9日起，将税目1“药品”注释修改为“对国家规定减按3%征收进口环节增值税的进口药品，按照货物税率征税”。现行行邮税和具体税率见表6-5中华人民共和国进境物品进口税率表。

表6-5 中华人民共和国进境物品进口税率表

税目序号	物品名称	税率（%）
1	书报、刊物、教育用影视资料；计算机及其外围设备；计算机、视频摄录一体机、数字照相机等信息技术产品；食品、饮料；金银；家具；玩具，游戏品、节日或其他娱乐用品	13
2	纺织品及其制成品；皮革服装及配饰；箱包及鞋靴；钟表及配件；钻石及钻石首饰；部分化妆品、洗护用品；家用医疗、保健及美容器材；厨卫用具及小家电；空调、冰箱、洗衣设备、电视、摄影（像）设备和录音设备及其配件；文具用品；邮票、艺术品、收藏品；乐器；运动用品（不含高尔夫球及球具）、钓鱼用品；自行车；税目1、3中未包含的其他商品	20
3	烟、酒；贵重首饰及珠宝玉石；部分化妆品、洗护用品；高尔夫球及球具；高档手表	50

注：1. 对国家规定减按3%征收进口环节增值税的进口药品，按照货物税率征税。

2. 税目3所列商品的具体范围与消费税征收范围一致。

以上税率表，根据国务院关税税则委员会《关于调整进境物品进口税有关问题的通知》（税委会〔2019〕17号）整理，自2019年4月9日起实施。

（4）行邮税计征办法。征收办法采取从价征税，完税价格由海关参照该项物品的境内正常零售价格以及该物品的到岸价格核定。应纳税额的计算公式为：

应纳税额＝单位完税价格×物品数量×适用税率

行邮税，由海关按照填发税款缴纳证当日有效的税率及完税价格计算征收。纳税人应当在海关放行个人自用物品之前缴清税款。

（四）船舶吨税

1. 船舶吨税的概念

船舶吨税是对自我国境外港口进入境内港口的船舶，按船舶净吨位和期限征收的一种税，简称吨税。

吨税是一种使用税，征收的依据是由于外国船舶使用了我国的港口和助航设备而缴纳的报酬。在国外，也有国家以灯塔税的名义征收。

我国1951年1月1日，实施财政部、海关总署联合颁发的《海关代征吨税办法》。后经多次调整，1991年交通部对税率表进行修订，1994年2月25日再次修订。《中华人民共和国船舶吨税暂行条例》已经2011年11月23日国务院第182次常务会议通过，自2012年1月1日起施行。《中华人民共和国船舶吨税法》于2017年12月27日第十二届全国人民代表大会常务委员会第三十一次会议通过，自2018年7月1日起施行。2011年12月5日国务院公布的《中华人民共和国船舶吨税暂行条例》同时废止。根据2018年10月26日第十三届全国人民代表大会常务委员会第六次会议《关于修改〈中华人民共和国野生动物保护法〉等十五部法律的决定》修正。

2. 船舶吨税的主要规定

（1）征税范围。吨税的征税范围，是自中华人民共和国境外港口进入境内港口的船舶，称为应税船舶。

（2）纳税人。吨税的纳税人，是自中华人民共和国境外港口进入境内港口的船舶的单位和个人。

（3）税目税率。

1）吨税的税目，按船舶净吨位划分4个（级）税目。

2）吨税税率，设置优惠税率和普通税率。

①中华人民共和国籍的应税船舶，船籍国（地区）与中华人民共和国签订含有相互给予船舶税费最惠国待遇条款的条约或者协定的应税船舶，适用优惠税率。

②其他应税船舶，适用普通税率。

吨税的具体税目税率见表6-6。

表6-6 吨税税目税率表

税目（按船舶净吨位划分）	税率（元/净吨）						备注
	普通税率（按执照期限划分）			优惠税率（按执照期限划分）			
	1年	90日	30日	1年	90日	30日	
不超过2000净吨	12.6	4.2	2.1	9.0	3.0	1.5	1. 拖船按照发动机功率每千瓦折合净吨位0.67吨。 2. 无法提供净吨位证明文件的游艇，按照发动机功率每千瓦折合净吨位0.05吨。 3. 拖船和非机动驳船分别按相同净吨位船舶税率的50%计征税款。
超过2000净吨，但不超过10000净吨	24.0	8.0	4.0	17.4	5.8	2.9	
超过10000净吨，但不超过50000净吨	27.6	9.2	4.6	19.8	6.6	3.3	
超过50000净吨	31.8	10.6	5.3	22.8	7.6	3.8	

《吨税税目税率表》下列用语的含义：

①净吨位，是指由船籍国（地区）政府签发或者授权签发的船舶吨位证明书上标明的净吨位。

②非机动船舶，是指自身没有动力装置，依靠外力驱动的船舶。

③非机动驳船，是指在船舶登记机关登记为驳船的非机动船舶。

④捕捞、养殖渔船，是指在中华人民共和国渔业船舶管理部门登记为捕捞船或者养殖船的船舶。

⑤拖船，是指专门用于拖（推）动运输船舶的专业作业船舶。

⑥吨税执照期限，是指按照公历年、日计算的期间。

（4）计税依据和税额。吨税，以净吨位为计税依据。

吨税的应纳税额按照船舶净吨位乘以适用税率计算。

税额的计算公式为：

应纳税额 = 应税船舶净吨位 × 吨税税额

（5）减免税。下列船舶免征吨税：

1）应纳税额在人民币50元以下的船舶；

2）自境外以购买、受赠、继承等方式取得船舶所有权的初次进口到港的空载船舶；

3）吨税执照期满后24小时内不上下客货的船舶；

4）非机动船舶（不包括非机动驳船）；

5）捕捞、养殖渔船；

6）避难、防疫隔离、修理、改造、终止运营或者拆解，并不上下客货的船舶；

7）军队、武装警察部队专用或者征用的船舶；

8）警用船舶；

9）依照法律规定应当予以免税的外国驻华使领馆、国际组织驻华代表机构及其有关人员的船舶；

10）国务院规定的其他船舶。由国务院报全国人民代表大会常务委员会备案。

（6）征收管理。

1）吨税征收方法。吨税按照船舶净吨位和吨税执照期限征收。

应税船舶负责人在每次申报纳税时，可以按照《吨税税目税率表》选择申领一种期限的吨税执照。

吨税由海关负责征收。海关征收吨税应当制发缴款凭证。

应税船舶负责人缴纳吨税或者提供担保后，海关按照其申领的执照期限填发吨税执照。

2）吨税手续。应税船舶在进入港口办理入境手续时，应当向海关申报纳税领取吨税执照，或者交验吨税执照（或者申请核验吨税执照电子信息）。应税船舶在离开港口办理出境手续时，应当交验吨税执照（或者申请核验吨税执照电子信息）。

应税船舶负责人申领吨税执照时，应当向海关提供下列文件：

①船舶国籍证书或者海事部门签发的船舶国籍证书收存证明；

②船舶吨位证明。

应税船舶因不可抗力在未设立海关地点停泊的，船舶负责人应当立即向附近海关报告，并在不可抗力原因消除后，依照本法规定向海关申报纳税。

3）吨税纳税义务发生时间。吨税纳税义务发生时间为应税船舶进入港口的当日。

应税船舶在吨税执照期满后尚未离开港口的，应当申领新的吨税执照，自上一次执照期满的次日起续缴吨税。

4）延长吨税期限。在吨税执照期限内，应税船舶发生下列情形之一的，海关按照实际发生的天数批注延长吨税执照期限：

①避难、防疫隔离、修理、改造，并不上下客货；

②军队、武装警察部队征用。

5）吨税纳税期限。应税船舶负责人应当自海关填发吨税缴款凭证之日起15日内缴清税款。未按期缴清税款的，自滞纳税款之日起至缴清税款之日止，按日加收滞纳税款万分之五的税款滞纳金。

6）吨税担保。应税船舶到达港口前，经海关核准先行申报并办结出入境手续的，应税船舶负责人应当向海关提供与其依法履行吨税缴纳义务相适应的担保；应税船舶到达港口后，依照吨税税法规定向海关申报纳税。

下列财产、权利可以用于担保：

①人民币、可自由兑换货币；

②汇票、本票、支票、债券、存单；

③银行、非银行金融机构的保函；

④海关依法认可的其他财产、权利。

7）吨税退补。

①退税。海关发现少征或者漏征税款的，应当自应税船舶应当缴纳税款之日起一年内，补征税款。但因应税船舶违反规定造成少征或者漏征税款的，海关可以自应当缴纳税款之日起3年内追征税款，并自应当缴纳税款之日起按日加征少征或者漏征税款万分之五的税款滞纳金。

②补税。海关发现多征税款的，应当在24小时内通知应税船舶办理退还手续，并加算银行同期活期存款利息。

应税船舶发现多缴税款的，可以自缴纳税款之日起3年内以书面形式要求海关退还多缴的税款并加算银行同期活期存款利息；海关应当自受理退税申请之日起30日内查实并通知应税船舶办理退还手续。应税船舶应当自收到规定的通知之日起3个月内办理有关退还手续。

8）吨税的处罚。应税船舶有下列行为之一的，由海关责令限期改正，处2000元以上3万元以下的罚款；不缴或者少缴应纳税款的，处不缴或者少缴税款50%以上5倍以下的罚款，但罚款不得低于2000元：

①未按照规定申报纳税、领取吨税执照；

②未按照规定交验吨税执照（或者申请核验吨税执照电子信息）以及提供其他证明文件。

吨税税款、税款滞纳金、罚款以人民币计算。

复习思考题

1. 基本概念

增值税　消费税　关税　行邮税

2. 问答题

（1）什么是流转税？其主要特点有哪些？

（2）增值税有哪些主要特点？

（3）现行增值税的征税范围有哪些？

（4）增值税的一般纳税人和小规模纳税人如何划分？

（5）增值税的销项税额有哪些主要规定？进项税额有哪些项目是允许抵扣的？

（6）消费税有哪些特点？

（7）消费税的纳税人和征税范围如何确定？

（8）关税有哪些特点？有哪几种分类？

（9）我国目前的行邮税税率是怎么规定的？

（10）吨税的税目税率是怎样规定的？

3. 练习题

（1）一纺织厂，2019年8月棉布的销售额是200万元，化纤销售额是300万元，同类产品用于本厂职工福利40万元。当月收购免税棉花50万元，其中10万元用于非生产增值税产品。从化工厂购入化纤原料100万元，生产发生运输费用2万元。外购机器设备80万元。计算该纺织厂8月应纳增值税额。

（2）一电视机厂，2019年9月销售电视机1000台，每台出厂价2000元，其中1000台按9折销售，但折扣价没有在同一发票上开具；20台采用以旧换新方式销售，每台旧电视机作价300元。另外本厂生产电视机用于职工福利10台，捐赠20台，本月还发生已经到期无法退还的包装物押金10万元。本月购入原材料800万元，其中600已付款并已验收入库，200万元已付款未验收入库，还有100万元上月付款，本月验收入库。购买原材料发生运输装卸费20万元，其中运输费15万元、装卸费3万元、建设基金2万元。本月因管理不善造成原材料损失30万元。计算该电视机厂9月应纳增值税额。

（3）一进出口公司，进口一批货物，海关审定的关税完税价格为1400万元，当月国内销售额为3600万元，该货物关税税率为10%，增值税税率为13%。计算该进出口公司进口该批货物应纳关税、增值税和国内销售应纳增值税额。

（4）一国有生产企业，2019年8月报关出口一批货物，离岸价600万美元（汇率1:7.02），当月内销货物销售额800万元，购进货物价款2000万元，增值税税率13%，退税率9%，按“免抵退”法计算该企业8月应纳增值税额和应退增值税额。

（5）一化妆品公司，2019年9月销售化妆品5000箱，每箱出厂价900元，月内向职工发放化妆品100箱，另外开展公关活动而赠送200箱。本月期初库存化妆品原材料30万元，当月购入200万元，其中，180万元已付款并验收入库，20万元已付款但还未验收入库，期末库存60万元。化妆品消费税30%，增值税税率13%。计算该厂9月应纳增值税额和消费税额。

（6）一外贸公司，2019年9月进口280辆小轿车，每辆关税完税价格8万元，小轿车关税税率为110%，消费税税率为5%，该公司在本月将进口小轿车全部售出，每辆的销售价（价税合计）23万元。计算该公司7月进口小轿车应纳关税、消费税、增值税和境内销售小轿车应纳增值税额。

（7）一外贸公司进口一批空调，成交价格为1000万元，运输费用50万元，保险费20万元，装卸费用30万元，关税税率为50%。计算该公司进口该批空调应纳进口关税税额。

（8）一企业进口化肥1000吨，海关无法审定其成交价格，但国内市场同类商品的批发价格为每吨2800元。进口关税税率为20%，费用利润率为20%。计算该企业进口化肥应纳关税税额。

4. 微型案例与讨论

增值税税率降低再降低

2017年11月19日，国务院关于废止《中华人民共和国营业税暂行条例》和修改《中华人民共和国增值税暂行条例》的决定，新增值税条例规定的税率分别为17%、11%、6%、零税率4档，小规模纳税人增值税征收率为3%。

2018年5月1日起，根据财政部、税务总局《关于调整增值税税率的》通知（财税〔2018〕32号），增值税税率原适用17%和11%税率的，分别降低为16%、10%等。

自2019年4月1日起，根据财政部、税务总局、海关总署《关于深化增值税改革有关政策的公告》（财政部、税务总局、海关总署公告2019年第39号），增值税税率原适用16%税率的调整为13%、原适用10%税率的调整为9%等。

根据有关测算资料：值税税率每下调1%，即17%降为16%，将减税2230亿元；11%降为10%，将减税1780亿元。16%降为13%，则可以减税6684亿元。

根据上述资料，讨论并回答以下三个问题：

（1）你认为国务院增值税减税改革有什么意义？

（2）增值税减税，将会对税收收入产生怎样的影响？

（3）增值税减税的效果将会怎样？

第七章
所得税制

学习目标

本章主要阐述所得税各税种的基础知识和主要税制内容。所得税具有筹集公共财政收入、稳定经济和公平社会成员之间的分配差距等重要功能，因此，所得税制是政府税制体系中的主体税，而所得税中的个人所得税是西方国家中的主要税种。

我国目前所得税制，主要税种有企业所得税、个人所得税。

通过本章学习，掌握所得税的含义和特征，以及我国现行的企业所得税和个人所得税的主要税制内容，能够正确计算应税所得额和应纳所得税额；了解企业所得税和个人所得税的征收管理等内容。

第一节　所得税制概述

一、所得税的概念

所得税是指以纳税人的所得额为征税对象所课征的一类税种的统称。狭义地讲，所得额即收益额，收益额又有纯收益额和总收益额之分，前者如企业所得税的应税所得额、个人所得税扣除必要费用后的余额等；后者如农业税中的农业收入。我国自 2006 年在全国全部免征了农（牧）业税，因此，以总收益额为课税对象的农业税从所得税制中消失了。

所得税制是以所得税各税种组成的税收制度，是随着社会经济的发展，而产生和发展的。目前西方经济发达国家，所得税制比较健全，所占国家整个税制的比重较大。我国所得税税制包括的主要税种有企业所得税、个人所得税等。

二、所得税制的特点

与其他税类相比较，所得税的基本特点是：

（一）量能负税，税负公平

所得税的征税对象是所得额，所得额是纳税人在一定时期内获得的总收入依法扣除了各项成本费用和损失后的余额，即纯收入或净所得额。由于所得额在一定程度上代表了纳税人的纳税能力，因此，对所得额征税的所得税，能够较好地符合量能负税的原则，税负比较公平合理。

（二）税收收入富有弹性

所得税的税基是国民收入的组成部分，能随着经济的增长和纳税人收入水平的提高而增加，随着经济的衰退和纳税人收入水平的下降而减少。在所得税税率既定的情况下，所得税税额能够随着经济波动和纳税人所得的增减而变化，收入富有弹性。被称作经济发展的"自动（内在）稳定器"。

（三）所得税属于直接税

根据税负能否转嫁为标准划分税制时，所得税属于直接税。所得税是对纳税人的应税所得征税，一般不易转嫁。对收入分配的调节功能强，而对市场机制的正常运行干扰少。

（四）征管复杂

所得税的税基是应税所得额，它的计算涉及成本、费用、损失等项目的确定和扣除，所以，所得税计算、征收、管理等难度较大。

三、所得税的功能

所得税是国家取得财政收入的重要手段，又是国家用来促进经济稳定发展和收入公平分配的重要经济杠杆。在现代社会，所得税的促进经济稳定发展和收入公平分配功能日益重要，并成为各国经济政策和社会政策的主要工具之一。

（一）经济稳定功能

所得税的经济稳定功能是通过两种机制来实现的。

1. 所得税的"内在稳定器"机制

所谓"内在稳定器"是指在经济运行中能够自动地趋于抵消总需求变化的政策或机制。通过这种政策或机制，减缓总需求的波动幅度，进而稳定就业和物价水平，促进经济稳定增长。所得税是最普通的"内在稳定器"之一。这是因为所得税是以净所得额为征税对象，一般采用累进税率，收入弹性较强。

当经济过热，社会总需求过旺时，企业和个人的所得会大幅度增加，原来未进入所得税纳税人行列的会自动进入纳税人行列，原来按较低税率纳税的要自动进入按较高税率纳税的行列。这样国家税收收入会自动增加，相对减少企业和个人税后可支配收入，对私人投资需求和私人消费需求起抑制作用，以减轻经济波动幅度。反之，在经济衰退时期，适用税率自动降低甚至自动退出纳税人行列转而享受政府的转移支付补贴，对抑制私人投资需求和私人消费需求，促进经济复苏具有重要作用。

2. 所得税的"相机抉择"机制

由于所得税具有弹性强的特征，因而政府可根据社会总供求均衡状况，灵活地调节税负水平，平衡经济周期波动。如在经济增长过快或需求过旺时，通过提高所得税税率，可降低纳税人的可支配收入，抑制私人投资和私人消费需求；在经济衰退和需求不足时，通过降低所得税税率，可增加纳税人的可支配收入，刺激私人投资和私人消费需求，促进经济稳定增长。

（二）公平收入分配功能

所得税促进收入公平分配的功能主要是通过累进税率机制实现的。在累进税率机制下，纳税人的收入越高，其适用的税率也就越高；纳税人的收入越少，其适用的税率也就越低。此外，再辅之以灵活必要的减税、免税和财政对个人的转移支付（负所得税等），对特殊困难的纳税人给予某些照顾，可缩小社会贫富差距，缓解社会矛盾，促进社会稳定发展。

第二节　企业所得税

一、企业所得税概述

（一）企业所得税的定义

企业所得税是对在我国境内取得应税所得的企业，就其应税所得额征收的一种税。

《中华人民共和国企业所得税暂行条例》是国务院于1993年12月13日发布，自1994年1月1日起施行的。随着我国对外开放的不断深入，特别是加入世界贸易组织以来，外来投资者和内资企业税负不一致、税法不统一的问题愈来愈突出，为了给内外资企业创造公平竞争的税收环境，实行统一的国民待遇，经第十届全国人民代表大会第五次会议通过，2007年3月16日公布了《中华人民共和国企业所得税法》。根据2017年2月24日第十二届全国人民代表大会常务委员会第二十六次会议《关于修改〈中华人民共和国企业所得税法〉的决定》第一次修正，根据2018年12月29日第十三届全国人民代表大会常务委员会第七次会议《关于修改〈中华人民共和国电力法〉等四部法律的决定》第二次修正。

国务院于2007年12月06日公布了《中华人民共和国企业所得税法实施条例》，统一了内、外资企业所得税，自2008年1月1日起施行，2019年4月23日国务院令第714号修订。

（二）企业所得税的作用

企业所得税的作用主要是调节各类企业收入，促进经济结构调整；为国家组织财政收入，促进企业健康发展；维护国家主权和经济利益，促进对外经济发展。

二、企业所得税纳税人

在上国境内，企业和其他取得收入的组织（以下统称企业）为企业所得税的纳税人。企业分为居民企业和非居民企业。

（一）居民企业

居民企业，是指依法在中国境内成立，或者依照外国（地区）法律成立但实际管理机构在中国境内的企业。所谓依法在中国境内成立的企业，包括依照中国法律、行政法规在中国境内成立的企业、事业单位、社会团体以及其他取得收入的组织。所谓依照外国（地区）法律成立的企业，包括依照外国（地区）法律成立的企业和其他取得收入的组织。所谓实际管理机构，是指对企业的生产经营、人员、账务、财产等实施实质性全面管理和控制的机构。

（二）非居民企业

非居民企业，是指依照外国（地区）法律成立且实际管理机构不在中国境内，但在中国境内设立机构、场所的，或者在中国境内未设立机构、场所，但有来源于中国境内所得的企业。所谓机构、场所，是指在中国境内从事生产经营活动的机构、场所，包括：管理机构、营业机构、办事机构；工厂、农场、开采自然资源的场所；提供劳务的场所；从事建筑、安装、装配、修理、勘探等工程作业的场所；其他从事生产经营活动的机构、场所。非居民企业委托营业代理人在中国境内从事生产经营活动的，包括委托单位或者个人经常代其签订合同，或者储存、交付货物等，该营业代理人视为非居民企业在中国境内设立的机构、场所。

企业所得税的纳税人不包括个人独资企业和合伙企业。个人独资企业、合伙企业，是指依照中国法律、行政法规成立的个人独资企业、合伙企业。

三、企业所得税征税范围

企业所得税的征税范围是纳税人来源于中国境内、境外的所得。所得包括销售货物所得、提供劳务所得、转让财产所得、股息红利等权益性投资所得、利息所得、租金所得、特许权使用费所得、接受捐赠所得和其他所得。

（一）居民企业的征税范围

（1）居民企业的企业所得税征税范围，是来源于中国境内、境外的所得。

（2）来源于中国境内、境外的所得，按照以下原则确定：

①销售货物所得，按照交易活动发生地确定；

②提供劳务所得，按照劳务发生地确定；

③转让财产所得，不动产转让所得按照不动产所在地确定，动产转让所得按照转让动产的企业或者机构、场所所在地确定，权益性投资资产转让所得按照被投资企业所在地

确定；

④股息、红利等权益性投资所得，按照分配所得的企业所在地确定；

⑤利息所得、租金所得、特许权使用费所得，按照负担、支付所得的企业或者机构、场所所在地确定，或者按照负担、支付所得的个人的住所地确定；

⑥其他所得，由国务院财政、税务主管部门确定。

（二）非居民企业的征税范围

（1）非居民企业在中国境内设立机构、场所的，征税范围是其所设机构、场所取得的来源于中国境内的所得，以及发生在中国境外但与其所设机构、场所有实际联系的所得。

（2）非居民企业在中国境内未设立机构、场所的，或者虽设立机构、场所但取得的所得与其所设机构、场所没有实际联系的，征税范围是其来源于中国境内的所得。

实际联系，是指非居民企业在中国境内设立的机构、场所拥有据以取得所得的股权、债权，以及拥有、管理、控制据以取得所得的财产等。

四、企业所得税税率

（一）企业所得税的税率为25%

（1）居民企业所得来源于中国境内、境外的所得，按照25%的税率征收企业所得税；

（2）非居民企业在中国境内设立机构、场所的，其所设机构、场所取得的来源于中国境内的所得，以及发生在中国境外但与其所设机构、场所有实际联系的所得，按照25%征收企业所得税。

（二）预提所得税税率为20%

非居民企业在中国境内未设立机构、场所的，或者虽设立机构、场所但取得的所得与其所设机构、场所没有实际联系的，其来源于中国境内的所得，按照20%的税率征收企业所得税。

（三）企业所得税照顾性税率

1. 符合条件的小型微利企业，减按20%的税率征收企业所得税

自2019年1月1日至2021年12月31日，对小型微利企业年应纳税所得额不超过100万元的部分，减按25%计入应纳税所得额，按20%的税率缴纳企业所得税；对年应纳税所得额超过100万元但不超过300万元的部分，减按50%计入应纳税所得额，按20%的税率缴纳企业所得税。

小型微利企业无论按查账征收方式或核定征收方式缴纳企业所得税，均可享受上述优惠政策。

小型微利企业是指从事国家非限制和禁止行业，且同时符合年度应纳税所得额不超过300万元、从业人数不超过300人、资产总额不超过5000万元等三个条件的企业。

2. 国家需要重点扶持的高新技术企业，减按15%的税率征收企业所得税

国家需要重点扶持的高新技术企业，是指拥有核心自主知识产权，并同时符合下列条件的企业：

（1）产品（服务）属于《国家重点支持的高新技术领域》规定的范围；

（2）研究开发费用占销售收入的比例不低于规定比例；

（3）高新技术产品（服务）收入占企业总收入的比例不低于规定比例；

（4）科技人员占企业职工总数的比例不低于规定比例；

（5）高新技术企业认定管理办法规定的其他条件。

《国家重点支持的高新技术领域》和高新技术企业认定管理办法由国务院科技、财政、税务主管部门商国务院有关部门制订，报国务院批准后公布施行。

五、企业所得税所得额确定

企业每一纳税年度的收入总额，减除不征税收入、免税收入、各项扣除以及允许弥补的以前年度亏损后的余额，为应纳税所得额。

企业应纳税所得额的计算，以权责发生制为原则，属于当期的收入和费用，不论款项是否收付，均作为当期的收入和费用；不属于当期的收入和费用，即使款项已经在当期收付，均不作为当期的收入和费用。企业所得税条例和国务院财政、税务主管部门另有规定的除外。

企业所得税的应纳税所得额，计算公式为：

纳税年度应纳税所得额＝收入总额－不征税收入－免税收入－各项扣除－弥补亏损

（一）收入总额

收入总额为企业以货币形式和非货币形式从各种来源取得的收入。企业取得收入的货币形式，包括现金、存款、应收账款、应收票据、准备持有至到期的债券投资以及债务的豁免等。企业取得收入的非货币形式，包括固定资产、生物资产、无形资产、股权投资、存货、不准备持有至到期的债券投资、劳务以及有关权益等。以非货币形式取得的收入，应当按照公允价值确定收入额。公允价值，是指按照市场价格确定的价值。

收入总额包括：

1. 销售货物收入

销售货物收入是指企业销售商品、产品、原材料、包装物、低值易耗品以及其他存货取得的收入。

2. 提供劳务收入

提供劳务收入是指企业从事建筑安装、修理修配、交通运输、仓储租赁、金融保险、邮电通信、咨询经纪、文化体育、科学研究、技术服务、教育培训、餐饮住宿、中介代理、卫生保健、社区服务、旅游、娱乐、加工以及其他劳务服务活动取得的收入。

3. 转让财产收入

转让财产收入是指企业转让固定资产、生物资产、无形资产、股权、债权等财产取得的收入。

4. 股息、红利等权益性投资收益

股息、红利等权益性投资收益是指企业因权益性投资从被投资方取得的收入。除国务院财政、税务主管部门另有规定外，按照被投资方作出利润分配决定的日期确认收入的实现。

5. 利息收入

利息收入是指企业将资金提供他人使用但不构成权益性投资，或者因他人占用本企业资金取得的收入，包括存款利息、贷款利息、债券利息、欠款利息等收入。利息收入，按照合同约定的债务人应付利息的日期确认收入的实现。

6. 租金收入

租金收入是指企业提供固定资产、包装物或者其他有形资产的使用权取得的收入。租金收入，按照合同约定的承租人应付租金的日期确认收入的实现。

7. 特许权使用费收入

特许权使用费收入是指企业提供专利权、非专利技术、商标权、著作权以及其他特许权的使用权取得的收入。特许权使用费收入，按照合同约定的特许权使用人应付特许权使用费的日期确认收入的实现。

8. 接受捐赠收入

接受捐赠收入是指企业接受的来自其他企业、组织或者个人无偿给予的货币性资产、非货币性资产。接受捐赠收入，按照实际收到捐赠资产的日期确认收入的实现。

9. 其他收入

其他收入是指企业取得的除上述第1项至第8项规定的收入外的其他收入，包括企业资产溢余收入、逾期未退包装物押金收入、确实无法偿付的应付款项、已作坏账损失处理后又收回的应收款项、债务重组收入、补贴收入、违约金收入、汇兑收益等。

企业的下列生产经营业务可以分期确认收入的实现：

（1）以分期收款方式销售货物的，按照合同约定的收款日期确认收入的实现；

（2）企业受托加工制造大型机械设备、船舶、飞机，以及从事建筑、安装、装配工程业务或者提供其他劳务等，持续时间超过12个月的，按照纳税年度内完工进度或者完成的工作量确认收入的实现。采取产品分成方式取得收入的，按照企业分得产品的日期确认收入的实现，其收入额按照产品的公允价值确定。企业发生非货币性资产交换，以及将货物、财产、劳务用于捐赠、偿债、赞助、集资、广告、样品、职工福利或者利润分配等用途的，应当视同销售货物、转让财产或者提供劳务，但国务院财政、税务主管部门另有规定的除外。

（二）不征税收入

收入总额中的下列收入为不征税收入：

1. 财政拨款

财政拨款是指各级人民政府对纳入预算管理的事业单位、社会团体等组织拨付的财政资金，但国务院和国务院财政、税务主管部门另有规定的除外。

2. 依法收取并纳入财政管理的行政事业性收费、政府性基金

依法收取并纳入财政管理的行政事业性收费、政府性基金是指依照法律法规等有关规定，按照国务院规定程序批准，在实施社会公共管理，以及在向公民、法人或者其他组织提供特定公共服务过程中，向特定对象收取并纳入财政管理的费用。

3. 国务院规定的其他不征税收入

国务院规定的其他不征税收入是指企业取得的，由国务院财政、税务主管部门规定专项用途并经国务院批准的财政性资金。

（三）免税收入

企业的下列收入为免税收入：

（1）国债利息收入。国债利息收入是指企业持有国务院财政部门发行的国债取得的利息收入。

（2）符合条件的居民企业之间的股息、红利等权益性投资收益。符合条件的居民企业之间的股息、红利等权益性投资收益是指居民企业直接投资于其他居民企业取得的投资收益。

（3）在中国境内设立机构、场所的非居民企业从居民企业取得与该机构、场所有实际联系的股息、红利等权益性投资收益。

上述第1、2项所称股息、红利等权益性投资收益，不包括连续持有居民企业公开发行并上市流通的股票不足12个月取得的投资收益。

（4）符合条件的非营利组织的收入。非营利组织，是指同时符合下列条件的组织：

①依法履行非营利组织登记手续；

②从事公益性或者非营利性活动；

③取得的收入除用于与该组织有关的、合理的支出外，全部用于登记核定或者章程规定的公益性或者非营利性事业；

④财产及其孳息不用于分配；

⑤按照登记核定或者章程规定，该组织注销后的剩余财产用于公益性或者非营利性目的，或者由登记管理机关转赠给与该组织性质、宗旨相同的组织，并向社会公告；

⑥投入人对投入该组织的财产不保留或者享有任何财产权利；

⑦工作人员工资福利开支控制在规定的比例内，不变相分配该组织的财产。

非营利组织的认定管理办法由国务院财政、税务主管部门会同国务院有关部门制定。非营利组织的收入，不包括非营利组织从事营利性活动取得的收入，但国务院财政、税务主管部门另有规定的除外。

（四）各项扣除

企业实际发生的与取得收入有关的、合理的支出，包括成本、费用、税金、损失和其他支出，准予在计算应纳税所得额时扣除。有关的支出，是指与取得收入直接相关的支出；合理的支出，是指符合生产经营活动常规，应当计入当期损益或者有关资产成本的必要和正常的支出。

企业发生的支出应当区分收益性支出和资本性支出。收益性支出在发生当期直接扣除；资本性支出应当分期扣除或者计入有关资产成本，不得在发生当期直接扣除。

企业的不征税收入用于支出所形成的费用或者财产，不得扣除或者计算对应的折旧、摊销扣除。除企业所得税法和条例另有规定外，企业实际发生的成本、费用、税金、损失和其他支出，不得重复扣除。

1. 扣除项目的范围

（1）成本是指企业在生产经营活动中发生的销售成本、销货成本、业务支出以及其他耗费。

（2）费用是指企业在生产经营活动中发生的销售费用、管理费用和财务费用，已经计入成本的有关费用除外。

1）企业发生的合理的工资薪金支出，准予扣除。工资薪金，是指企业每一纳税年度支付给在本企业任职或者受雇的员工的所有现金形式或者非现金形式的劳动报酬，包括基本工资、奖金、津贴、补贴、年终加薪、加班工资，以及与员工任职或者受雇有关的其他支出。

2）保险扣除。企业依照国务院有关主管部门或者省级人民政府规定的范围和标准为职工缴纳的基本养老保险费、基本医疗保险费、失业保险费、工伤保险费、生育保险费等基本社会保险费和住房公积金，准予扣除。企业为投资者或者职工支付的补充养老保险费、补充医疗保险费，在国务院财政、税务主管部门规定的范围和标准内，准予扣除。

除企业依照国家有关规定为特殊工种职工支付的人身安全保险费和国务院财政、税务主管部门规定可以扣除的其他商业保险费外，企业为投资者或者职工支付的商业保险费，不得扣除。

3）企业发生的职工福利费支出，不超过工资薪金总额14%的部分，准予扣除。企业拨缴的工会经费，不超过工资薪金总额2%的部分，准予扣除。除国务院财政、税务主管部门另有规定外，企业发生的职工教育经费支出，不超过工资薪金总额2.5%的部分，准予扣除；超过部分，准予在以后纳税年度结转扣除。

4）企业发生的合理的劳动保护支出，准予扣除。

5）企业在生产经营活动中发生的合理的不需要资本化的借款费用，准予扣除。

企业为购置、建造固定资产、无形资产和经过12个月以上的建造才能达到预定可销售状态的存货发生借款的，在有关资产购置、建造期间发生的合理的借款费用，应当作为资本性支出计入有关资产的成本，并依照本条例的规定扣除。

6）在计算应纳税所得额时，企业按照规定计算的固定资产折旧，准予扣除；企业按照规定计算的无形资产摊销费用，准予扣除。

（3）税金是指企业发生的除企业所得税和允许抵扣的增值税以外的各项税金及其附加。

（4）损失是指企业在生产经营活动中发生的固定资产和存货的盘亏、毁损、报废损失，转让财产损失，呆账损失，坏账损失，自然灾害等不可抗力因素造成的损失以及其他损失。

企业发生的损失，减除责任人赔偿和保险赔款后的余额，依照国务院财政、税务主管部门的规定扣除。企业已经作为损失处理的资产，在以后纳税年度又全部收回或者部分收回时，应当计入当期收入。

（5）其他支出是指除成本、费用、税金、损失外，企业在生产经营活动中发生的与生产经营活动有关的、合理的支出。

1）企业在生产经营活动中发生的下列利息支出，准予扣除：

①非金融企业向金融企业借款的利息支出、金融企业的各项存款利息支出和同业拆借利息支出、企业经批准发行债券的利息支出；

②非金融企业向非金融企业借款的利息支出，不超过按照金融企业同期同类贷款利率计算的数额的部分。

2）企业在货币交易中，以及纳税年度终了时将人民币以外的货币性资产、负债按照期末即期人民币汇率中间价折算为人民币时产生的汇兑损失，除已经计入有关资产成本以及与向所有者进行利润分配相关的部分外，准予扣除。

3）企业发生的与生产经营活动有关的业务招待费支出，按照发生额的60%扣除，但最高不得超过当年销售（营业）收入的5‰。

4）企业发生的符合条件的广告费和业务宣传费支出，除国务院财政、税务主管部门另有规定外，不超过当年销售（营业）收入15%的部分，准予扣除；超过部分，准予在以后纳税年度结转扣除。

5）企业依照法律、行政法规有关规定提取的用于环境保护、生态恢复等方面的专项资金，准予扣除。上述专项资金提取后改变用途的，不得扣除。

6）企业参加财产保险，按照规定缴纳的保险费，准予扣除。

7）企业根据生产经营活动的需要租入固定资产支付的租赁费，按照以下方法扣除：

①以经营租赁方式租入固定资产发生的租赁费支出，按照租赁期限均匀扣除；

②以融资租赁方式租入固定资产发生的租赁费支出，按照规定构成融资租入固定资产价值的部分应当提取折旧费用，分期扣除。

8）企业之间支付的管理费、企业内营业机构之间支付的租金和特许权使用费，以及非银行企业内营业机构之间支付的利息，不得扣除。

9）非居民企业在中国境内设立的机构、场所，就其中国境外总机构发生的与该机构、场所生产经营有关的费用，能够提供总机构出具的费用汇集范围、定额、分配依据和方法等证明文件，并合理分摊的，准予扣除。

10）企业发生的公益性捐赠支出，在年度利润总额12%以内的部分，准予在计算应纳税所得额时扣除。年度利润总额，是指企业依照国家统一会计制度的规定计算的年度会计利润。公益性捐赠，是指企业通过公益性社会团体或者县级以上人民政府及其部门，用于《中华人民共和国公益事业捐赠法》规定的公益事业的捐赠。公益性社会团体，是指同时符合下列条件的基金会、慈善组织等社会团体：

①依法登记，具有法人资格；

②以发展公益事业为宗旨，且不以营利为目的；

③全部资产及其增值为该法人所有；

④收益和营运结余主要用于符合该法人设立目的的事业；

⑤终止后的剩余财产不归属任何个人或者营利组织；

⑥不经营与其设立目的无关的业务；

⑦有健全的财务会计制度；

⑧捐赠者不以任何形式参与社会团体财产的分配；

⑨国务院财政、税务主管部门会同国务院民政部门等登记管理部门规定的其他条件。

2. 不得扣除的项目

在计算应纳税所得额时，下列支出不得扣除：

（1）向投资者支付的股息、红利等权益性投资收益款项；

（2）企业所得税税款；

（3）税收滞纳金；

（4）罚金、罚款和被没收财物的损失；

（5）企业所得税法规定以外的捐赠支出；

（6）赞助支出；

（7）未经核定的准备金支出；

（8）与取得收入无关的其他支出。

3. 资产的税务处理

企业的各项资产，包括固定资产、生物资产、无形资产、长期待摊费用、投资资产、存货等，以历史成本为计税基础。历史成本，是指企业取得该项资产时实际发生的支出。企业持有各项资产期间资产增值或者减值，除国务院财政、税务主管部门规定可以确认损益外，不得调整该资产的计税基础。

（1）固定资产的税务处理。

1）固定资产，是指企业为生产产品、提供劳务、出租或者经营管理而持有的、使用时间超过12个月的非货币性资产，包括房屋、建筑物、机器、机械、运输工具以及其他与生产经营活动有关的设备、器具、工具等。

2）固定资产按照以下方法确定计税基础：

①外购的固定资产，以购买价款和支付的相关税费以及直接归属于使该资产达到预定用途发生的其他支出为计税基础；

②自行建造的固定资产，以竣工结算前发生的支出为计税基础；

③融资租入的固定资产，以租赁合同约定的付款总额和承租人在签订租赁合同过程中发生的相关费用为计税基础，租赁合同未约定付款总额的，以该资产的公允价值和承租人在签订租赁合同过程中发生的相关费用为计税基础；

④盘盈的固定资产，以同类固定资产的重置完全价值为计税基础；

⑤通过捐赠、投资、非货币性资产交换、债务重组等方式取得的固定资产，以该资产的公允价值和支付的相关税费为计税基础；

⑥改建的固定资产，除企业所得税法规定的支出外，以改建过程中发生的改建支出增加计税基础。

3）固定资产按照直线法计算的折旧，准予扣除。企业应当自固定资产投入使用月份的次月起计算折旧；停止使用的固定资产，应当自停止使用月份的次月起停止计算折旧。企业应当根据固定资产的性质和使用情况，合理确定固定资产的预计净残值。固定资产的预计净残值一经确定，不得变更。

除国务院财政、税务主管部门另有规定外，固定资产计算折旧的最低年限如下：

①房屋、建筑物，为20年；

②飞机、火车、轮船、机器、机械和其他生产设备，为10年；

③与生产经营活动有关的器具、工具、家具等，为5年；

④飞机、火车、轮船以外的运输工具，为4年；

⑤电子设备，为3年。

从事开采石油、天然气等矿产资源的企业，在开始商业性生产前发生的费用和有关固定资产的折耗、折旧方法，由国务院财政、税务主管部门另行规定。

4）生产性生物资产按照以下方法确定计税基础：

①外购的生产性生物资产，以购买价款和支付的相关税费为计税基础；

②通过捐赠、投资、非货币性资产交换、债务重组等方式取得的生产性生物资产，以该资产的公允价值和支付的相关税费为计税基础。

生产性生物资产，是指企业为生产农产品、提供劳务或者出租等而持有的生物资产，包括经济林、薪炭林、产畜和役畜等。

生产性生物资产按照直线法计算的折旧，准予扣除。企业应当自生产性生物资产投入使用月份的次月起计算折旧；停止使用的生产性生物资产，应当自停止使用月份的次月起停止计算折旧。企业应当根据生产性生物资产的性质和使用情况，合理确定生产性生物资产的预计净残值。生产性生物资产的预计净残值一经确定，不得变更。

生产性生物资产计算折旧的最低年限如下：林木类生产性生物资产，为10年；畜类生产性生物资产，为3年。

5）下列固定资产不得计算折旧扣除：

①房屋、建筑物以外未投入使用的固定资产；

②以经营租赁方式租入的固定资产；

③以融资租赁方式租出的固定资产；

④已足额提取折旧仍继续使用的固定资产；

⑤与经营活动无关的固定资产；

⑥单独估价作为固定资产入账的土地；

⑦其他不得计算折旧扣除的固定资产。

（2）无形资产的税务处理。

1）无形资产，是指企业为生产产品、提供劳务、出租或者经营管理而持有的、没有实物形态的非货币性长期资产，包括专利权、商标权、著作权、土地使用权、非专利技术、商誉等。

2）无形资产按照以下方法确定计税基础：

①外购的无形资产，以购买价款和支付的相关税费以及直接归属于使该资产达到预定用途发生的其他支出为计税基础；

②自行开发的无形资产，以开发过程中该资产符合资本化条件后至达到预定用途前发生的支出为计税基础；

③通过捐赠、投资、非货币性资产交换、债务重组等方式取得的无形资产，以该资产的公允价值和支付的相关税费为计税基础。

3）无形资产按照直线法计算的摊销费用，准予扣除。无形资产的摊销年限不得低于10年。作为投资或者受让的无形资产，有关法律规定或者合同约定了使用年限的，可以按照规定或者约定的使用年限分期摊销。

外购商誉的支出，在企业整体转让或者清算时，准予扣除。

4）下列无形资产不得计算摊销费用扣除：

①自行开发的支出已在计算应纳税所得额时扣除的无形资产；

②自创商誉；

③与经营活动无关的无形资产；

④其他不得计算摊销费用扣除的无形资产。

（3）递延资产的税务处理。

1）在计算应纳税所得额时，企业发生的下列支出作为长期待摊费用，按照规定摊销的，准予扣除：

①已足额提取折旧的固定资产的改建支出；规定的支出，按照固定资产预计尚可使用年限分期摊销

②租入固定资产的改建支出；规定的支出，按照合同约定的剩余租赁期限分期摊销。

第1、2项所称固定资产的改建支出，是指改变房屋或者建筑物结构、延长使用年限等发生的支出。改建的固定资产延长使用年限的，除规定外，应当适当延长折旧年限。

③固定资产的大修理支出；规定的支出，按照固定资产尚可使用年限分期摊销。固定资产的大修理支出，是指同时符合下列条件的支出：修理支出达到取得固定资产时的计税基础50%以上；修理后固定资产的使用年限延长2年以上。

④其他应当作为长期待摊费用的支出。自支出发生月份的次月起，分期摊销，摊销年限不得低于3年。

2）企业对外投资期间，投资资产的成本在计算应纳税所得额时不得扣除。投资资产，是指企业对外进行权益性投资和债权性投资形成的资产。企业在转让或者处置投资资产时，投资资产的成本，准予扣除。

投资资产按照以下方法确定成本：

①通过支付现金方式取得的投资资产，以购买价款为成本；

②通过支付现金以外的方式取得的投资资产，以该资产的公允价值和支付的相关税费为成本。

（4）存货的税务处理。

1）企业使用或者销售存货，按照规定计算的存货成本，准予在计算应纳税所得额时扣除。存货，是指企业持有以备出售的产品或者商品、处在生产过程中的在产品、在生产或者提供劳务过程中耗用的材料和物料等。

2）存货按照以下方法确定成本：

①通过支付现金方式取得的存货，以购买价款和支付的相关税费为成本；

②通过支付现金以外的方式取得的存货，以该存货的公允价值和支付的相关税费为成本；

③生产性生物资产收获的农产品，以产出或者采收过程中发生的材料费、人工费和分摊的间接费用等必要支出为成本。

企业使用或者销售的存货的成本计算方法，可以在先进先出法、加权平均法、个别计价法中选用一种。计价方法一经选用，不得随意变更。

（五）弥补亏损

企业纳税年度发生的亏损，准予向以后年度结转，用以后年度的所得弥补，但结转年限最长不得超过五年。

在计算应纳税所得额时，企业财务、会计处理办法与税收法律、行政法规的规定不一致的，应当依照税收法律、行政法规的规定计算。

非居民企业在中国境内未设立机构、场所的，或者虽设立机构、场所但取得的所得与其所设机构、场所没有实际联系的，应当缴纳企业所得税的来源于中国境内的所得，按照下列方法计算其应纳税所得额：

（1）股息、红利等权益性投资收益和利息、租金、特许权使用费所得，以收入全额为应纳税所得额；

（2）转让财产所得，以收入全额减除财产净值后的余额为应纳税所得额；

（3）其他所得，参照前两项规定的方法计算应纳税所得额。

六、企业所得税税额计算和征管

（一）应纳税额的计算

1. 企业所得税应纳税额计算

计算公式为：

应纳企业所得税税额 = 年度应纳税所得额 × 适用税率

2. 汇算清缴应补（退）税额的计算

在年度期间纳税人已定期预缴了企业所得税的，采用应纳企业所得税的税款与预缴数比较的方法，汇算清缴，多退少补。汇算清缴应补（退）税额的计算公式为：

应补（退）企业所得税税额 = 全年应纳税额 - 年内已预缴税额

3. 在境外缴纳的所得税税额抵扣的计算

企业取得的下列所得已在境外缴纳的所得税税额，可以从其当期应纳税额中抵免，抵免限额为该项所得依照本法规定计算的应纳税额；超过抵免限额的部分，可以在以后五个年度内，用每年度抵免限额抵免当年应抵税额后的余额进行抵补：

（1）居民企业来源于中国境外的应税所得；

（2）非居民企业在中国境内设立机构、场所，取得发生在中国境外但与该机构、场所有实际联系的应税所得。

汇算清缴应补（退）税额的计算公式为：

应补（退）企业所得税税额 = 全年应纳税额 - 年内已预缴税额 - 境外已纳所得税扣除额

居民企业从其直接或者间接控制的外国企业分得的来源于中国境外的股息、红利等权益性投资收益，外国企业在境外实际缴纳的所得税税额中属于该项所得负担的部分，可以作为该居民企业的可抵免境外所得税税额，在规定的抵免限额内抵免。

例如，2019 年初，某工业企业向税务机关报送 2018 年度企业所得税纳税申报表，其中表中填报的销售收入700万元，减除成本、费用、税金后，利润总额为-2万元（即亏损2万元），应纳税所得额也是-2万元。税务机关经查账核实以下几项支出：

①企业职工60人，资产2100万元，全年已列支工资总额65万元；

②企业按工资总额提取并已列支的职工福利费、教育经费、工会经费共计15.1万元；

③企业全年发生并已全额列支的业务招待费9万元；

④年度内支付向其他企业拆借款60万元的利息计4.8万元，已列支，同期的银行贷款利率6%；

⑤企业通过希望工程向贫困地区希望小学捐赠10万元，已列支。

计算如下：

①超过规定标准的列支的职工福利费、教育经费、工会经费 = 151000 - 650000 ×（2% + 14% + 2.5%）= 151000 - 120250 = 30750（元）

②超过标准列支的业务招待费 = 90000 - 90000 × 60% = 90000 - 54000 = 36000（元）

（7000000 × 5‰ = 35000）

③超过标准列支的利息支出 = 48000 - 600000 × 6% = 12000（元）

④超过标准列支的捐赠支出：

1）计算企业全年利润总额 = -20000 + 30750 + 36000 + 12000 + 100000 = 158750（元）

2）按规定准予列支的捐赠支出 = 158750 × 12% = 19050（元）

3）超过标准列支的捐赠支出 = 100000 - 19050 = 80950（元）

⑤应纳税所得额 = 158750 - 19050 = 80950（元）

⑥应纳企业所得税额 = 80950 × 20% = 16190（元）

注：根据规定该企业属于小型微利企业，2018年企业所得税税率适用20%。

（二）减免税

1. 下列特殊企业或行业减免税

（1）企业从事蔬菜、谷物、薯类、油料、豆类、棉花、麻类、糖料、水果、坚果的种植；农作物新品种的选育，中药材的种植林木的培育和种植，牲畜、家禽的饲养，林产品的采集，灌溉、农产品初加工、兽医、农技推广、农机作业和维修等农、林、牧、渔服务业项目，远洋捕捞等项目的所得，免征企业所得税；企业从事花卉、茶以及其他饮料作物和香料作物的种植，海水养殖、内陆养殖项目的所得，减半征收企业所得税。

（2）从事国家重点扶持的《公共基础设施项目企业所得税优惠目录》规定的港口码头、机场、铁路、公路、城市公共交通、电力、水利等项目的投资经营的所得，自项目取得第一笔生产经营收入所属纳税年度起，第一年至第三年免征企业所得税，第四年至第六年减半征收企业所得税；企业承包经营、承包建设和内部自建自用上述项目，不得享受该项企业所得税优惠。

（3）从事环境保护、节能节水项目包括公共污水处理、公共垃圾处理、沼气综合开发利用、节能减排技术改造、海水淡化等项目的所得，自项目取得第一笔生产经营收入所属纳税年度起，第一年至第三年免征企业所得税，第四年至第六年减半征收企业所得税。

上述规定享受减免税优惠的项目，在减免税期限内转让的，受让方自受让之日起，可以在剩余期限内享受规定的减免税优惠；减免税期限届满后转让的，受让方不得就该项目重复享受减免税优惠。

（4）符合条件的非营利组织的收入免征企业所得税。符合条件的非营利组织，是指同时符合下列条件的组织：

1）依法履行非营利组织登记手续；

2）从事公益性或者非营利性活动；

3）取得的收入除用于与该组织有关的、合理的支出外，全部用于登记核定或者章程规定的公益性或者非营利性事业；

4）财产及其孳息不用于分配；

5）按照登记核定或者章程规定，该组织注销后的剩余财产用于公益性或者非营利性目的，或者由登记管理机关转赠给与该组织性质、宗旨相同的组织，并向社会公告；

6）投入人对投入该组织的财产不保留或者享有任何财产权利；

7）工作人员工资福利开支控制在规定的比例内，不变相分配该组织的财产。不包括非营利组织从事营利性活动取得的收入，但国务院财政、税务主管部门另有规定的除外。

（5）企业安置残疾人员的，在按照支付给残疾职工工资据实扣除的基础上，按照支付给残疾职工工资的100%加计扣除。残疾人员的范围适用《中华人民共和国残疾人保障法》的有关规定。企业安置国家鼓励安置的其他就业人员所支付的工资的加计扣除办法，由国务院另行规定。

2. 技术转让所得减免税

一个纳税年度内，居民企业技术转让所得不超过500万元的部分，免征企业所得税；超过500万元的部分，减半征收企业所得税。

3. 对重点扶持和鼓励发展的产业和项目实施税收优惠

（1）软件生产企业实行增值税即征即退政策所退还的税款，由企业用于研究开发软件产品和扩大再生产，不作为企业所得税应税收入，不征企业所得税。

（2）我国境内新办软件生产企业经认定后，自获利年度起，第一年和第二年免征企业所得税，第三年至第五年减半征收企业所得税。

（3）国家规划布局内的重点软件生产企业，如当年未享受免税优惠的，减按10%的税率征收企业所得税。

（4）软件生产企业的职工培训费用，可按实际发生额在计算应纳税所得额时扣除。

（5）企事业单位购进软件，凡符合固定资产或无形资产确认条件的，可以按照固定资产或无形资产进行核算，经主管税务机关核准，其折旧或摊销年限可以适当缩短，最短可为2年。

（6）集成电路设计企业视同软件企业，享受上述软件企业的有关企业所得税政策；集成电路生产企业的生产性设备，经主管税务机关核准，其折旧年限可以适当缩短，最短可为3年；投资额超过80亿元人民币或集成电路线宽小于0.25um的集成电路生产企业，可以减按15%的税率缴纳企业所得税，其中，经营期在15年以上的，从开始获利的年度起，第一年至第五年免征企业所得税，第六年至第十年减半征收企业所得税。

（7）对证券投资基金从证券市场中取得的收入，包括买卖股票、债券的差价收入，股权的股息、红利收入，债券的利息收入及其他收入，暂不征收企业所得税。

（8）对投资者从证券投资基金分配中取得的收入，暂不征收企业所得税；

（9）对证券投资基金管理人运用基金买卖股票、债券的差价收入，暂不征收企业所得税。

4. 高新技术企业减税

国家需要重点扶持的高新技术企业，减按15%的税率征收企业所得税。国家需要重点扶持的高新技术企业，是指拥有核心自主知识产权，并同时符合下列条件的企业：

（1）在中国境内（不含港、澳、台地区）注册的企业，近三年内通过自主研发、受让、受赠、并购等方式，或通过5年以上的独占许可方式，对其主要产品（服务）的核心技术拥有自主知识产权；

（2）产品（服务）属于《国家重点支持的高新技术领域》规定的范围；

（3）具有大学专科以上学历的科技人员占企业当年职工总数的30%以上，其中研发人员占企业当年职工总数的10%以上；

（4）企业为获得科学技术（不包括人文、社会科学）新知识，创造性运用科学技术新知识，或实质性改进技术、产品（服务）而持续进行了研究开发活动，且近三个会计年度的研究开发费用总额占销售收入总额的比例符合如下要求：

1）最近一年销售收入小于5000万元的企业，比例不低于6%；

2）最近一年销售收入在5000万元至20000万元的企业，比例不低于4%；

3）最近一年销售收入在20000万元以上的企业，比例不低于3%。

其中，企业在中国境内发生的研究开发费用总额占全部研究开发费用总额的比例不低于60%。企业注册成立时间不足三年的，按实际经营年限计算；

（5）高新技术产品（服务）收入占企业当年总收入的60%以上；

（6）企业研究开发组织管理水平、科技成果转化能力、自主知识产权数量、销售与总资产成长性等指标符合《高新技术企业认定管理工作指引》的要求。

5. 鼓励技术研发减免税

（1）企业为开发新技术、新产品、新工艺发生的研究开发费用，未形成无形资产计入当期损益的，在按照规定据实扣除的基础上，按照研究开发费用的50%加计扣除；形成无形资产的，按照无形资产成本的150%摊销。

（2）企业的固定资产由于技术进步等原因，确需加速折旧的，可以缩短折旧年限或者采取加速折旧的方法。可以采取缩短折旧年限或者采取加速折旧的方法的固定资产，包括：由于技术进步，产品更新换代较快的固定资产；常年处于强震动、高腐蚀状态的固定资产。

采取缩短折旧年限方法的，最低折旧年限不得低于企业所得税条例规定的计算折旧最低年限的60%；采取加速折旧方法的，可以采取双倍余额递减法或者年数总和法。

6. 创业投资企业的税收优惠

创业投资企业从事国家需要重点扶持和鼓励的创业投资，可以按投资额的一定比例抵扣应纳税所得额。自2006年1月1日起，创业投资企业采取股权投资方式投资于未上市中小高新技术企业2年以上（含2年），凡符合下列条件的，可按其对中小高新技术企业投资额的70%抵扣该创业投资企业的应纳税所得额。

（1）经营范围符合《创业投资企业管理暂行办法》规定，且工商登记为“创业投资有限责任公司”“创业投资股份有限公司”等专业性创业投资企业。

（2）遵照规定的条件和程序完成备案程序，经备案管理部门核实，投资运作符合规定。

（3）创业投资企业投资的中小高新技术企业职工人数不超过500人，年销售额不超过2亿元，资产总额不超过2亿元。

（4）创业投资企业申请投资抵扣应纳税所得额时，所投资的中小高新技术企业当年用于高新技术及其产品研究开发经费须占本企业销售额的5%以上（含5%），技术性收入与高新技术产品销售收入的合计须占本企业当年总收入的60%以上（含60%）。

7. 环境保护和资源利用减免税

（1）企业以《资源综合利用企业所得税优惠目录》规定的资源作为主要原材料，生产国家非限制和禁止并符合国家和行业相关标准的产品取得的收入，减按90%计入收入总额。但资源综合利用原材料占生产产品材料的比例，不得低于规定的标准。

（2）企业购置并实际使用国家规定的环境保护、节能节水、安全生产等专用设备的，该专用设备的投资额的10%可以从企业当年的应纳税额中抵免；当年不足抵免的，可以在以后5个纳税年度结转抵免。企业应当实际购置并自身实际投入使用规定的专用设备；企业购置上述专用设备在5年内转让、出租的，应当停止享受企业所得税优惠，并补缴已经抵免的企业所得税税款。

8. 民族自治地方的税收优惠

民族自治地方的自治机关对本民族自治地方的企业应缴纳的企业所得税中属于地方分享的部分，可以决定减征或者免征。自治州、自治县决定减征或者免征的，须报省、自治区、直辖市人民政府批准。所谓民族自治地方，是指依照《中华人民共和国民族区域自治法》的规定，实行民族区域自治的自治区、自治州、自治县。对民族自治地方内国家限制和禁止行业的企业，不得减征或者免征企业所得税。

9. 非居民企业减免税

在中国境内未设立机构、场所的，或者虽设立机构、场所但取得的所得与其所设机构、场所没有实际联系的，其来源于中国境内的所得，减按10%的税率征收企业所得税。

下列所得可以免征企业所得税：

第一，外国政府向中国政府提供贷款取得的利息所得；

第二，国际金融组织向中国政府和居民企业提供优惠贷款取得的利息所得；

第三，经国务院批准的其他所得。

（三）征收管理

1. 征收方法和纳税期限

企业所得税的征收管理，依照《中华人民共和国税收征收管理法》和企业所得税法的规定执行。

（1）居民企业和在我国境内设立机构的非居民企业。企业所得税分月或者分季预缴。企业应当自月份或者季度终了之日起15日内，向税务机关报送预缴企业所得税纳税申报表，预缴税款。从2016年4月开始，小型微利企业统一实行按季度预缴企业所得税。企业应当自年度终了之日起5个月内，向税务机关报送年度企业所得税纳税申报表，并汇算清缴，结清应缴应退税款。企业在报送企业所得税纳税申报表时，应当按照规定附送财务会计报告和其他有关资料。

企业所得税分月或者分季预缴，由税务机关具体核定。企业根据企业所得税法规定分月或者分季预缴企业所得税时，应当按照月度或者季度的实际利润额预缴；按照月度或者季度的实际利润额预缴有困难的，可以按照上一纳税年度应纳税所得额的月度或者季度平均额预缴，或者按照经税务机关认可的其他方法预缴。预缴方法一经确定，该纳税年度内不得随意变更。

企业在纳税年度内无论盈利或者亏损，都应当依照企业所得税法规定的期限，向税务机关报送预缴企业所得税纳税申报表、年度企业所得税纳税申报表、财务会计报告和税务机关规定应当报送的其他有关资料。

（2）在我国境内未设立机构的非居民企业。非居民企业在中国境内未设立机构、场所的，或者虽设立机构、场所但取得的所得与其所设机构、场所没有实际联系的，缴纳企业所得税，实行源泉扣缴，以支付人为扣缴义务人。税款由扣缴义务人在每次支付或者到期应支付时，从支付或者到期应支付的款项中扣缴。

对非居民企业在中国境内取得工程作业和劳务所得应缴纳的所得税，税务机关可以指定工程价款或者劳务费的支付人为扣缴义务人。

按照规定应当扣缴的所得税，扣缴义务人未依法扣缴或者无法履行扣缴义务的，由纳税人在所得发生地缴纳。纳税人未依法缴纳的，税务机关可以从该纳税人在中国境内其他收入项目的支付人应付的款项中，追缴该纳税人的应纳税款。

扣缴义务人每次代扣的税款，应当自代扣之日起7日内缴入国库，并向所在地的税务机关报送扣缴企业所得税报告表。

2. 纳税地点

除税收法律、行政法规另有规定外，居民企业以企业登记注册地为纳税地点；但登记注册地在境外的，以实际管理机构所在地为纳税地点。

居民企业在中国境内设立不具有法人资格的营业机构的，应当汇总计算并缴纳企业所得税。

非居民企业取得规定的所得，以机构、场所所在地为纳税地点。非居民企业在中国境内设立两个或者两个以上机构、场所的，符合国务院税务主管部门规定条件的，可以选择由其主要机构、场所汇总缴纳企业所得税。非居民企业取得规定的所得，以扣缴义务人所在地为纳税地点。

3. 缴纳方法

企业所得税按纳税年度计算。纳税年度自公历1月1日起至12月31日止。企业在一个纳税年度中间开业，或者终止经营活动，使该纳税年度的实际经营期不足12个月的，应当以其实际经营期为一个纳税年度。企业依法清算时，应当以清算期间作为一个纳税年度。

企业所得以人民币以外的货币计算的，预缴企业所得税时，应当按照月度或者季度最后一日的人民币汇率中间价，折合成人民币计算应纳税所得额。年度终了汇算清缴时，对已经按照月度或者季度预缴税款的，不再重新折合计算，只就该纳税年度内未缴纳企业所得税的部分，按照纳税年度最后一日的人民币汇率中间价，折合成人民币计算应纳税所得额。

经税务机关检查确认，企业少计或者多计前款规定的所得的，应当按照检查确认补税或者退税时的上一个月最后一日的人民币汇率中间价，将少计或者多计的所得折合成人民币计算应纳税所得额，再计算应补缴或者应退的税款。

第三节　个人所得税

一、个人所得税概述

（一）个人所得税的概念

个人所得税是对我国居民的境内外所得和非居民来源于我国的个人所得征收的一种税。个人所得税是世界上各个国家较普遍开征的一个税种。

在 1950 年公布的《全国税政实施要则》的 14 个税中有薪给报酬所得税和存款利息所得税对个人征收的两个税种，但是当时并未征收。

1980 年我国颁布和实施了《中华人民共和国个人所得税法》，1986 年和 1987 年颁布实施了《中华人民共和国城乡个体工商业户所得税暂行条例》和《中华人民共和国个人收入调节税暂行条例》。现行的个人所得税，是在 1994 年的税制改革中，将原来的“个人所得税”“个体工商业户所得税”和“个人收入调节税”三税合并而来的。2007 年 12 月全国人大常委会通过了第五次修正的《中华人民共和国个人所得税法》。2011 年 6 月 30 日第十一届全国人民代表大会常务委员会第二十一次会议通过了《关于修改〈中华人民共和国个人所得税法〉的决定》，第六次修正。根据 2018 年 8 月 31 日第十三届全国人民代表大会常务委员会第五次会议《关于修改〈中华人民共和国个人所得税法〉的决定》第七次修正，自 2019 年 1 月 1 日起施行。

1994 年 1 月 28 日中华人民共和国国务院令第 142 号发布《中华人民共和国个人所得税法实施条例》，根据 2005 年 12 月 19 日《国务院关于修改〈中华人民共和国个人所得税法实施条例〉的决定》第一次修订，根据 2008 年 2 月 18 日《国务院关于修改〈中华人民共和国个人所得税法实施条例〉的决定》第二次修订，根据 2011 年 7 月 19 日《国务院关于修改〈中华人民共和国个人所得税法实施条例〉的决定》第三次修订，2018 年 12 月 18 日中华人民共和国国务院令第 707 号第四次修订，自 2019 年 1 月 1 日起施行。

（二）个人所得税的特点

我国现行个人所得税的特点主要是：采用分类综合所得税制，实行比例和累进两种税率，费用扣除和减免税较宽，实行源泉扣缴和申报纳税两种征收方法等。

（三）个人所得税的作用

我国现行个人所得税的主要作用有：调节个人收入，促进分配公平；增加国家财政收入；增强公民纳税意识等。

二、个人所得税纳税人

个人所得税的纳税人分为居民纳税人和非居民纳税人。

（一）居民纳税人

1. 居民纳税人的含义

在中国境内有住所（指因户籍、家庭、经济利益关系而在中国境内习惯性居住），或者无住所而一个纳税年度（自公历1月1日起至12月31日止）内在中国境内居住累计满183天的个人，为居民个人。

居民个人从中国境内和境外取得的所得（分别是指来源于中国境内的所得和来源于中国境外的所得），依照个人所得税法规定缴纳个人所得税。

2. 居民纳税人的确定

在中国境内无住所的个人，在中国境内居住累计满183天的年度连续不满6年的，经向主管税务机关备案，其来源于中国境外且由境外单位或者个人支付的所得，免予缴纳个人所得税；在中国境内居住累计满183天的任一年度中有一次离境超过30天的，其在中国境内居住累计满183天的年度的连续年限重新起算。

（二）非居民纳税人

1. 非居民纳税人的含义

在中国境内无住所又不居住，或者无住所而一个纳税年度内在中国境内居住累计不满183天的个人，为非居民个人。非居民个人从中国境内取得的所得，依照个人所得税法规定缴纳个人所得税。

2. 非居民纳税人的确定

在中国境内无住所的个人，在一个纳税年度内在中国境内居住累计不超过90天的，其来源于中国境内的所得，由境外雇主支付并且不由该雇主在中国境内的机构、场所负担的部分，免予缴纳个人所得税。

（三）应纳税所得来源地的认定

除国务院财政、税务主管部门另有规定外，下列所得，不论支付地点是否在中国境内，均为来源于中国境内的所得：

（1）因任职、受雇、履约等在中国境内提供劳务取得的所得；

（2）将财产出租给承租人在中国境内使用而取得的所得；

（3）许可各种特许权在中国境内使用而取得的所得；

（4）转让中国境内的不动产等财产或者在中国境内转让其他财产取得的所得；

（5）从中国境内企业、事业单位、其他组织以及居民个人取得的利息、股息、红利所得。

三、个人所得税征收制度

下列各项个人所得，应当缴纳个人所得税：①工资、薪金所得；②劳务报酬所得；③稿酬所得；④特许权使用费所得；⑤经营所得；⑥利息、股息、红利所得；⑦财产租赁所得；⑧财产转让所得；⑨偶然所得。居民个人取得第一项至第四项所得（以下称综合所得），按纳税年度合并计算个人所得税；非居民个人取得第一项至第四项所得，按月或者按次分项计算个人所得税。纳税人取得第五项至第九项所得，依照个人所得税法规定分别计算个人所得税。个人取得的所得，难以界定应纳税所得项目的，由国务院税务主管部门确定。

个人所得的形式，包括现金、实物、有价证券和其他形式的经济利益；所得为实物的，应当按照取得的凭证上所注明的价格计算应纳税所得额，无凭证的实物或者凭证上所注明的价格明显偏低的，参照市场价格核定应纳税所得额；所得为有价证券的，根据票面价格和市场价格核定应纳税所得额；所得为其他形式的经济利益的，参照市场价格核定应纳税所得额。

居民个人从中国境内和境外取得的综合所得、经营所得，应当分别合并计算应纳税额；从中国境内和境外取得的其他所得，应当分别单独计算应纳税额。

有下列情形之一的，税务机关有权按照合理方法进行纳税调整：

（1）个人与其关联方之间的业务往来不符合独立交易原则而减少本人或者其关联方应纳税额，且无正当理由；

（2）居民个人控制的，或者居民个人和居民企业共同控制的设立在实际税负明显偏低的国家（地区）的企业，无合理经营需要，对应当归属于居民个人的利润不作分配或者减少分配；

（3）个人实施其他不具有合理商业目的的安排而获取不当税收利益。

税务机关依照前款规定作出纳税调整，需要补征税款的，应当补征税款，并依法加收利息。利息，应当按照税款所属纳税申报期最后一日中国人民银行公布的与补税期间同期的人民币贷款基准利率计算，自税款纳税申报期满次日起至补缴税款期限届满之日止按日加收。纳税人在补缴税款期限届满前补缴税款的，利息加收至补缴税款之日。

（一）综合所得

1. 征税范围

综合所得包括：工资、薪金所得，劳务报酬所得，稿酬所得，特许权使用费所得。

（1）工资、薪金所得是指个人因任职或者受雇取得的工资、薪金、奖金、年终加薪、劳动分红、津贴、补贴以及与任职或者受雇有关的其他所得。

（2）劳务报酬所得是指个人从事劳务取得的所得，包括从事设计、装潢、安装、制图、化验、测试、医疗、法律、会计、咨询、讲学、翻译、审稿、书画、雕刻、影视、录音、录像、演出、表演、广告、展览、技术服务、介绍服务、经纪服务、代办服务以及其他劳务取得的所得。

（3）稿酬所得是指个人因其作品以图书、报刊等形式出版、发表而取得的所得。

（4）特许权使用费所得是指个人提供专利权、商标权、著作权、非专利技术以及其他特许权的使用权取得的所得；提供著作权的使用权取得的所得，不包括稿酬所得。

2. 适用税率

综合所得，适用3%—45%的超额累进税率［表7－1为个人所得税税率表（综合所得适用）］。

表7－1　　个人所得税税率表（综合所得适用）

级数	全年应纳税所得额	税率（%）	速算扣除数（元）
1	不超过36000元的	3	0
2	超过36000元至144000元的部分	10	2520
3	超过144000元至300000元的部分	20	16920
4	超过300000元至420000元的部分	25	31920
5	超过420000元至660000元的部分	30	52920
6	超过660000元至960000元的部分	35	85920
7	超过960000元的部分	45	181920

（注1：本表所称全年应纳税所得额是指依照个人所得税法第六条的规定，居民个人取得综合所得以每一纳税年度收入额减除费用6万元以及专项扣除、专项附加扣除和依法确定的其他扣除后的余额。

注2：非居民个人取得工资、薪金所得，劳务报酬所得，稿酬所得和特许权使用费所得，依照本表按月换算后计算应纳税额。）

3. 应纳税所得额的计算

（1）居民个人的综合所得，应纳所得额。居民个人的综合所得，以每一纳税年度的收入额减除费用6万元以及专项扣除、专项附加扣除和依法确定的其他扣除后的余额，为应纳税所得额。

居民个人的综合所得，应纳税所得额的计算公式：

应纳税所得额＝年收入额－费用6万元－专项扣除－专项附加扣除－依法确定的其他扣除

1）专项扣除，包括居民个人按照国家规定的范围和标准缴纳的基本养老保险、基本医疗保险、失业保险等社会保险费和住房公积金等；

2）专项附加扣除，包括子女教育、继续教育、大病医疗、住房贷款利息或者住房租金、赡养老人等支出，具体范围、标准和实施步骤由国务院确定，并报全国人民代表大会常务委员会备案。

根据国务院《个人所得税专项附加扣除暂行办法》（国发〔2018〕41号），各项专项附加扣除的具体规定如下：

①子女教育。纳税人的子女接受全日制学历教育的相关支出，按照每个子女每月1000元的标准定额扣除。

学历教育包括义务教育（小学、初中教育）、高中阶段教育（普通高中、中等职业、技工教育）、高等教育（大学专科、大学本科、硕士研究生、博士研究生教育）。学历教育，为子女接受全日制学历教育入学的当月至全日制学历教育结束的当月。

年满3岁至小学入学前处于学前教育阶段的子女，学前教育阶段，为子女年满3周岁当月至小学入学前一月。

父母可以选择由其中一方按扣除标准的100%扣除，也可以选择由双方分别按扣除标准的50%扣除，具体扣除方式在一个纳税年度内不能变更。

纳税人子女在中国境外接受教育的，纳税人应当留存境外学校录取通知书、留学签证等相关教育的证明资料备查。

②继续教育。纳税人在中国境内接受学历（学位）继续教育的支出，在学历（学位）教育期间按照每月400元定额扣除。同一学历（学位）继续教育的扣除期限不能超过48个月。纳税人接受技能人员职业资格继续教育、专业技术人员职业资格继续教育的支出，在取得相关证书的当年，按照3600元定额扣除。学历（学位）继续教育，为在中国境内接受学历（学位）继续教育入学的当月至学历（学位）继续教育结束的当月，同一学历（学位）继续教育的扣除期限最长不得超过48个月。技能人员职业资格继续教育、专业技术人员职业资格继续教育，为取得相关证书的当年。

个人接受本科及以下学历（学位）继续教育，符合本办法规定扣除条件的，可以选择由其父母扣除，也可以选择由本人扣除。

纳税人接受技能人员职业资格继续教育、专业技术人员职业资格继续教育的，应当留存相关证书等资料备查。

③大病医疗。在一个纳税年度内，纳税人发生的与基本医保相关的医药费用支出，扣除医保报销后个人负担（指医保目录范围内的自付部分）累计超过15000元的部分，由纳税人在办理年度汇算清缴时，在80000元限额内据实扣除。大病医疗，为医疗保障信息系统记录的医药费用实际支出的当年。

纳税人发生的医药费用支出可以选择由本人或者其配偶扣除；未成年子女发生的医药费用支出可以选择由其父母一方扣除。

纳税人及其配偶、未成年子女发生的医药费用支出，按规定分别计算扣除额。

纳税人应当留存医药服务收费及医保报销相关票据原件（或者复印件）等资料备查。医疗保障部门应当向患者提供在医疗保障信息系统记录的本人年度医药费用信息查询服务。

④住房贷款利息。纳税人本人或者配偶单独或者共同使用商业银行或者住房公积金个人住房贷款为本人或者其配偶购买中国境内住房，发生的首套住房贷款利息支出，在实际发生贷款利息的年度，按照每月1000元的标准定额扣除，扣除期限最长不超过240个月。纳税人只能享受一次首套住房贷款的利息扣除。首套住房贷款是指购买住房享受首套住房贷款利率的住房贷款。住房贷款利息为贷款合同约定开始还款的当月至贷款全部归还或贷款合同终止的当月，扣除期限最长不得超过240个月。

经夫妻双方约定，可以选择由其中一方扣除，具体扣除方式在一个纳税年度内不能变更。

夫妻双方婚前分别购买住房发生的首套住房贷款，其贷款利息支出，婚后可以选择其中一套购买的住房，由购买方按扣除标准的100%扣除，也可以由夫妻双方对各自购买的住房分别按扣除标准的50%扣除，具体扣除方式在一个纳税年度内不能变更。

纳税人应当留存住房贷款合同、贷款还款支出凭证备查。

⑤住房租金。纳税人在主要工作城市没有自有住房而发生的住房租金支出，可以按照

以下标准定额扣除：

第一，直辖市、省会（首府）城市、计划单列市以及国务院确定的其他城市，扣除标准为每月1500元；

第二，除第一项所列城市以外，市辖区户籍人口超过100万的城市，扣除标准为每月1100元；市辖区户籍人口不超过100万的城市，扣除标准为每月800元。住房租金为租赁合同（协议）约定的房屋租赁期开始的当月至租赁期结束的当月。提前终止合同（协议）的，以实际租赁期限为准。

纳税人的配偶在纳税人的主要工作城市有自有住房的，视同纳税人在主要工作城市有自有住房。

市辖区户籍人口，以国家统计局公布的数据为准。

⑥赡养老人。纳税人赡养一位及以上被赡养人的赡养支出，统一按照以下标准定额扣除：

第一，纳税人为独生子女的，按照每月2000元的标准定额扣除；

第二，纳税人为非独生子女的，由其与兄弟姐妹分摊每月2000元的扣除额度，每人分摊的额度不能超过每月1000元。可以由赡养人均摊或者约定分摊，也可以由被赡养人指定分摊。约定或者指定分摊的须签订书面分摊协议，指定分摊优先于约定分摊。具体分摊方式和额度在一个纳税年度内不能变更。

被赡养人是指年满60岁的父母，以及子女均已去世的年满60岁的祖父母、外祖父母。

赡养老人为被赡养人年满60周岁的当月至赡养义务终止的年末。

3）依法确定的其他扣除，包括个人缴付符合国家规定的企业年金、职业年金，个人购买符合国家规定的商业健康保险、税收递延型商业养老保险的支出，以及国务院规定可以扣除的其他项目。

专项扣除、专项附加扣除和依法确定的其他扣除，以居民个人一个纳税年度的应纳税所得额为限额；一个纳税年度扣除不完的，不结转以后年度扣除。

（2）非居民个人的4项所得，应纳所得额。非居民个人的工资、薪金所得，以每月收入额减除费用5000元后的余额为应纳税所得额；劳务报酬所得、稿酬所得、特许权使用费所得，以每次收入额为应纳税所得额。

劳务报酬所得、稿酬所得、特许权使用费所得以收入减除20%的费用后的余额为收入额。稿酬所得的收入额减按70%计算。

非居民个人的综合所得，应纳税所得额的计算公式：

1）工资、薪金所得，应纳税所得额的计算：

应纳税所得额 = 月收入额 - 5000

2）劳务报酬所得、稿酬所得、特许权使用费所得，应纳税所得额的计算。

应纳税所得额 = 每次收入额 ×（1 - 20%）

（3）相关规定。劳务报酬所得、稿酬所得、特许权使用费所得，属于一次性收入的，以取得该项收入为一次；属于同一项目连续性收入的，以一个月内取得的收入为一次。

个人将其所得对教育、扶贫、济困等公益慈善事业进行捐赠，捐赠额未超过纳税人申报的应纳税所得额30%的部分，可以从其应纳税所得额中扣除；国务院规定对公益慈善事业捐赠实行全额税前扣除的，从其规定。个人将其所得对教育、扶贫、济困等公益慈善事业进行捐赠，是指个人将其所得通过中国境内的公益性社会组织、国家机关向教育、扶贫、济困等公益慈善事业的捐赠；所称应纳税所得额，是指计算扣除捐赠额之前的应纳税所得额。

4. 应纳税额的计算

（1）居民个人的综合所得，应纳税额的计算。居民个人综合所得（包括工资、薪金所得，劳务报酬所得，稿酬所得，特许权使用费所得），应纳税额按年计算，计算公式如下：

应纳税额 = 应纳税所得额 × 税率 − 速算扣除数

速算扣除数是指同一所得额按照全额累进税率计算的税额与按照超额累进税率计算的税额的差额。在每级所得额已定的情况下，速算扣除数扣除数可事先计算并填写在税率表中，计算应纳税额时直接查用。居民个人综合所得计算应纳税额时，具体适用的速算扣除数，请在表 7 − 1 个人所得税税率表一（综合所得适用）“速算扣除数据”栏中相关税率级次查到。

举例：某居民个人，在 2019 年相关个人所得和扣除为：工资 46 万元，专项扣除费用 3. 28 万元，子女教育的附加扣除 1. 2 万元，住房贷款利息支出的附加扣除 1. 17 万元。计算其 2019 年应纳个人所得税税额。

计算如下：

应纳税所得额 = 46 − 6 − 3. 28 − 1. 2 − 1. 17 = 34. 35（万元）

应纳税额 = 34. 35 × 25% − 3. 192 = 5. 3955（万元）

（2）非居民个人的 4 项所得，应纳税额的计算。工资、薪金所得，按每月计算应纳税额；劳务报酬所得、稿酬所得、特许权使用费所得，按次计算应纳税额，计算公式如下：

应纳税额 = 应纳税所得额 × 税率 − 速算扣除数

非居民个人的 4 项所得，适用 3%—45% 的超额累进税率，换算为按计算的税率表见表 7 − 2 按月换算的个人所得税税率表（综合所得适用）。

表 7 − 2　　按月换算的个人所得税税率表（综合所得适用）

级数	全年应纳税所得额	税率（%）	速算扣除数（元）
1	不超过 3000 元的	3	0
2	超过 3000 元至 12000 元的部分	10	210
3	超过 12000 元至 25000 元的部分	20	1410
4	超过 25000 元至 35000 元的部分	25	2660
5	超过 35000 元至 55000 元的部分	30	4410
6	超过 55000 元至 80000 元的部分	35	7160
7	超过 80000 元的部分	45	15160

举例：某外教，2019 年 8 月，取得工资 32000 元，出版的翻译书籍取得稿酬 20600 元。计算其 2019 年 8 月应纳个人所得税税额。

计算如下：

工资应税所得额 = 32000 − 5000 = 27000（元）

工资应纳税额 = 27000 × 25% - 2660 = 4090（元）

稿酬应税所得额 = 20600 × (1 - 20%) = 16480（元）

稿酬应纳税额 = 16480 × 70% × 20% - 1410 = 897.20（元）

（二）经营所得

1. 征税范围

经营所得是指下列各项所得：

（1）个体工商户从事生产、经营活动取得的所得，个人独资企业投资人、合伙企业的个人合伙人来源于境内注册的个人独资企业、合伙企业生产、经营的所得；

（2）个人依法从事办学、医疗、咨询以及其他有偿服务活动取得的所得；

（3）个人对企业、事业单位承包经营、承租经营以及转包、转租取得的所得；

（4）个人从事其他生产、经营活动取得的所得。

2. 适用税率

经营所得，适用5%—35%的超额累进税率［表7-3为个人所得税税率表（经营所得适用）］。

表7-3　个人所得税税率表（经营所得适用）

级数	全年应纳税所得额	税率（%）	速算扣除数（元）
1	不超过30000元的	5	0
2	超过30000元至90000元的部分	10	1500
3	超过90000元至300000元的部分	20	10500
4	超过300000元至500000元的部分	30	40500
5	超过500000元的部分	35	65500

（注：本表所称全年应纳税所得额是指依照本法第六条的规定，以每一纳税年度的收入总额减除成本、费用以及损失后的余额。）

3. 应纳税所得额的计算

经营所得，以每一纳税年度的收入总额减除成本、费用以及损失后的余额，为应纳税所得额。

经营所得，应纳税所得额的计算公式：

应纳税所得额 = 年收入额 - 成本 - 费用 - 损失

（1）成本、费用、损失。成本、费用，是指生产、经营活动中发生的各项直接支出和分配计入成本的间接费用以及销售费用、管理费用、财务费用；

损失，是指生产、经营活动中发生的固定资产和存货的盘亏、毁损、报废损失，转让财产损失，坏账损失，自然灾害等不可抗力因素造成的损失以及其他损失。

取得经营所得的个人，没有综合所得的，计算其每一纳税年度的应纳税所得额时，应当减除费用6万元、专项扣除、专项附加扣除以及依法确定的其他扣除。专项附加扣除在办理汇算清缴时减除。

（2）不能提供准确纳税资料、正确计算应纳税所得额的。从事生产、经营活动，未提供完整、准确的纳税资料，不能正确计算应纳税所得额的，由主管税务机关核定应纳税所得额或者应纳税额。

4. 应纳税额的计算

经营所得，应纳个人所得税额的计算公式：

应纳税额 = 应纳税所得额 × 税率 - 速算扣除数

例如：某个体工商业户 2018 年度经营及税务机关核定的相关资料如下：

①全年销售额 460000 元（不含增值税）；

②实际缴纳增值税 31000 元、城市维护建设税 2170 元、教育费附加 930 元、车船使用税 140 元、印花税 20 元；

③购进原材料成本 117600 元；

④企业管理费用 30000 元；

⑤业主每月的工资 2500 元，雇工 5 人每人每月工资 1600 元（当地税务部门规定雇工每人每月工资标准 1600 元）；

⑥购进低值易耗品 2000 元，一次摊销；

⑦各项固定资产计提折旧 6000 元；

⑧在经营中仓库被盗损失 10000 元，取得保险赔款 8000 元；

⑨年度中已预缴个人所得税额 23000 元。

计算该个体工商户，年终应补（退）个人所得税额。

计算如下：

①应纳税所得额 = 460000 - (2170 + 930 + 140 + 20) - 117600 - 30000 - (2500 + 1600 × 5) × 12 - 2000 - 6000 - (10000 - 8000)

= 460000 - 3260 - 117600 - 30000 - 126000 - 2000 - 6000 - 2000

= 173140（元）

②全年应纳个人所得税额 = 173140 × 20% - 10500 = 24128（元）

③年终应补个人所得税额 = 24128 - 23000 = 1128（元）

（三）利息、股息、红利所得，财产租赁所得，财产转让所得和偶然所得

1. 征税范围

（1）利息、股息、红利所得。利息、股息、红利所得是指个人拥有债权、股权等而取得的利息、股息、红利所得。

（2）财产租赁所得。财产租赁所得是指个人出租不动产、机器设备、车船以及其他财产取得的所得。

（3）财产转让所得。财产转让所得是指个人转让有价证券、股权、合伙企业中的财产份额、不动产、机器设备、车船以及其他财产取得的所得。

对股票转让所得征收个人所得税的办法，由国务院另行规定，并报全国人民代表大会常务委员会备案。

（4）偶然所得。偶然所得是指个人得奖、中奖、中彩以及其他偶然性质的所得。

2. 适用税率

利息、股息、红利所得，财产租赁所得，财产转让所得和偶然所得，适用比例税率，税率为 20%。

3. 应纳税所得额的计算

（1）利息、股息、红利所得。利息、股息、红利所得，以每次收入额为应纳税所得额。利息、股息、红利所得，以支付利息、股息、红利时取得的收入为一次。

利息、股息、红利所得，应纳税所得额的计算公式：

应纳税所得额＝每次收入额

（2）财产租赁所得。财产租赁所得，每次收入不超过4000元的，减除费用800元；4000元以上的，减除20%的费用，其余额为应纳税所得额。财产租赁所得，以一个月内取得的收入为一次。

财产租赁所得，应纳税所得额的计算公式：

1）每次收入不超过4000元的：

应纳税所得额＝每次收入额－800

2）每次收入超过4000元的：

应纳税所得额＝每次收入额×（1－20%）

（3）财产转让所得。财产转让所得，以转让财产的收入额减除财产原值和合理费用后的余额，为应纳税所得额。

财产转让所得，应纳税所得额的计算公式：

应纳税所得额＝每次收入额－财产原值－合理费用

1）财产原值，按照下列方法确定：

①有价证券，为买入价以及买入时按照规定交纳的有关费用；

②建筑物，为建造费或者购进价格以及其他有关费用；

③土地使用权，为取得土地使用权所支付的金额、开发土地的费用以及其他有关费用；

④机器设备、车船，为购进价格、运输费、安装费以及其他有关费用。

其他财产，参照前款规定的方法确定财产原值。

纳税人未提供完整、准确的财产原值凭证，不能按照本条第一款规定的方法确定财产原值的，由主管税务机关核定财产原值。

2）合理费用，是指卖出财产时按照规定支付的有关税费。

（4）偶然所得。偶然所得，以每次取得该项收入为一次。

偶然所得，应纳税所得额的计算公式：

应纳税所得额＝每次收入额

4. 应纳税额的计算

（1）利息、股息、红利所得。利息、股息、红利所得，应纳个人所得税额的计算。

应纳税额的计算公式：

应纳税额＝应纳税所得额（每次收入额）×税率（20%）

例如：某个人，一次取得利息收入2600元。计算其应纳的个人所得税额。

计算如下：

应纳税额＝2600×20%＝520（万元）

（2）财产租赁所得。财产租赁所得，应纳个人所得税额的计算。

应纳税额的计算公式：

应纳税额 = 应纳税所得额 × 20%

例如：某人，2019 年 7 月出租房子，取得 6000 元。计算其应纳个人所得税额。

计算如下：

应纳税所得额 = 6000 ×（1 − 20%）= 4800（元）

应纳税额 = 4800 × 20% = 960（元）

（3）财产转让所得。财产转让所得，应纳个人所得税额的计算。

应纳税额的计算公式：

应纳税额 = 应纳税所得额 × 20%

例如：某人，2019 年 9 月出售房子一套，取得 160 万元，经税务机关核定的房产原值为 90 万元，转让时交纳各种税费用（有凭证）共 8 万元。计算其应纳个人所得税额。

计算如下：

应纳税所得额 = 160 − 90 − 8 = 62（万元）

应纳税额 = 62 × 20% = 12.4（万元）

（4）偶然所得。偶然所得，应纳个人所得税额的计算。

应纳税额的计算公式：

应纳税额 = 应纳税所得额（每次收入额）× 20%

例如：某个人，一次中奖取得收入 9 万元。计算其应纳的个人所得税额。

计算如下：

应纳税额 = 9 × 20% = 1.8（万元）

四、个人所得税减免税

1. 免税

下列各项个人所得，免征个人所得税：

（1）省级人民政府、国务院部委和中国人民解放军军以上单位，以及外国组织、国际组织颁发的科学、教育、技术、文化、卫生、体育、环境保护等方面的奖金。

（2）国债和国家发行的金融债券利息。国债利息，是指个人持有中华人民共和国财政部发行的债券而取得的利息；所称国家发行的金融债券利息，是指个人持有经国务院批准发行的金融债券而取得的利息。

（3）按照国家统一规定发给的补贴、津贴。按照国家统一规定发给的补贴、津贴，是指按照国务院规定发给的政府特殊津贴、院士津贴，以及国务院规定免予缴纳个人所得税的其他补贴、津贴。

（4）福利费、抚恤金、救济金。福利费，是指根据国家有关规定，从企业、事业单位、国家机关、社会组织提留的福利费或者工会经费中支付给个人的生活补助费；所称救济金，是指各级人民政府民政部门支付给个人的生活困难补助费。

（5）保险赔款；

（6）军人的转业费、复员费、退役金。

（7）按照国家统一规定发给干部、职工的安家费、退职费、基本养老金或者退休费、离休费、离休生活补助费。

（8）依照有关法律规定应予免税的各国驻华使馆、领事馆的外交代表、领事官员和其他人员的所得；依照有关法律规定应予免税的各国驻华使馆、领事馆的外交代表、领事官员和其他人员的所得，是指依照《中华人民共和国外交特权与豁免条例》和《中华人民共和国领事特权与豁免条例》规定免税的所得。

（9）中国政府参加的国际公约、签订的协议中规定免税的所得。

（10）国务院规定的其他免税所得。本项免税规定，由国务院报全国人民代表大会常务委员会备案。

2. 减税

有下列情形之一的，可以减征个人所得税，具体幅度和期限，由省、自治区、直辖市人民政府规定，并报同级人民代表大会常务委员会备案：

（1）残疾、孤老人员和烈属的所得；

（2）因自然灾害遭受重大损失的。

国务院可以规定其他减税情形，报全国人民代表大会常务委员会备案。

3. 已纳税额抵免

居民个人从中国境外取得的所得，可以从其应纳税额中抵免已在境外缴纳的个人所得税税额，但抵免额不得超过该纳税人境外所得依照个人所得法规定计算的应纳税额。

（1）已在境外缴纳的个人所得税税额，是指居民个人来源于中国境外的所得，依照该所得来源国家（地区）的法律应当缴纳并且实际已经缴纳的所得税税额。

（2）纳税人境外所得依照个人所得法规定计算的应纳税额，是居民个人抵免已在境外缴纳的综合所得、经营所得以及其他所得的所得税税额的限额（以下简称抵免限额）。除国务院财政、税务主管部门另有规定外，来源于中国境外一个国家（地区）的综合所得抵免限额、经营所得抵免限额以及其他所得抵免限额之和，为来源于该国家（地区）所得的抵免限额。

居民个人在中国境外一个国家（地区）实际已经缴纳的个人所得税税额，低于依照前款规定计算出的来源于该国家（地区）所得的抵免限额的，应当在中国缴纳差额部分的税款；超过来源于该国家（地区）所得的抵免限额的，其超过部分不得在本纳税年度的应纳税额中抵免，但是可以在以后纳税年度来源于该国家（地区）所得的抵免限额的余额中补扣。补扣期限最长不得超过五年。

（3）居民个人申请抵免已在境外缴纳的个人所得税税额，应当提供境外税务机关出具的税款所属年度的有关纳税凭证。

五、个人所得税征收管理

个人所得税纳税的征收管理，按照《中华人民共和国个人所得税法》《个人所得税代扣代缴暂行办法》和《中华人民共和国税收征收管理法》的规定。个人所得税，以所得人为纳税义务人，以支付所得的单位或者个人为扣缴义务人。在两处以上取得工资、薪金所得和没有扣缴义务人的，纳税义务人应当自行申报纳税。

1. 居民个人取得综合所得

居民个人取得综合所得，按年计算个人所得税；有扣缴义务人的，由扣缴义务人按月或者按次预扣预缴税款；需要办理汇算清缴的，应当在取得所得的次年3月1日至6月30日内办理汇算清缴。预扣预缴办法由国务院税务主管部门制定。

居民个人向扣缴义务人提供专项附加扣除信息的，扣缴义务人按月预扣预缴税款时应当按照规定予以扣除，不得拒绝。

（1）取得综合所得需要办理汇算清缴。取得综合所得需要办理汇算清缴的情形包括：

1）从两处以上取得综合所得，且综合所得年收入额减除专项扣除的余额超过6万元；

2）取得劳务报酬所得、稿酬所得、特许权使用费所得中一项或者多项所得，且综合所得年收入额减除专项扣除的余额超过6万元；

3）纳税年度内预缴税额低于应纳税额；

4）纳税人申请退税。纳税人申请退税，应当提供其在中国境内开设的银行账户，并在汇算清缴地就地办理税款退库。

汇算清缴的具体办法由国务院税务主管部门制定。

（2）专项附加扣除。

1）居民个人取得工资、薪金所得时，可以向扣缴义务人提供专项附加扣除有关信息，由扣缴义务人扣缴税款时减除专项附加扣除。纳税人同时从两处以上取得工资、薪金所得，并由扣缴义务人减除专项附加扣除的，对同一专项附加扣除项目，在一个纳税年度内只能选择从一处取得的所得中减除。

2）居民个人取得劳务报酬所得、稿酬所得、特许权使用费所得，应当在汇算清缴时向税务机关提供有关信息，减除专项附加扣除。

3）纳税人、扣缴义务人应当按照规定保存与专项附加扣除相关的资料。税务机关可以对纳税人提供的专项附加扣除信息进行抽查，具体办法由国务院税务主管部门另行规定。税务机关发现纳税人提供虚假信息的，应当责令改正并通知扣缴义务人；情节严重的，有关部门应当依法予以处理，纳入信用信息系统并实施联合惩戒。

2. 非居民纳税人的4项所得

非居民个人取得工资、薪金所得，劳务报酬所得，稿酬所得和特许权使用费所得，有扣缴义务人的，由扣缴义务人按月或者按次代扣代缴税款，不办理汇算清缴。

3. 纳税人取得经营所得

纳税人取得经营所得，按年计算个人所得税，由纳税人在月度或者季度终了后15日内向税务机关报送纳税申报表，并预缴税款；在取得所得的次年3月31日前办理汇算清缴。

4. 纳税人取得利息、股息、红利所得，财产租赁所得，财产转让所得和偶然所得

纳税人取得利息、股息、红利所得，财产租赁所得，财产转让所得和偶然所得，按月或者按次计算个人所得税，有扣缴义务人的，由扣缴义务人按月或者按次代扣代缴税款。

5. 个人所得税以所得人为纳税人，以支付所得的单位或者个人为扣缴义务人

纳税人有中国公民身份号码的，以中国公民身份号码为纳税人识别号；纳税人没有中国公民身份号码的，由税务机关赋予其纳税人识别号。扣缴义务人扣缴税款时，纳税人应当向扣缴义务人提供纳税人识别号。

纳税人可以委托扣缴义务人或者其他单位和个人办理汇算清缴。

6. 纳税申报

有下列情形之一的，纳税人应当依法办理纳税申报：

（1）取得综合所得需要办理汇算清缴；

（2）取得应税所得没有扣缴义务人；

（3）取得应税所得，扣缴义务人未扣缴税款；

（4）取得境外所得；

（5）因移居境外注销中国户籍；

（6）非居民个人在中国境内从两处以上取得工资、薪金所得；

（7）国务院规定的其他情形。

扣缴义务人应当按照国家规定办理全员全额扣缴申报，并向纳税人提供其个人所得和已扣缴税款等信息。

全员全额扣缴申报，是指扣缴义务人在代扣税款的次月15日内，向主管税务机关报送其支付所得的所有个人的有关信息、支付所得数额、扣除事项和数额、扣缴税款的具体数额和总额以及其他相关涉税信息资料。

7. 纳税期限

（1）居民个人取得综合所得，按年计算个人所得税；有扣缴义务人的，由扣缴义务人按月或者按次预扣预缴税款；需要办理汇算清缴的，应当在取得所得的次年3月1日至6月30日内办理汇算清缴。预扣预缴办法由国务院税务主管部门制定。

（2）居民个人向扣缴义务人提供专项附加扣除信息的，扣缴义务人按月预扣预缴税款时应当按照规定予以扣除，不得拒绝。

（3）非居民个人取得工资、薪金所得，劳务报酬所得，稿酬所得和特许权使用费所得，有扣缴义务人的，由扣缴义务人按月或者按次代扣代缴税款，不办理汇算清缴。

（4）纳税人取得经营所得，按年计算个人所得税，由纳税人在月度或者季度终了后15日内向税务机关报送纳税申报表，并预缴税款；在取得所得的次年3月31日前办理汇算清缴。

（5）纳税人取得利息、股息、红利所得，财产租赁所得，财产转让所得和偶然所得，按月或者按次计算个人所得税，有扣缴义务人的，由扣缴义务人按月或者按次代扣代缴税款。

（6）纳税人取得应税所得没有扣缴义务人的，应当在取得所得的次月15日内向税务机关报送纳税申报表，并缴纳税款。纳税人取得应税所得，扣缴义务人未扣缴税款的，纳税人应当在取得所得的次年6月30日前，缴纳税款；税务机关通知限期缴纳的，纳税人应当按照期限缴纳税款。

（7）居民个人从中国境外取得所得的，应当在取得所得的次年3月1日至6月30日内申报纳税。非居民个人在中国境内从两处以上取得工资、薪金所得的，应当在取得所得的次月15日内申报纳税。纳税人因移居境外注销中国户籍的，应当在注销中国户籍前办理税款清算。

（8）扣缴义务人每月或者每次预扣、代扣的税款，应当在次月15日内缴入国库，并向税务机关报送扣缴个人所得税申报表。

纳税人办理汇算清缴退税或者扣缴义务人为纳税人办理汇算清缴退税的，税务机关审核后，按照国库管理的有关规定办理退税。

复习思考题

1. 基本概念

所得税　企业所得税　个人所得税

2. 问答题

（1）所得税有哪些主要特点？

（2）所得税的主要功能有哪些？

（3）企业所得税的纳税人包括哪些？

（4）企业所得税应税所得额如何确定？

（5）财务会计核算的“本年利润”与企业应税所得额是否相等？为什么？

（6）计算企业所得税应税所得额时不得扣除的项目有哪些？

（7）计算企业所得税应税所得额时捐赠支出如何计算扣除？

（8）个人所得税居民纳税人和非居民纳税人各自承担的纳税义务有什么不同？

（9）居民综合所得包括哪几个收入项目？

（10）为什么计算个人所得税时，偶然所得按照每次收入额征税？

3. 练习题

（1）某乡办工业企业，属于小型微利企业，2018 年全年收入总额为 96 万元，经核实的各项成本费用 81 万元，准予扣除的相关税金、附加费等 6.3 万元。计算该乡办企业全年应纳企业所得税额。

（2）某企业，2018 年度，企业会计利润 6000 万元。其中，工资总额 960 万元，职工福利费 134.4 万元，职工工会经费 19.2 万元，职工教育经费 14.4 万元；“营业外支出”中列支罚款 8 万元；“营业外收入”中列国债利息收入 6 万元。计算该企业该年应纳企业所得税额。

（3）某企业 2019 年度的应纳税所得额，假如是 260 万元，按照小型微利企业所得税优惠政策，计算其全年应纳企业所得税税额。

（4）某镇办商业企业，属于小型微利企业，2018 年度有关情况经查税务机关核实如下：

①产品销售收入 20 万元；

②其他收入 2.5 万元；

③销售成本、销售税金及附加 16.8 万元；

④有关费用、其他支出 3.2 万元；

⑤经审查企业多列支福利费 1.8 万元；

⑥企业在年内已预缴企业所得税 0.8 万元。

要求：①计算企业全年应纳企业所得税税额；

②计算企业年终汇算清缴应补（退）企业所得税额。

（5）某国有企业总工程师赵越平，在 2019 年 7 月，取得工资 12000 元（已扣除各种免税的补贴等），奖金3000元。计算赵总7月份应纳的个人所得税额。

（6）某个体工商户，2019年度的收入总额为15万元，经税务机关核定的成本、费用等准予扣除的项目金额为8.5万元。计算该个体工商户2019年应纳个人所得税额。

（7）某研究所研究员李某，2019年8月出版专著一次取得稿酬收入8700元。计算其应纳个人所得税额。

（8）某著名演员为某产品做广告，2019年7月一次收入162万元。计算其应纳个人所得税额。

（9）某个人，2019年6月一次取得银行存款利息收入3200元。计算其应纳的个人所得税额。

（10）某单位高级技工王立言，在2019年9月个人收入情况是：

①工资收入（已扣除免税项目）7600元；

②为一单位提供技术指导，取得劳务报酬所得58200元；

③主编的书籍出版取得未税稿酬6000元；

④一次取得上市公司股票的红利收入12000元，支付单位已扣税240元。

要求：计算该高工在该月各项个人所得应纳的个人所得税额。

4. 微型案例与讨论

个人所得税大有导致“杀贫济富”恶果的危险

在我国现行税制结构下，占税收收入绝大多数的流转税（商品税、营业税、关税等）不具有收入调节的功能，本应最具收入调节功能的财产税（房产、遗产、赠与税等）尚未征收，故调节收入分配的任务主要落在了个人所得税身上。但是统计表明，工薪阶层交纳的个人所得税，占到了国家个税总收入的80%，而占总收入或总消费份额超过50%的最富裕人口，交纳的个人所得税仅占国家个税总收入的20%。很显然，这种局面对中低收入者十分不利，个人所得税大有导致“杀贫济富”恶果的危险。

如果个人所得税税法修改，将免征额标准根据物价和社会发展情况进行调整，并允许各地区根据实际情况上下浮动30%，则可望在一定程度上减轻中低收入者的个人所得税负担；如果将分类所得税制改为综合分类所得税制，把私营企业主、中介机构合伙人、演员、律师、会计师、设计师等重点人群纳入综合纳税的范围，对重点人群的重点收入实行综合纳税，工薪阶层仍适用分类所得税制，则可能会减少税源流失。

根据上述资料，讨论并回答以下三个问题：

（1）你认为中国现行个人所得税的收入调节效能怎样？

（2）你认为我国个人所得税的免征额标准调整的依据是什么？

（3）如果将分类所得税制改为综合分类所得税制，会产生什么样的效果？

第八章 其他税制

学习目标

本章阐述其他税种的基础知识和主要税制内容。其他税制是我国税制体系的有机组成部分，起着配合主体税种调节社会经济的补充作用。按照现行分税制，其他税制中税种的税收收入基本上划给地方，所有基本上属于地方税范围，因此，在为地方筹集财政收入方面起着重要的作用。

目前主要包括资源税制（资源税、城镇土地使用税、耕地占用税和土地增值税）、财产税制（房产税、契税、车船税）和行为税制（城市维护建设税、教育费附加、印花税、车辆购置税、环境保护税、烟叶税）三部分。

通过本章学习，掌握其他税制的主要税制内容，了解其他税制相关税种的基础知识。

第一节 资源税制

一、资源税

（一）资源税概述

1. 资源税的定义

资源税是对在我国领域和我国管辖的其他海域开发应税资源的单位和个人，就其生产和开采的应税资源产品征收的一种税。

国务院于1993年12月13日发布《中华人民共和国资源税暂行条例》，财政部于1993年12月30日发布《中华人民共和国资源税暂行条例实施细则》，自1994年1月1日起施行。国务院于2011年9月21日通过《关于修改〈中华人民共和国资源税暂行条例〉的决定》，自2011年11月1日起施行。《中华人民共和国资源税暂行条例实施细则》经财政部部务会议和国家税务总局局务会议修订通过，自2011年11月1日起施行。2019年8月26日，第十三届全国人民代表大会常务委员会第十二次会议通过《中华人民共和国资源税法》。自2020年9月1日起施行。1993年国务院发布的《中华人民共和国资源税暂行条例》同时废止。

2．资源税的特点

我国资源税主要具有下列特点：

征税范围较小，实行一次课征，实行从价计征或者从量计征。

3．资源税的作用

资源税作用主要是调节资源产品的级差收入，保护国有资源，促进资源产品的合理开发和利用。

（二）资源税税制内容

1．征税范围

资源税的征税范围是在我国领域及管辖海域开采内开采的应税矿产品和生产的盐。

目前，征税的矿产品，包括能源矿产（包括原油、天然气、煤炭、地热等），金属矿产（包括黑色金属和有色金属），非金属矿产（包括矿物类、岩石类和宝玉石类），水气矿产（包括二氧化碳气等气体、矿泉水），盐（包括钠盐等、天然卤水和海盐）。

（1）能源矿产。能源矿产具体征税范围包括：

①原油，原矿。

②天然气、页岩气、天然气水合物，原矿。

③煤炭，原矿或者选矿。

④煤成（层）气，原矿。

⑤铀、钍，原矿。

⑥油页岩、油沙、天然沥青、石煤，原矿或者选矿。

⑦地热，原矿。

（2）金属矿产。金属矿产，征税范围包括黑色金属和有色金属。

①黑色金属。具体征税范围包括，铁、锰、铬、钒、钛，原矿或者选矿。

②有色金属。具体征税范围包括，铜、铅、锌、锡、镍、锑、镁、钴、铋、汞，原矿或者选矿；铝土矿，原矿或者选矿；钨，选矿；钼，选矿；金、银，原矿或者选矿；铂、钯、钌、锇、铱、铑，原矿或者选矿；轻稀土，选矿；中重稀土，选矿；铍、锂、锆、锶、铷、铯、铌、钽、锗、镓、铟、铊、铪、铼、镉、硒、碲，原矿或者选矿。

（3）非金属矿产。非金属矿产征税范围，包括矿物类和岩石类。

①矿物类。具体征税范围包括：高岭土，原矿或者选矿；石灰岩，原矿或者选矿；磷，原矿或者选矿；石墨，原矿或者选矿；萤石、硫铁矿、自然硫，原矿或者选矿；天然石英砂、脉石英、粉石英、水晶、工业用金刚石、冰洲石、蓝晶石、硅线石（矽线石）、长石、滑石、刚玉、菱镁矿、颜料矿物、天然碱、芒硝、钠硝石、明矾石、砷、硼、碘、溴、膨润土、硅藻土、陶瓷土、耐火黏土、铁矾土凹凸棒石黏土、海泡石黏土、伊利石黏土、累托石黏土，原矿或者选矿；叶蜡石、硅灰石、透辉石、珍珠石、云母、沸石、重晶石、毒重石、方解石、蛭石、透闪石、工业用电气石、白墨、石棉、蓝石棉、红柱石、石榴子石、石膏，原矿或者选矿；其他黏土（铸型用黏土、砖瓦用黏土、陶粒用黏土、水泥配料用黏土、水泥配料用红土、水泥配料用黄土、水泥配料用泥浆、保温材料用黏土），原矿或者选矿。

②岩石类。具体征税范围包括：大理岩、花岗岩、白云岩、石英岩、砂岩、辉绿岩、安山岩、闪长岩、板岩、玄武岩、片麻岩、角闪岩、页岩、浮石、凝灰岩、黑曜岩、霞石正长岩、蛇纹岩、麦饭石、泥灰岩、含钾岩石、含钾砂页岩、天然油石、橄榄岩、松脂岩、粗面岩、辉长岩、辉石岩、正长岩、火山灰、火山渣、泥炭，原矿或者选矿；砂石，原矿或者选矿。

③宝玉石类。具体征税范围包括：宝石、玉石、宝石级金刚石、玛瑙、黄玉、碧玺，原矿或者选矿。

（4）水气矿产。水气矿产征税范围，包括二氧化碳气等气体、矿泉水。

①二氧化碳气等气体。具体征税范围包括：二氧化碳气、硫化氢气、氦气、氡气，原矿。

②矿泉水。具体征税范围包括：矿泉水，原矿。

（5）盐。盐征税范围，包括钠盐等、天然卤水和海盐。

①钠盐等。具体征税范围包括：钠盐、钾盐、镁盐、锂盐，选矿。

②天然卤水。具体征税范围包括：天然卤水，原矿。

③海盐。具体征税范围包括：海盐。

纳税人开采或者生产应税产品自用的，应当依照资源税法规定缴纳资源税；但是，自用于连续生产应税产品的，不缴纳资源税。

2. 纳税人

资源税的纳税人是在我国境内开采应税矿产品或者生产盐的单位和个人。单位是指国有企业、集体企业、私营企业、股份制企业、其他企业和行政单位、事业单位、军事单位、社会团体及其他单位。个人是指个体工商户及其他有经营行为的个人。独立矿山、联合企业和其他收购未税矿产品的单位，为资源税的扣缴义务人。

纳税人的特殊情况：

（1）中外合作开采陆上、海上石油资源的企业依法缴纳资源税。2011 年 11 月 1 日前已依法订立中外合作开采陆上、海上石油资源合同的，在该合同有效期内，继续依照国家有关规定缴纳矿区使用费，不缴纳资源税；合同期满后，依法缴纳资源税。

（2）国务院根据国民经济和社会发展需要，依照本法的原则，对取用地表水或者地下水的单位和个人试点征收水资源税。征收水资源税的，停止征收水资源费。水资源税根据当地水资源状况、取用水类型和经济发展等情况实行差别税率。水资源税试点实施办法由国务院规定，报全国人民代表大会常务委员会备案。国务院自本法施行之日起 5 年内，就征收水资源税试点情况向全国人民代表大会常务委员会报告，并及时提出修改法律的建议。

3. 税目税率

资源税法规定了能源矿产、金属矿产、非金属矿产、水气矿产以及盐 5 个税目，各税目实行比例税率和定额税率。资源税具体税目税率见表 8－1 资源税税目税率表。

4. 减免税

（1）有下列情形之一的，免征资源税：

①开采原油以及在油田范围内运输原油过程中用于加热的原油、天然气；

②煤炭开采企业因安全生产需要抽采的煤成（层）气。

表8－1　　资源税税目税率表

<table>
<tr><th colspan="3">税　目</th><th>征税对象</th><th>税　率</th></tr>
<tr><td rowspan="7">能源矿产</td><td colspan="2">原油</td><td>原矿</td><td>6%</td></tr>
<tr><td colspan="2">天然气、页岩气、天然气水合物</td><td>原矿</td><td>6%</td></tr>
<tr><td colspan="2">煤炭</td><td>原矿或者选矿</td><td>2%—10%</td></tr>
<tr><td colspan="2">煤成（层）气</td><td>原矿</td><td>1%—2%</td></tr>
<tr><td colspan="2">铀、钍</td><td>原矿</td><td>4%</td></tr>
<tr><td colspan="2">油页岩、油沙、天然沥青、石煤</td><td>原矿或者选矿</td><td>1%—4%</td></tr>
<tr><td colspan="2">地热</td><td>原矿</td><td>1%—20%或者每立方米1—30元</td></tr>
<tr><td rowspan="11">金属矿产</td><td>黑色金属</td><td>铁、锰、铬、钒、钛</td><td>原矿或者选矿</td><td>1%—9%</td></tr>
<tr><td rowspan="10">有色金属</td><td>铜、铅、锌、锡、镍、锑、镁、钴、铋、汞</td><td>原矿或者选矿</td><td>2%—10%</td></tr>
<tr><td>铝土矿</td><td>原矿或者选矿</td><td>2%—9%</td></tr>
<tr><td>钨</td><td>选矿</td><td>6.5%</td></tr>
<tr><td>钼</td><td>选矿</td><td>8%</td></tr>
<tr><td>金、银</td><td>原矿或者选矿</td><td>2%—6%</td></tr>
<tr><td>铂、钯、钌、锇、铱、铑</td><td>原矿或者选矿</td><td>5%—10%</td></tr>
<tr><td>轻稀土</td><td>选矿</td><td>7%—12%</td></tr>
<tr><td>中重稀土</td><td>选矿</td><td>20%</td></tr>
<tr><td>铍、锂、锆、锶、铷、铯、铌、钽、锗、镓、铟、铊、铪、铼、镉、硒、碲</td><td>原矿或者选矿</td><td>2%—10%</td></tr>
<tr><td rowspan="7">非金属矿产</td><td rowspan="7">矿物类</td><td>高岭土</td><td>原矿或者选矿</td><td>1%—6%</td></tr>
<tr><td>石灰岩</td><td>原矿或者选矿</td><td>1%—6%或者每吨（每立方米）1—10元</td></tr>
<tr><td>磷</td><td>原矿或者选矿</td><td>3%—8%</td></tr>
<tr><td>石墨</td><td>原矿或者选矿</td><td>3%—12%</td></tr>
<tr><td>萤石、硫铁矿、自然硫</td><td>原矿或者选矿</td><td>1%—8%</td></tr>
<tr><td>天然石英砂、脉石英、粉石英、水晶、工业用金刚石、冰洲石、蓝晶石、硅线石（矽线石）、长石、滑石、刚玉、菱镁矿、颜料矿物、天然碱、芒硝、钠硝石、明矾石、砷、硼、碘、溴、膨润土、硅藻土、陶瓷土、耐火黏土、铁矾土凹凸棒石黏土、海泡石黏土、伊利石黏土、累托石黏土</td><td>原矿或者选矿</td><td>1%—12%</td></tr>
<tr><td>叶蜡石、硅灰石、透辉石、珍珠石、云母、沸石、重晶石、毒重石、方解石、蛭石、透闪石、工业用电气石、白墨、石棉、蓝石棉、红柱石、石榴子石、石膏</td><td>原矿或者选矿</td><td>2%—12%</td></tr>
</table>

续表

税目			征税对象	税率
非金属矿产	矿物类	其他黏土（铸型用黏土、砖瓦用黏土、陶粒用黏土、水泥配料用黏土、水泥配料用红土、水泥配料用黄土、水泥配料用泥浆、保温材料用黏土）	原矿或者选矿	1%—5%或者每吨（或者每立方米）0.1—5元
	岩石类	大理岩、花岗岩、白云岩、石英岩、砂岩、辉绿岩、安山岩、闪长岩、板岩、玄武岩、片麻岩、角闪岩、页岩、浮石、凝灰岩、黑曜岩、霞石正长岩、蛇纹岩、麦饭石、泥灰岩、含钾岩石、含钾砂页岩、天然油石、橄榄岩、松脂岩、粗面岩、辉长岩、辉石岩、正长岩、火山灰、火山渣、泥炭	原矿或者选矿	1%—10%
		砂石	原矿或者选矿	1%—5%或者每吨（或者每立方米）0.1—5元
	宝玉石类	宝石、玉石、宝石级金刚石、玛瑙、黄玉、碧玺	原矿或者选矿	4%—20%
水气矿产	二氧化碳气、硫化氢气、氦气、氡气		原矿	2%—5%
	矿泉水		原矿	1%—20%或者每吨（或者每立方米）1—30元
盐	钠盐、钾盐、镁盐、锂盐		选矿	3%—15%
	天然卤水		原矿	3%—15%或者每吨（或者每立方米）1—10元
	海盐			2%—5%

注1：《税目税率表》中规定实行幅度税率的，其具体适用税率由省、自治区、直辖市人民政府统筹考虑该应税资源的品位、开采条件以及对生态环境的影响等情况，在《税目税率表》规定的税率幅度内提出，报同级人民代表大会常务委员会决定，并报全国人民代表大会常务委员会和国务院备案。《税目税率表》中规定征税对象为原矿或者选矿的，应当分别确定具体适用税率。

注2：纳税人开采或者生产不同税目应税产品的，应当分别核算不同税目应税产品的销售额或者销售数量；未分别核算或者不能准确提供不同税目应税产品的销售额或者销售数量的，从高适用税率。

（2）有下列情形之一的，减征资源税：

①从低丰度油气田开采的原油、天然气，减征20%资源税；

②高含硫天然气、三次采油和从深水油气田开采的原油、天然气，减征30%资源税；

③稠油、高凝油减征40%资源税；

④从衰竭期矿山开采的矿产品，减征30%资源税。

根据国民经济和社会发展需要，国务院对有利于促进资源节约集约利用、保护环境等情形可以规定免征或者减征资源税，报全国人民代表大会常务委员会备案。

（3）有下列情形之一的，省、自治区、直辖市可以决定免征或者减征资源税：

①纳税人开采或者生产应税产品过程中，因意外事故或者自然灾害等原因遭受重大损失；

②纳税人开采共伴生矿、低品位矿、尾矿。

以上规定的免征或者减征资源税的具体办法，由省、自治区、直辖市人民政府提出，报同级人民代表大会常务委员会决定，并报全国人民代表大会常务委员会和国务院备案。

纳税人的免税、减税项目，应当单独核算销售额或者销售数量；未单独核算或者不能准确提供销售额或者销售数量的，不予免税或者减税。

5. 计税

资源税按照《税目税率表》实行从价计征或者从量计征。

《税目税率表》中规定可以选择实行从价计征或者从量计征的，具体计征方式由省、自治区、直辖市人民政府提出，报同级人民代表大会常务委员会决定，并报全国人民代表大会常务委员会和国务院备案。

实行从价计征的，应纳税额按照应税资源产品（以下称应税产品）的销售额乘以具体适用税率计算。实行从量计征的，应纳税额按照应税产品的销售数量乘以具体适用税率计算。

应税产品为矿产品的，包括原矿和选矿产品。

6. 征收方法

资源税由税务机关依照资源税法和《中华人民共和国税收征收管理法》的规定征收管理。

税务机关与自然资源等相关部门应当建立工作配合机制，加强资源税征收管理。

7. 纳税义务的发生时间

纳税人销售应税产品，纳税义务发生时间为收讫销售款或者取得索取销售款凭据的当日；自用应税产品的，纳税义务发生时间为移送应税产品的当日。

8. 纳税地点

纳税人应当向应税产品开采地或者生产地的税务机关申报缴纳资源税。

9. 纳税期限

资源税按月或者按季申报缴纳；不能按固定期限计算缴纳的，可以按次申报缴纳。

纳税人按月或者按季申报缴纳的，应当自月度或者季度终了之日起15日内，向税务机关办理纳税申报并缴纳税款；按次申报缴纳的，应当自纳税义务发生之日起15日内，向税务机关办理纳税申报并缴纳税款。

二、城镇土地使用税

（一）城镇土地使用税概述

1. 城镇土地使用税的定义

城镇土地使用税是对在我国境内的城市、县城、建制镇和工矿区使用土地的单位和个人，就其使用的土地面积征收的一种税。

《中华人民共和国城镇土地使用税暂行条例》于1988年9月27日中华人民共和国国务院令第17号发布，根据2006年12月31日《国务院关于修改〈中华人民共和国城镇土地使用税暂行条例〉的决定》第一次修订，根据2011年1月8日《国务院关于废止和修改部分行政法规的决定》第二次修订，根据2013年12月7日《国务院关于修改部分行政法规的决定》第三次修订。

2. 城镇土地使用税的作用

征收城镇土地使用税，对合理利用城镇土地，调节土地级差收入，提高土地使用效益，加强土地管理有重要作用。

（二）城镇土地使用税税制内容

1. 征税范围

城镇土地使用税的征税范围是在我国境内的城市、县城、建制镇、工矿区范围内使用的土地。具体范围为：

（1）城市是指经国务院批准设立的市，其征税范围包括市区和郊区；

（2）县城是指县人民政府所在地，其征税范围为县人民政府所在地的城镇；

（3）建制镇是指经省、自治区、直辖市人民政府批准的建制镇，其征税范围为镇人民政府所在地的地区，不包括镇政府所在地的所辖行政村；

（4）工矿区是指工商业比较发达，人口比较集中，符合国务院规定的建制标准，但尚未设立建制镇的大中型工矿企业所在地，工矿区的设立必须经省、自治区、直辖市人民政府批准。城市、县城、建制镇和工矿区的征税范围，由省、自治区、直辖市人民政府划定。

2. 纳税人

城镇土地使用税的纳税人是在我国境内的城市、县城、建制镇、工矿区范围内使用土地的单位和个人。包括国有企业、集体企业、私营企业、股份制企业、外商投资企业、外国企业以及其他企业和事业单位、社会团体、国家机关、军队以及其他单位；所称个人，包括个体工商户以及其他个人。

具体纳税人规定如下：

（1）土地使用税，由拥有使用权的单位和个人缴纳；

（2）拥有土地使用权的纳税人，不在所在地的，由代管人或实际使用人缴纳；

（3）土地使用权未确定或权属纠纷未解决的，由实际使用人纳税；

（4）使用权共有的，由共有各方分别纳税。

3. 计税依据

城镇土地使用税的计税依据是纳税人实际占用的土地面积。纳税人实际占用的土地面积，是指由省、自治区、直辖市人民政府确定的单位组织测定的土地面积。

新征用的耕地，自批准征用之日起满1年时开始缴纳土地使用税；征用非耕地，自批准征用次月起缴纳土地使用税。

4. 税率

城镇土地使用税实行定额税率，按每平方米土地规定年税额。土地使用税每平方米年税额规定，具体规定见表8－2城镇土地使用税税率表。

表8-2 城镇土地使用税税率表

土地所在地区	人口（人）	幅度税额（元）
大城市	50万以上	1.5—30
中等城市	20万—50万	1.2—24
小城市	20万以下	0.9—18
县城、建制镇、工矿区		0.6—12

注：上述大、中、小城市以公安部门登记在册的非农业正式户口人数为依据确定。

按照国务院颁发的《城市规划条例》规定，其标准为：市区及郊区非农业人口在50万以上的称为大城市；市区及郊区非农业人口在20万—50万人的称为中等城市；市区及郊区非农业人口在20万人以下的称为小城市。省、自治区、直辖市人民政府，应当在上述规定的税额幅度内，根据市政建设状况、经济繁荣程度等条件，确定所辖区的适用税额幅度。

市、县人民政府应当根据实际情况，将本地区划分为若干等级，在省、自治区、直辖市人民政府确定的幅度范围内，制定相应的适用税额标准，报省、自治区、直辖市人民政府批准执行。经省、自治区、直辖市人民政府批准，经济落后地区土地使用税的适用税额标准可以适当降低，但降低额不得超过国务院规定税额的30%。经济发达地区土地使用税的适用税额标准可以适当提高，但需报经财政部批准。

5. 减免税

（1）免征城镇土地使用税的有：

①国家机关、人民团体、军队自用的土地；

②由国家财政部拨付事业经费的单位自用的土地；

③宗教寺庙、公园、名胜古迹自用的土地；

④市政街道、广场、绿化地带等公共用地；

⑤直接用于农、林、牧、渔业的生产用地；

⑥其他土地。

（2）下列几项用地是否征税，由省、自治区、直辖市税务机关确定：

①个人所有的居住房屋及院落用地；

②房产管理部门在房租调整改革前经租的居民住房用地；

③免税单位职工家属的宿舍用地；

④民政部门举办的安置残疾人占一定比例的福利工厂用地；

⑤集体和个人办的学校、医院、托儿所、幼儿园用地。

（3）对困难和临时性的减免。

①除上述规定外纳税人缴纳土地使用税确有困难需要定期减免的，由省、自治区、直辖市税务机关审批，但年减免税额达到或超过10万元的，要报经财政部、国家税务局批准；

②对遭受自然灾害需要减免税的企业和单位，省、自治区、直辖市税务局，可根据受灾情况，给予临时性的减税或免税照顾。

6. 应纳税额计算

城镇土地使用税，按纳税人占用的应税土地面积和规定的每平方米年税额计算应纳税额，其计算公式如下：

年度应纳税额＝计税土地面积（平方米）×适用税额

7. 征收方法和纳税期限

（1）城镇土地使用税，实行按年计算、分期缴纳的征收方法。城镇土地使用税收入纳入财政预算管理。

（2）城镇土地使用税的纳税期限，由省、自治区、直辖市人民政府确定。各省、自治区、直辖市可结合具体情况，一般分别确定按月、季或半年等不同期限缴纳税款。

8. 纳税地点

城镇土地使用税，由土地所在地的税务机关征收。

土地管理机关应当向土地所在地的税务机关提供土地使用权属资料。纳税人使用的土地不属于同一省（自治区、直辖市）管辖范围的，应由纳税人分别向土地所在地的税务机关缴纳城镇土地使用税；在同一省（自治区、直辖市）管辖范围内，纳税人跨地区使用的土地，其纳税地点由省、自治区、直辖市税务机关确定。

三、耕地占用税

（一）耕地占用税概述

1. 耕地占用税的定义

耕地占用税是对在我国境内占用耕地建设建筑物、构筑物或者从事非农业建设的单位和个人，就其占用的耕地面积征收的一种税。

2018 年 12 月 29 日第十三届全国人民代表大会常务委员会第七次会议通过《中华人民共和国耕地占用税法》，自 2019 年 9 月 1 日起施行。2007 年 12 月 1 日国务院公布的《中华人民共和国耕地占用税暂行条例》同时废止。为贯彻落实《中华人民共和国耕地占用税法》，财政部、税务总局、自然资源部、农业农村部、生态环境部制定了《中华人民共和国耕地占用税法实施办法》，自 2019 年 9 月 1 日起施行。

2. 耕地占用税的作用

征收耕地占用税，其作用主要是，合理利用土地资源，加强土地管理，保护耕地。

（二）耕地占用税税制内容

1. 征税范围

耕地占用税的征税范围，是在我国境内建设建筑物、构筑物或者从事非农业建设占用的耕地。占用耕地建设农田水利设施的，不缴纳耕地占用税。

耕地，是指用于种植农作物的土地，是国家和集体所有的用于种植农作物的土地（包括菜地、园地），以及占用前 3 年内曾用于种植农作物的土地。耕地包括新开荒地、休闲地、轮歇地、草地轮作地和以种植农作物为主，间有零星果树、桑树或者其他树木的土地。具体征税范围包括：

（1）种植粮食作物、经济作物的土地（包括粮田、棉田、烟田等）；

（2）菜地；

（3）园地（包括苗圃、花圃、茶园、果园、桑园和其他种植经济林木的土地）；

（4）鱼塘；

（5）其他农用土地。

占用已开发从事种植、养殖的滩涂、草场、水面和林地等从事非农业建设是否征税，由省、自治区、直辖市本着有利于保护农用土地资源和保护生态平衡的原则，结合具体情况加以确定。山东省规定，对已开发的从事种植、养殖的滩涂、草场、水面、林地以及盐场、晒场也视同耕地。

纳税人因建设项目施工或者地质勘查临时占用耕地，应当依照耕地占用税法的规定缴纳耕地占用税。纳税人在批准临时占用耕地期满之日起一年内依法复垦，恢复种植条件的，全额退还已经缴纳的耕地占用税。

占用园地、林地、草地、农田水利用地、养殖水面、渔业水域滩涂以及其他农用地建设建筑物、构筑物或者从事非农业建设的，依照耕地占用税法的规定缴纳耕地占用税。

占用前款规定的农用地的，适用税额可以适当低于本地区按照耕地占用税法第四条第二款确定的适用税额，但降低的部分不得超过50%。具体适用税额由省、自治区、直辖市人民政府提出，报同级人民代表大会常务委员会决定，并报全国人民代表大会常务委员会和国务院备案。

占用本条第一款规定的农用地建设直接为农业生产服务的生产设施的，不缴纳耕地占用税。

2. 纳税人

在我国境内占用耕地建设建筑物、构筑物或者从事非农业建设的单位和个人，为耕地占用税的纳税人。

单位包括国有企业、集体企业、私营企业、股份制企业、外商投资企业、外国企业以及其他企业和事业单位、社会团体、国家机关、部队以及其他单位；个人包括个体工商户以及其他个人。

3. 税率和减免税

（1）耕地占用税实行定额税率。根据地区人均耕地面积，规定占用每平方米耕地的幅度税额。地区，是指以县、自治县、不设区的市、市辖区为单位。

税率分4个档次，具体税率见表8－3耕地占用税税率表。

表8－3　耕地占用税税率表

级别	人均耕地标准（以县级行政区域为单位）	税额幅度	计税单位
1	人均耕地不超过1亩的地区	10—50元	每平方米
2	人均耕地超过1亩但不超过2亩的地区	8—40元	每平方米
3	人均耕地超过2亩但不超过3亩的地区	6—30元	每平方米
4	人均耕地超过3亩的地区	5—25元	每平方米

各地区耕地占用税的适用税额，由省、自治区、直辖市人民政府根据人均耕地面积和经济发展等情况，在前款规定的税额幅度内提出，报同级人民代表大会常务委员会决定，并报全国人民代表大会常务委员会和国务院备案。各省、自治区、直辖市耕地占用税适用税额的平均水平，不得低于本法所附《各省、自治区、直辖市耕地占用税平均税额表》

规定的平均税额。

表 8-4　　各省、自治区、直辖市耕地占用税平均税额表

地区	每平方米平均税额（元）
上海	45
北京	40
天津	35
江苏、浙江、福建、广东	30
辽宁、湖北、湖南	25
河北、安徽、江西、山东、河南、重庆、四川	22.5
广西、海南、贵州、云南、陕西	20
山西、吉林、黑龙江	17.5
内蒙古、西藏、甘肃、青海、宁夏、新疆	12.5

各地适用税额，由省、自治区、直辖市人民政府在本条第一款规定的税额幅度内，根据本地区情况核定。各省、自治区、直辖市人民政府核定的适用税额的平均水平，不得低于规定的平均税额。

（2）适当加征。

①在人均耕地低于零点五亩的地区，省、自治区、直辖市可以根据当地经济发展情况，适当提高耕地占用税的适用税额，但提高的部分不得超过耕地占用税法第四条第二款确定的适用税额的50%。具体适用税额按照耕地占用税法第四条第二款规定的程序确定。

②占用基本农田的，应当按照耕地占用税法第四条第二款或者第五条确定的当地适用税额，加按150%征收。

（3）减免税。

①军事设施、学校、幼儿园、社会福利机构、医疗机构占用耕地，免征耕地占用税。

②铁路线路、公路线路、飞机场跑道、停机坪、港口、航道、水利工程占用耕地，减按每平方米2元的税额征收耕地占用税。

③农村居民在规定用地标准以内占用耕地新建自用住宅，按照当地适用税额减半征收耕地占用税；其中农村居民经批准搬迁，新建自用住宅占用耕地不超过原宅基地面积的部分，免征耕地占用税。

农村烈士遗属、因公牺牲军人遗属、残疾军人以及符合农村最低生活保障条件的农村居民，在规定用地标准以内新建自用住宅，免征耕地占用税。

根据国民经济和社会发展的需要，国务院可以规定免征或者减征耕地占用税的其他情形，报全国人民代表大会常务委员会备案。

依照规定免征或者减征耕地占用税后，纳税人改变原占地用途，不再属于免征或者减征耕地占用税情形的，应当按照当地适用税额补缴耕地占用税。

4. 计税依据

耕地占用税以纳税人实际占用的耕地面积为计税依据。

耕地占用税的计税依据是纳税人实际建房或非农业建设占用的耕地面积（平方米数）。对于实际占用耕地超过批准占用耕地面积，批准占用非耕地而实际占用耕地，以及

未经批准而自行占用耕地的，经调查核实后，由税务机关按照实际占用耕地面积，依法征收耕地占用税，并由土地管理部门按有关规定处理。耕地占用税的计税依据规定的计量单位为平方米，而在实际工作中，审批用地常用市亩为计量单位，所以在计算耕地占用税时，需要将市亩换算成平方米，然后乘以税率计算应纳税额。换算的公式为：1市亩=666.67平方米。

5. 应纳税额计算

耕地占用税应纳税额的计算公式为：

应纳耕地占用税=纳税人实际占用的耕地面积（平方米）×适用税额

6. 征收管理

（1）耕地占用税由地方税务机关负责征收。

（2）征收方法和纳税环节。

①耕地占用税以纳税人实际占用的耕地面积为计税依据，按照规定的适用税额一次性征收。

②自然资源主管部门凭耕地占用税完税凭证或者免税凭证和其他有关文件发放建设用地批准书。

③税务机关应当与相关部门建立耕地占用税涉税信息共享机制和工作配合机制。县级以上地方人民政府自然资源、农业农村、水利等相关部门应当定期向税务机关提供农用地转用、临时占地等信息，协助税务机关加强耕地占用税征收管理。

④税务机关发现纳税人的纳税申报数据资料异常或者纳税人未按照规定期限申报纳税的，可以提请相关部门进行复核，相关部门应当自收到税务机关复核申请之日起30日内向税务机关出具复核意见。

（3）纳税期限。耕地占用税的纳税义务发生时间为纳税人收到自然资源主管部门办理占用耕地手续的书面通知的当日。纳税人应当自纳税义务发生之日起30日内申报缴纳耕地占用税。

四、土地增值税

（一）土地增值税概述

1. 土地增值税的定义

土地增值税是对在我国境内转让土地使用权、地上建筑物及其附着物的单位和个人，就其土地增值额征收的一种税。

国务院于1993年12月13日发布《中华人民共和国土地增值税暂行条例》，自1994年1月1起施行。财政部于1995年1月27日发布《中华人民共和国土地增值税暂行条例实施细则》，自发布之日起施行。

2. 土地增值税的作用

征收土地增值税，可以运用税收杠杆，规范土地、房地产市场交易秩序；合理调节土地增值收益，维护国家权益；为国家组织财政收入。

（二）土地增值税税制内容

1. 征税范围

土地增值税的征税范围是在我国境内转让国有土地使用权、地上建筑物及其附着物。地上建筑物是指建于土地上的一切建筑物，包括地上、地下的各种附属设施；附着物是指附着于该土地上的不能移动，一经移动即遭损坏的物品。具体征税范围包括以下两个方面：转让国有土地使用权；有偿转让房地产。

2. 纳税人

土地增值税的纳税人是在我国境内转让国有土地使用权、地上建筑物及其附着物并取得收入的单位和个人。外商投资企业、外国企业及外国驻华机构，以及外国公民、华侨、港澳同胞等，均应按规定缴纳土地增值税，是纳税人的组成部分。

3. 计税依据

土地增值税的计税依据是纳税人转让房地产所取得的增值额。即纳税人转让房地产所取得的收入额减除按规定扣除项目金额后的余额。土地增值额的计算公式为：

土地增值额 = 收入总额 − 扣除项目金额

（1）收入总额。纳税人转让房地产所取得的收入，包括货币收入、实物收入其他收入。

（2）扣除项目金额。按照土地增值税的有关规定，扣除项目主要包括以下各项：

①取得土地使用权所支付的金额；

②开发土地的成本、费用；

③新建房屋及配套设施的成本、费用；

④旧房及建筑物的评估价格；

⑤与转让房地产有关的税金；

⑥财政部规定的其他扣除项目。

根据土地增值税的规定，对从事房地产开发的纳税人，可按以上①、②项规定计算的金额之和（即取得土地使用权所支付的金额和开发土地和新建房及配套设施的成本两项规定计算的金额之和），加计20%的扣除。

4. 税率

土地增值税实行四级超率累进税率，档次为30%—60%。具体税率见表8－5土地增值税税率表。

表8－5　　土地增值税税率表

级次	土地增值额占扣除项目金额的%	税率（%）	速算扣除率（%）
1	50%以下的部分	30	0
2	超过50%，未超过100%部分	40	5
3	超过100%，未超过200%的部分	50	15
4	超过200%以上的部分	60	35

5. 减免税

下列情形免征土地增值税：

（1）纳税人建造普通标准住宅出售，增值额未超过扣除项目金额20%的；

（2）因国家建设需要依法征用、收回的房地产。

6. 应纳税额的计算

（1）基本计算法。是按每级土地增值额和适用税率分别计算应纳税额，然后将各级税额相加为纳税人的应纳税额。计算公式为：

①该级增值额应纳税额 = 该级增值额 × 相应的该级税率

②应纳税额 = 各级应纳税额之和

（2）速算法。是一种用比较简便的计算税额的方法。其计算公式为：

应纳土地增值税税额 = 全部土地增值额 × 增值额所达到的最高 - 级的税率 - 扣除项目金额 × 速算扣除率

例如：某房地产开发公司，2012年8月，销售房地产收入500万元，经税务机关核定的扣除项目金额为200万元，计算该房地产开发公司应纳土地增值税额。

计算如下：

A. 基本计算法

①土地增值额 = 500 - 200 = 300（万元）

②土地增值额占扣除项目金额的比例为 =（300 ÷ 200）× 100% = 150%

③应纳税额：

第一级土地增值额应纳税额 =（200 × 50%）× 30% = 30（万元）

第二级土地增值额应纳税额 = [200 ×（100% —50%）] × 40% = 100 × 40%
= 40（万元）

第三级土地增值额应纳税额 = [200 ×（150% —100%）] × 50% = 100 × 50%
= 50（万元）

应纳税额 = 30 + 40 + 50 = 120（万元）

B. 速算法

①土地增值额 = 500 - 200 = 300（万元）

②土地增值额占扣除项目金额的比例为 = 300 ÷ 200 × 100% = 150%

③应纳税额 = 300 × 50% —200 × 15% = 150 - 30 = 120（万元）

该房地产开发公司8月应纳土地增值税额为120万元。

（3）纳税人有下列情形之一的，按照房地产评估价格计算征收：

①隐瞒、虚报房地产成交价格的；

②提供扣除项目金额不实的；

③转让房地产的价格低于房地产评估价格，又无正当理由的。

7. 纳税期限和地点

纳税人应当自转让房地产合同签订之日起7日内向房地产所在地主管税务机关办理纳税申报，并在税务机关核定的期限内缴纳土地增值税。纳税人转让房地产坐落在两个或两个以上地区的，应按房地产所在地分别申报纳税。

8. 征收方法

土地增值税，由税务机关征收。土地管理部门、房产管理部门应当向税务机关提供有关资料，并协助税务机关依法征收土地增值税。

第二节 财产税制

一、房产税

（一）房产税概述

1. 房产税的定义

房产税是对在我中境内的城市、县城、建制镇和工矿区内拥有房产的单位和个人，就其房产征收的一种税。

1986年9月15日，国务院发布新的房产税暂行条例，自1986年10月1日起施行。2008年12月31日国务院第546号令发布：1951年8月8日政务院公布的《城市房地产税暂行条例》自2009年1月1日起废止，自2009年1月1日起，外商投资企业、外国企业和组织以及外籍个人，依照《中华人民共和国房产税暂行条例》缴纳房产税。

2. 房产税的作用

房产税的征收，对于加强房产的管理，调节房产所有者的收入，组织地方财政收入，建立和完善税收体系有着重要的意义。

（二）房产税税制内容

1. 征税范围

房产税的征税范围是在城市、县城、建制镇和工矿区内拥有的房产。

（1）城市是指国务院批准设立的市；

（2）县城是指县人民政府所在地的地区；

（3）建制镇是指经省、市、自治区、人民政府批准设立的建制镇；

（4）工矿区是指工商业比较发达、人口比较集中、符合国务院规定的建镇制标准而尚未设立建制镇的大中型工矿企业所在地。但对工矿区的开征须经省、市、自治区人民政府批准。

2. 纳税人

房产税的纳税人是房屋产权的所有人。具体包括产权所有人、经营管理单位、承典人、房产代管人或者使用人，为房产税的纳税人。产权人、业主或房东，是指拥有房产的单位和个人，即房产的使用、收益、出卖、赠送等权利归其所有。

（1）产权属于全民所有的，由经营管理的单位缴纳。经营管理单位是指虽不具有房屋产权但拥有其经营管理权的人。

（2）产权出典的，由承典人缴纳。承典人。是指以押金形式并付出一定费用，在一定的期限内享有典当房产使用权、收益权的人。

（3）产权所有人、承典人不在房产所在地的，或者产权未确定及租典纠纷未解决的，由房产代管人或者使用人缴纳。代管人和使用人。代管人是接受产权人、承典人的委托代为管理房产或虽未受委托而在事实上已代管房产的人；使用人是直接使用房产的人。

3. 计税依据

房产税的计税依据有两种情况：

（1）房产税依照房产原值一次减除10%至30%后的余值计算缴纳。例如，山东省规定的减除比例为30%。没有房产原值作为依据的，由房产所在地税务机关参考同类房产核定。

（2）房产出租的，以房产租金收入为房产税的计税依据。

4. 税率

房产税根据计税依据的不同，有两种税率：

（1）依照房产余值计算缴纳的，税率为1.2%；

（2）依照房产租金收入计算缴纳的，税率为12%。

个人按市场价格出租的居民住房，暂减按4%的税率。

5. 应纳税额计算

房产税的应纳税额计算公式如下：

年度应纳税额＝计税依据×适用税率

6. 减免税

下列房产免征房产税：

（1）国家机关、人民团体、军队自用的房产；

（2）由国家财政部门拨付事业经费的单位自用的房产；

（3）宗教寺庙、公园、名胜古迹自用的房产；

（4）个人所有非营业用的房产；

（5）高校后勤实体，免征房产税。

（6）非营利性医疗、疾病控制和妇幼保健等卫生机构自用的房产，免征房产税。

（7）经财政部批准免税的其他房产；

（8）除上述规定外，纳税人纳税确有困难的，可由省、自治区、直辖市人民政府确定，定期减免房产税。

7. 征收方法和纳税期限

房产税实行按年征收、分期缴纳的征收方法。纳税期限由省、自治区、直辖市人政府规定。

8. 纳税地点

房产税由房产所在地的税务机关征收。

二、契税

（一）契税概述

1. 契税的定义

契税是对在我国境内土地、房屋权属转移承受的单位和个人，按照当事人所立契约就其金额征收的一种税。

1950年3月31日，政务院颁布《契税暂行条例》，并于同年实施。1997年7月7日，国务院发布《中华人民共和国契税暂行条例》。1997年10月28日，财政部发布《中华人民共和国契税暂行条例细则》，自1997年10月1日起施行。

2. 契税的作用

征收契税，其主要作用有是运用税收杠杆，加强土地、房屋权属转移的管理；保护土地使用权、房屋所有权的合法产权；为地方政府组织财政收入。

（二）契税税制内容

1. 征税范围

契税的征税范围是在我国境内转移土地、房屋权属。转移土地、房屋权属是指下列行为：

（1）国有土地使用权出让；

（2）土地使用权转让；

（3）房屋买卖；

（4）房屋赠与；

（5）房屋交换；

（6）征税对象的特殊情况，下列行为也应征收契税：

①以土地、房屋权属作价投资、入股；

②以土地、房屋权属抵债；

③以获奖方式承受土地、房屋权属；

④以预购方式或预付集资建房款方式承受土地、房屋权属。

2. 纳税人

契税的纳税人是指土地、房屋权属转移的承受单位和个人。土地使用权交换、房屋交换，交换价格不等的，由多交付货币、实物、无形资产或者其他经济利益的一方缴纳契税税款。

“土地、房屋权属”是指土地使用权和房屋所有权；“单位”是指企业单位、事业单位、国家机关、军事单位和社会团体以及其他组织；“个人”是指个体经营者及其他个人，包括中国公民和外籍人员。

3. 税率和减免税

（1）契税实行比例税率，其税率为3%—5%。契税的适用税率，由省、自治区、直辖市人民政府在上述规定的幅度内，按照本地区的实际情况确定，并报财政部和国家税务总局备案。例如，山东省规定的税率为3%。

（2）有下列情形之一的，减征或免征契税。

①国家机关、事业单位、社会团体、军事单位承受土地、房屋用于办公、教学、医疗、科研和军事设施的，免征契税；

②城镇职工按规定第一次购买公用住房的，免征契税；

③因不可抗力丧失住房重新购买住房的，酌情准予减征或者免征契税；

④土地使用权交换、房屋交换，交换价格相等的，免征契税；

⑤债权人承受依法关闭、破产企业抵债的土地、房屋权属，免征契税；

⑥依法继承土地、房屋权属，免征契税；

⑦经国务院批准实施债权转股权的企业，对债权转股权后新设立的公司承受原企业的土地房屋权属，免征契税；

⑧债权人承受依法关闭、破产企业抵债的土地、房屋权属，免征契税。非债权人承受依法关闭、破产企业的土地、房屋权属，凡妥善安置原企业30%以上职工的，减半征收契税，全部安置原企业职工的，免征契税。

⑨财政部规定的其他减征、免征契税的项目。

4. 计税依据

契税的计税依据是计税金额。根据具体情况分别确定为：

（1）国有土地使用权出让、土地使用权出售、房屋买卖，计税依据为成交价格；

（2）土地使用权赠与、房屋赠与，计税价格为由征收机关参照土地使用权出售、房屋买卖的市场价格核定；

（3）土地使用权交换、房屋交换，计税依据为所交换的土地使用权、房屋的价格的差额；

（4）成交价格明显低于市场价格并无正当理由的，或者所交换土地使用权、房屋的价格的差额明显不合理并且无正当理由的，由征收机关参照市场价格核定；

（5）以划拨方式取得土地使用权的，经批准转让房地产时，应由房地产转让者补缴契税。其计税依据为补缴的土地使用权出让费用或者土地收益。

5. 应纳税额计算

应纳税额的计算公式为：

应纳税额＝计税依据×税率

6. 征收管理

（1）契税征收机关为土地、房屋所在地的财政机关或者地方税务机关。可以委托有关单位代征契税，具体征收机关由省、自治区、直辖市人民政府确定。

（2）契税纳税义务的发生时间，为签订土地、房屋权属转移合同的当天，或者纳税人取得其他具有土地、房屋权属转移合同性质凭证的当天。

（3）纳税人应当自纳税义务发生之日起10日内，向土地、房屋所在地的契税征收机关办理纳税申报，并在契税征收机关核定的期限内缴纳税款。

三、车船税

（一）车船税概述

1. 车船税的定义

车船税是对在我国境内拥有并且使用车船的单位和个人，就其车船征收的一种税。

2006年12月29日国务院第482号令发布《中华人民共和国车船税暂行条例》，自2007年1月1日起施行。《中华人民共和国车船税法》已由中华人民共和国第十一届全国人民代表大会常务委员会第十九次会议于2011年2月25日通过，自2012年1月1日起施行。根据2019年4月23日第十三届全国人民代表大会常务委员会第十次会议《关于修改〈中华人民共和国建筑法〉等八部法律的决定》修正。

《中华人民共和国车船税法实施条例》于2011年11月23日国务院第182次常务会议通过，自2012年1月1日起施行。

2. 车船税的作用

征收车船使用税，运用税收杠杆，加强对车船的管理，提高车船的使用效率，调节收入，为地方政府组织财政收入等方面具有作用。

（二）车船税税制内容

1. 征税范围

车船税的征税范围，是在我国境内属于车船税税法所附《车船税税目税额表》规定的车辆、船舶。包括：

（1）依法应当在车船登记管理部门登记的机动车辆和船舶；

（2）依法不需要在车船登记管理部门登记的在单位内部场所行驶或者作业的机动车辆和船舶。

车船税的征税范围，具体包括车辆和船舶两类：

1）车辆是指乘用车〔按发动机汽缸容量（排气量）分档〕、商用车客车、商用车货车、挂车、其他车辆专用作业车、其他车辆轮式专用机械车、摩托车。

①乘用车是指在设计和技术特性上主要用于载运乘客及随身行李，核定载客人数包括驾驶员在内不超过9人的汽车。

②商用车是指除乘用车外，在设计和技术特性上用于载运乘客、货物的汽车，划分为客车和货车。

③半挂牵引车是指装备有特殊装置用于牵引半挂车的商用车。

④三轮汽车是指最高设计车速不超过每小时50公里，具有三个车轮的货车。

⑤低速载货汽车是指以柴油机为动力，最高设计车速不超过每小时70公里，具有四个车轮的货车。

⑥挂车是指就其设计和技术特性需由汽车或者拖拉机牵引，才能正常使用的一种无动力的道路车辆。

⑦专用作业车是指在其设计和技术特性上用于特殊工作的车辆。

⑧轮式专用机械车是指有特殊结构和专门功能，装有橡胶车轮可以自行行驶，最高设计车速大于每小时20公里的轮式工程机械车。

⑨摩托车是指无论采用何种驱动方式，最高设计车速大于每小时50公里，或者使用内燃机，其排量大于50毫升的两轮或者三轮车辆。

2）船舶包括机动船舶和游艇。

①船舶是指各类机动、非机动船舶以及其他水上移动装置，但是船舶上装备的救生艇筏和长度小于5米的艇筏除外。

机动船舶是指用机器推进的船舶；拖船是指专门用于拖（推）动运输船舶的专业作业船舶；非机动驳船，是指在船舶登记管理部门登记为驳船的非机动船舶。

②游艇是指具备内置机械推进动力装置，长度在90米以下，主要用于游览观光、休闲娱乐、水上体育运动等活动，并应当具有船舶检验证书和适航证书的船舶。

2. 纳税人

在我国境内属于车船税税法所附《车船税税目税额表》规定的车辆、船舶（以下简称车船）的所有人或者管理人，为车船税的纳税人

3. 计税依据和税目税率

（1）车船税的计税依据。车船税的计税依据是车船的辆、吨、船船的净吨位、米（艇身长度）。车船税的具体计税标准包括排气量、整备质量、核定载客人数、净吨位、千瓦、艇身长度。

车船税法和条例所涉及的排气量、整备质量、核定载客人数、净吨位、千瓦、艇身长度，以车船登记管理部门核发的车船登记证书或者行驶证所载数据为准。依法不需要办理登记的车船和依法应当登记而未办理登记或者不能提供车船登记证书、行驶证的车船，以车船出厂合格证明或者进口凭证标注的技术参数、数据为准；不能提供车船出厂合格证明或者进口凭证的，由主管税务机关参照国家相关标准核定，没有国家相关标准的参照同类车船核定。

（2）车船税的税目税率。车船税的税目分为乘用车〔按发动机汽缸容量（排气量）分档〕、商用车客车、商用车货车、挂车、其他车辆专用作业车、其他车辆轮式专用机械车、摩托车、船舶和游艇9个，均实行定额税率。具体税目税率见表8-6。

表8-6　车船税税目税额表

税目	计税单位		年基准税额	备注
乘用车〔按发动机汽缸容量（排气量）分档〕	1.0升（含）以下的	每辆	60—360元	核定载客人数9人（含）以下
	1.0升以上至1.6升（含）的		300—540元	
	1.6升以上至2.0升（含）的		360—660元	
	2.0升以上至2.5升（含）的		660—1200元	
	2.5升以上至3.0升（含）的		1200—2400元	
	3.0升以上至4.0升（含）的		2400—3600元	
	4.0升以上的		3600—5400元	
商用车客车		每辆	480—1440元	核定载客人数9人以上，包括电车
商用车货车	整备质量	每吨	16—120元	包括半挂牵引车、三轮汽车和低速载货汽车等
挂车	整备质量	每吨	按照货车税额的50%计算	

续表

税目	计税单位		年基准税额	备注
其他车辆专用作业车	整备质量	每吨	16—120 元	不包括拖拉机
其他车辆轮式专用机械车	整备质量	每吨	16—120 元	不包括拖拉机
摩托车		每辆	36—180 元	
机动船舶	净吨位	每吨	3—6 元	拖船、非机动驳船分别按照机动船舶税额的50%计算
游艇	艇身长度	每米	600—2000 元	
汽车的整备质量是指汽车按出厂技术条件装备完整（如备胎、工具等安装齐备），各种油水添满后的重量。				

注：（1）上述为《中华人民共和国车船税法》所附《车船税税目税额表》。

（2）车辆的具体适用税额由省、自治区、直辖市人民政府依照本法所附《车船税税目税额表》规定的税额幅度和国务院的规定确定。

（3）船舶的具体适用税额由国务院在车船税税法所附《车船税税目税额表》规定的税额幅度内确定。

1）车辆具体税额确定的原则。车船税条例规定，省、自治区、直辖市人民政府根据车船税法所附《车船税税目税额表》确定车辆具体适用税额，应当遵循以下原则：

①乘用车依排气量从小到大递增税额；

②客车按照核定载客人数 20 人以下和 20 人（含）以上两档划分，递增税额。

省、自治区、直辖市人民政府确定的车辆具体适用税额，应当报国务院备案。

2）机动船舶具体适用税额。车船税条例规定，机动船舶具体适用税额为：

①净吨位不超过 200 吨的，每吨 3 元；

②净吨位超过 200 吨但不超过 2000 吨的，每吨 4 元；

③净吨位超过 2000 吨但不超过 10000 吨的，每吨 5 元；

④净吨位超过 10000 吨的，每吨 6 元。

拖船按照发动机功率每 1 千瓦折合净吨位 0.67 吨计算征收车船税。

3）游艇具体适用税额。车船税条例规定，游艇具体适用税额为：

①艇身长度不超过 10 米的，每米 600 元；

②艇身长度超过 10 米但不超过 18 米的，每米 900 元；

③艇身长度超过 18 米但不超过 30 米的，每米 1300 元；

④艇身长度超过 30 米的，每米 2000 元；

⑤辅助动力帆艇，每米 600 元。

4. 应纳税额计算

车船税的应纳税额计算公式如下：

年度应纳税额 = 计税车船辆（吨位）数 × 单位适用税额

5. 减免税

（1）下列车船免征车船税：

①捕捞、养殖渔船。捕捞、养殖渔船，是指在渔业船舶登记管理部门登记为捕捞船或者养殖船的船舶。

②军队、武装警察部队专用的车船。军队、武装警察部队专用的车船，是指按照规定在军队、武装警察部队车船登记管理部门登记，并领取军队、武警牌照的车船。

③警用车船。警用车船，是指公安机关、国家安全机关、监狱、劳动教养管理机关和人民法院、人民检察院领取警用牌照的车辆和执行警务的专用船舶。

④悬挂应急救援专用号牌的国家综合性消防救援车辆和国家综合性消防救援专用船舶。

⑤依照法律规定应当予以免税的外国驻华使领馆、国际组织驻华代表机构及其有关人员的车船。

⑥节约能源、使用新能源的车船可以免征或者减半征收车船税。

免征或者减半征收车船税的车船的范围，由国务院财政、税务主管部门商国务院有关部门制订，报国务院批准。

⑦对受地震、洪涝等严重自然灾害影响纳税困难以及其他特殊原因确需减免税的车船，可以在一定期限内减征或者免征车船税。具体减免期限和数额由省、自治区、直辖市人民政府确定，报国务院备案。

⑧省、自治区、直辖市人民政府根据当地实际情况，可以对公共交通车船，农村居民拥有并主要在农村地区使用的摩托车、三轮汽车和低速载货汽车定期减征或者免征车船税。

6. 征收管理

（1）车船税的征收管理，依照《中华人民共和国税收征收管理法》和《中华人民共和国车船税法》的规定执行。车船税由地方税务机关负责征收。

（2）从事机动车第三者责任强制保险业务的保险机构为机动车车船税的扣缴义务人，应当在收取保险费时依法代收车船税，并出具代收税款凭证。

（3）车船税的纳税地点为车船的登记地或者车船税扣缴义务人所在地。依法不需要办理登记的车船，车船税的纳税地点为车船的所有人或者管理人所在地。

（4）车船税纳税义务发生时间为取得车船所有权或者管理权的当月。

已缴纳车船税的车船在同一纳税年度内办理转让过户的，不另纳税，也不退税。

（5）车船税按年申报，分月计算，一次性缴纳。纳税年度为公历1月1日至12月31日。具体申报纳税期限由省、自治区、直辖市人民政府规定。

（6）公安、交通运输、农业、渔业等车船登记管理部门、船舶检验机构和车船税扣缴义务人的行业主管部门应当在提供车船有关信息等方面，协助税务机关加强车船税的征收管理。

第三节　行为税制

一、城市维护建设税

（一）城市维护建设税概述

1. 城市维护建设税的定义

城市维护建设税是对在我国境内缴纳增值税和消费税的单位和个人，就其实际缴纳的增值税、消费税税额征收的一种税，简称城建税。

1985 年 2 月 8 日，国务院发布《中华人民共和国城市维护建设税暂行条例》，自 1985 年 1 月 1 日起施行。

2. 城市维护建设税的作用

通过征收城市维护建设税，集中必要资金，用于城镇的维护和建设，改善城镇居民的生活环境，促进城市的维护和发展。

（二）城市维护建设税税制内容

1. 纳税人

城市维护建设税的纳税人为在我国境内缴纳增值税、消费税的单位和个人。

2010 年 10 月 18 日，国务院发布了《国务院关于统一内外资企业和个人城市维护建设税和教育费附加制度的通知》（国发〔2010〕35 号），决定对外商投资企业、外国企业及外籍个人征收城市维护建设税和教育费附加。

2. 征税范围

城市维护建设税的征税范围目前为城市、县城、建制镇及其他地区单位和个人缴纳的增值税、消费税和营业税。

3. 税率

城市维护建设税，实行地区差别比例税率。按照纳税人所在地区的不同，分别规定相应的税率。具体税率为：

（1）纳税人所在地在市区的，税率为 7%。

（2）纳税人所在地在县城、建制镇的，税率为 5%。

（3）纳税人所在地不在市区、县城或建制镇的，税率为 1%。

城市市区、县城和建制镇的具体范围，应严格按照现行行政区划的确定标准执行。县级市，按照城市市区的税率执行。一般纳税人，应按照其所在地，确定适用的税率。

下列特殊情况，城市维护建设税的税率有特殊规定：

①受托方代征代缴增值税、消费税的纳税人，应按被代征代缴增值税、消费税所在地税率；

②流动经营无固定纳税地点的纳税人，就其征税地适用的税率征收城市维护建设税；

③铁道部门应纳城市维护建设税的税率，特案规定为 5%。

4. 计税依据

城市维护建设税的计税依据为纳税人实际缴纳的增值税和消费税税额。其增值税、消费税税额，不包括加收的滞纳金、罚款等。

5. 减免税

城市维护建设税的减免税主要有以下几项：

（1）纳税人进口货物和应税消费品，由海关代征增值税、消费税时，不征收城市维护建设税。

（2）自 1994 年起，对三峡建设基金，免征城市维护建设税。

对出口产品退还增值税、消费税的，不退还已纳的城市维护建设税。

6. 其他有关税制内容

城市维护建设税的征收、管理、纳税环节、违章处理等事项，比照增值税、消费税和营业税有关规定办理。

7. 纳税地点

城市维护建设税一般在纳税人缴纳增值税、消费税和营业税的纳税地点缴纳。但有一些特殊情况，财政部和国家税务总局作了特殊规定：

（1）代扣、代收代缴增值税、消费税的单位，同时在其所在地代扣、代收代缴城市维护建设税。

（2）跨省油田和管道局的纳税地点：

①跨省开采的石油，下属生产单位与核算单位不在一个省内的，其生产的原油，在油井所在地缴纳增值税。应纳的税款，由核算单位按照各油井的产量和规定的税率计算划拨。各油井应纳的城市维护建设税，应由核算单位计算，随同增值税一并汇拨油井所在地，由油井在缴纳增值税的同时，一并缴纳城市维护建设税。

②管道局的纳税地点。由于管道局输油部分的收入应缴纳增值税，由取得收入的各管理局在所在地缴纳增值税，其缴的城市维护建设税，由取得收入的各管理局在其所在地缴纳。

（3）由于各银行的增值税，由取得收入的核算单位在当地缴纳，即县和设区的市，由县支行或区办事处纳税，县以上各级银行直接经营业务取得的收入，由各级银行分别在所在地纳税，因此所属营业税而缴纳的城市维护建设税，也应由县支行或区办事处在其所在地纳税。人民银行、工商银行、农业银行、中国银行、建设银行等银行总行和人民保险总公司等单位，应直接向国家税务总局缴纳城市维护建设税。

（4）为了照顾发、供电企业所在地的经济利益，对电力企业生产的电力产品应缴纳的增值税，采取了在发、供电环节分别预征，由省电力公司统一汇总清算的方法。对实行独立核算的集资电厂和非电力公司所属的其他电力公司销售的电力，以及电力公司之间互供电力，仍按增值税的统一规定执行。因此，电力企业城市维护建设税的征收办法，也应比照上述办法执行，即纳税地点与增值税纳税地点一致。

8. 计算

城市维护建设税的应纳税额的计算公式为：

应纳税额 = 实际缴纳的增值税、消费税税额 × 税率

例如：某一在市区的企业，2019年7月，实际缴纳的增值税税额730000元，消费税税额230000元。计算该企业7月份应纳城市维护建设税税额。（注：城市维护建设税税率为7%）

计算如下：

（730000 + 230000）× 7% = 67200（元）

二、教育费附加

（一）教育费附加概述

1. 教育费附加的定义

教育费附加是对在我国境内缴纳增值税、消费税的单位和个人，就其实际缴纳的增值税、消费税税额征收的一种费。教育费附加由税务机关征收。

国务院于 1986 年 4 月 28 日，发布了《征收教育费附加的暂行规定》，自同年的 7 月 1 日起施行。

2. 教育费附加的作用

征收教育费附加的作用主要是集中必要资金，发展教育事业，改善办学条件，增加教育设施，提高教育事业的发展速度等。

（二）教育费附加的内容

1. 纳费人

教育费附加的纳费人是在我国境内缴纳增值税、消费税的单位和个人。

2. 计征依据

教育费附加的计征依据是缴费人实际缴纳的增值税、消费税税额。

3. 征收率

教育费附加的征收率为 3%。

4. 减征

卷烟生产企业，减半征收。

5. 其他有关规定

教育费附加的其他规定同城市维护建设税。

6. 计算

应纳教育费附加额的计算公式如下：

应纳教育费附加额 = 实际缴纳的增值税、消费税税额 × 征收率

例如：某一在市区的企业，2019 年 7 月，实际缴纳的增值税税额 730000 元，消费税税额 230000 元。计算该企业 7 月份应纳教育费附加额。（注：教育费附加征收率为 3%）

计算如下：

(730000 + 230000) × 3% = 28800（元）

三、印花税

（一）印花税概述

1. 印花税的定义

印花税是对在我国境内书立、领受应税凭证的单位和个人，就其应税凭证征收的一种

税。印花税，是世界上普遍征收的一种税。

我国曾于1912年开征印花税，1950年12月，政务院公布了《印花税暂行条件》，1958年税制改革时，将印花税并入了工商统一税。国务院于1988年8月6日，发布《中华人民共和国印花税暂行条例》，同年9月29日，财政部发布了《中华人民共和国印花税暂行条例实施细则》，自1988年10月1日起施行。

2. 印花税的特点

目前，我国印花税主要具有下列特点：

（1）征税面广；

（2）税负轻，处罚重；

（3）纳税人自行计算贴花。

3. 印花税的作用

主要有以下几方面：

（1）配合其他经济部门加强凭证的管理，促进社会主义市场经济规范化发展；

（2）积累财政资金，增加财政收入；

（3）遵循国际惯例，维护我国经济权益。

（二）印花税的税制内容

1. 征税范围

印花税的征税范围是在我国境内书立、领受的应税凭证。具体包括：

（1）合同或具有合同性质的凭证；

（2）产权转移书据；

（3）营业账簿；

（4）权利、许可证照；

（5）经财政部确定征税的其他凭证。

2. 纳税人

印花税的纳税人是在我国境内书立、领受应税凭证的单位和个人。包括国内各类企业、事业、机关、团体、部队及中外合资企业、中外合作企业、外商独资企业、外国公司和其他经济组织及其在华机构等单位和个人。几种情况的具体纳税人如下：

（1）各类合同的纳税人，是立合同人；

（2）营业账簿的纳税人，是立账簿人；

（3）产权转移书据的纳税人，是立据人；

（4）权利许可证照的纳税人，是领受人。

3. 税目税率和计税依据

（1）按应税凭证的性质，印花税设置了13个税目，实行比例税率和定额税率两种税率。

（2）印花税的计税依据。纳税人根据应税凭证的性质，分别按所载金额和比例税率或者按件定额计算应纳税额，即印花税的计税依据有金额和实物件数两种。具体税目税率（税额）见表8－7印花税税目税率表。

表 8－7　　印花税税目税率表

税　目	征　税　范　围	税　率	纳税人	说　明
1. 购销合同	包括供应、预购、采购、购销结合及协作、调剂补偿、易货等合同	按购销金额万分之三贴花	立合同人	
2. 加工承揽合同	包括加工、写作、修缮、修理、印刷、广告、测绘、测试等合同	按加工或承揽收入万分之五贴花	立合同人	
3. 建设工程勘察设计合同	包括勘察、设计合同	按收取费用万分之五贴花	立合同人	
4. 建筑安装工程承包合同	包括建筑、安装工程承包合同	按承包金额万分之三贴花	立合同人	
5. 财产租赁合同	包括租赁房屋、船舶、飞机、机动车辆、机械、器具、设备等	按租赁金额千分之一贴花	立合同人	税额不足一元的按一元贴花
6. 货物运输合同	包括民用航空、铁路运输、海上运输、内河运输、公路运输和联运合同	按运输费用万分之五贴花	立合同人	单据作为合同使用的按合同贴花
7. 仓储保管合同	包括仓储、保管合同	按仓储保管费用千分之一贴花	立合同人	仓单或栈单作为合同使用的，按合同贴花
8. 借款合同	银行及其他金融组织和借款人（不包括银行同业拆借）所签定的借款合同	按借款金额万分之零点五贴花	立合同人	单据作为合同使用的，按合同贴花
9. 财产保险合同	包括财产、责任、保证、信用等保险合同	按保险费收入千分之一贴花	立合同人	单据作为合同使用的，按合同贴花
10. 技术合同	包括技术开发、转让、咨询服务等合同	按所载金额万分之三贴花	立合同人	
11. 产权转移书据	包括财产所有权和版权、商标专用权、专利权、专有技术使用权等转移书据	按所载金额万分之五贴花	立据人	
12. 营业账簿	生产、经营用账册	记载资金的账簿，按实收资本和资本公积的合计金额万分之五贴花；其他账簿，按件贴花五元	立账簿人	
13. 权利、许可证照	包括政府部门发给的房屋产权证、工商营业执照、商标注册证、专利证、土地使用证	按件贴花五元	领授人	

4. 减免税

下列凭证免征印花税：

（1）已缴纳印花税的凭证的副本或者抄本；

（2）财产所有人将财产赠给政府、社会福利单位、学校所立的书据；

（3）国家指定收购部门与村民委员会、农民个人书立的农副产品收购合同，免征印花税；

（4）外国政府或者国际金融组织向我国政府及国家金融机构提供优惠贷款所立的合同，免征印花税；

（5）有关部门根据国家政策需要发放的无息、贴息贷款合同，免征印花税；

（6）经财政部批准免税的其他凭证。

从2008年9月19日起，证券（股票）交易印花税实行单向征税。买卖、继承、赠与所书立的A股、B股股权转让书据按1‰税率，对买卖、继承、赠与所书立的A股、B股股权转让书据的出让方征收印花税，对受让方不再征收。

5. 计算

（1）实行比例税率的，计算公式为：

应纳税额＝计税金额×适用税率

（2）实行定额税率的，计算公式为：

应纳税额＝应税凭证件数×每件税额（5元）

6. 征收方法

（1）印花税，实行由纳税人根据规定自行计算应纳税额，购买并一次贴足印花税票（简称贴花）的缴纳方法。为简化贴花手续，应纳税额较大（超过500元的）或者贴花次数频繁的，纳税人可向税务机关提出申报，采取以缴款书代替贴花或者按期汇总缴纳的办法。印花税票应当粘贴在应纳税凭证上，并由纳税人在每枚税票的骑缝处盖戳注销或者划销。同一凭证，由两方或者两方以上当事人签订并各执一份的，应当由各方就所执的一份各自全额贴花。

（2）印花税由税务机关负责征收管理。

（3）印花税票由国家税务总局监制。票面金额以人民币为单位。已贴用的印花税票不得重用。

7. 纳税期限

印花税的规定，应税凭证应当于书立或者领受时贴花。具体如下：

（1）在国内书立或领受有凭证，应在书立或领受时贴花。

①合同在签订时贴花；

②产权转移书据在立据时贴花；

③营业账簿在启用时贴花；

④权利、许可证照在领用时贴花。

（2）在国外签订的合同，在我国境内履行的应在使用时贴花。

8. 处罚规定

印花税的纳税人有下列行为之一的，由税务机关根据情节轻重，予以罚款：

（1）在应税凭证上未贴或者少贴印花税票的，税务机关除责令其补贴印花税票外，可处以应补贴印花税票金额3倍至5倍的罚款；

（2）纳税人已粘贴在应税凭证印花税票，未注销或画销的，税务机关可处以未注销或者画销印花票金额1倍至3倍的罚款；

（3）纳税人将已贴用的印花税票揭下重用的，税务机关可处以重用印花税票金额5倍或者2000元以上10000元以下的罚款；

（4）伪造印花税票的，由税务机关提请司法机关依法追究刑事责任。

四、车辆购置税

（一）车辆购置税概述

1. 车辆购置税的定义

车辆购置税是在中国境内购置汽车、有轨电车、汽车挂车、排气量超过150毫升的摩托车的单位和个人，就其计税价格征收的一种税。

2018年12月29日第十三届全国人民代表大会常务委员会第七次会议通过，自2019年7月1日起施行。2000年10月22日国务院公布的《中华人民共和国车辆购置税暂行条例》同时废止。

2. 车辆购置税的特点

（1）征收范围是应税车辆，课税对象单一。

（2）实行一次课征制度。

（3）征税目的性强。

（4）实行价外税，税负无法转移。

3. 车辆购置税的作用

（1）集中必要资金，促进交通基础设施建设。

（2）调节收入分配，缓解社会分配不公的矛盾。

（3）规范税费征收，建立健全税收制度。

（二）车辆购置税税制内容

1. 征税范围

车辆购置税的征收范围，是指汽车、摩托车、电车、挂车、农用运输车。具体如下：

（1）汽车。包括各类汽车。

（2）摩托车。包括轻便摩托车、二轮摩托车、三轮摩托车。轻便摩托车是指最高设计时速不大于50km/h，发动机汽缸总排量不大于$50cm^3$的两个或三个车轮的机动车；二轮摩托车是指最高设计时速大于50km/h，或发动机汽缸总排量大于$50cm^3$的两个车轮的机动车；三轮摩托车是指最高设计时速大于50km/h，或发动机汽缸总排量大于$50cm^3$空车质量不大于400kg的三个车轮的机动车。

（3）电车。包括无轨电车和有轨电车。无轨电车是指以电能为动力，由专用输电电缆线供电的轮式公共车辆；有轨电车是指以电能为动力，在轨道上行驶的公共车辆。

（4）挂车。包括全挂车和半挂车。全挂车是指无动力设备独立承载，由牵引车牵引行驶的车辆；半挂车是指无动力设备，与牵引车共同承载，由牵引车辆牵引行驶的车辆。

（5）农用运输车。包括三轮和四轮农用运输车。三轮农用运输车是指柴油发动机，功率不大于7.4kw、载重量不大于500kg、最高时速不大于40km/H的三个车轮的机动车；四轮农用运输车是指柴油发动机，功率不大于28kw、载重量不大于1500kg、最高车速不大于50km/h的四个车轮的机动车。

2. 纳税人

车辆购置税的纳税人，是在我国境内购置应税车辆的单位和个人。纳税人中的单位包括企业、事业单位、社会团体、国家机关、部队和其他单位；纳税人中的个人包括个体工商户以及其他个人。购置，是指以购买、进口、自产、受赠、获奖或者其他方式取得并自用应税车辆的行为。

3. 税率

车辆购置税，实行10%比例税率。车辆购置税税率的调整，由国务院决定并公布。

4. 减免税

下列免征车辆购置税：

（1）依照法律规定应当予以免税的外国驻华使馆、领事馆和国际组织驻华机构及其有关人员自用的车辆；

（2）中国人民解放军和中国人民武装警察部队列入装备订货计划的车辆；

（3）悬挂应急救援专用号牌的国家综合性消防救援车辆；

（4）设有固定装置的非运输专用作业车辆；

（5）城市公交企业购置的公共汽电车辆。

根据国民经济和社会发展的需要，国务院可以规定减征或者其他免征车辆购置税的情形，报全国人民代表大会常务委员会备案。

免税、减税车辆因转让、改变用途等原因不再属于免税、减税范围的，纳税人应当在办理车辆转移登记或者变更登记前缴纳车辆购置税。计税价格以免税、减税车辆初次办理纳税申报时确定的计税价格为基准，每满一年扣减10%。

5. 应纳税额计算

（1）计税依据。

①纳税人购买自用应税车辆的计税价格，为纳税人实际支付给销售者的全部价款，不包括增值税税款。

②纳税人进口自用应税车辆的计税价格，为关税完税价格加上关税和消费税。

计税价格的计算公式为：

组成计税价格＝关税完税价格＋关税＋消费税

或：组成计税价格＝关税完税价格×（1＋关税税率）÷（1－消费税税率）

③纳税人自产自用应税车辆的计税价格，按照纳税人生产的同类应税车辆的销售价格确定，不包括增值税税款。

④纳税人以受赠、获奖或者其他方式取得自用应税车辆的计税价格，按照购置应税车辆时相关凭证载明的价格确定，不包括增值税税款。

纳税人申报的应税车辆计税价格明显偏低，又无正当理由的，由税务机关依照《中华人民共和国税收征收管理法》的规定核定其应纳税额。

纳税人以外汇结算应税车辆价款的，按照申报纳税之日的人民币汇率中间价折合成人民币计算缴纳税款。

（2）税额的计算。车辆购置税税额的计算公式为：

应纳税额 = 计税价格 × 税率

6. 征收管理

（1）征收方法和纳税期限。

①车辆购置税由税务机关负责征收。

②车辆购置税实行一次性征收。购置已征车辆购置税的车辆，不再征收车辆购置税。

③车辆购置税的纳税义务发生时间为纳税人购置应税车辆的当日。纳税人应当自纳税义务发生之日起60日内申报缴纳车辆购置税。

（2）纳税地点。

①纳税人购置应税车辆，应当向车辆登记地的主管税务机关申报缴纳车辆购置税；购置不需要办理车辆登记的应税车辆的，应当向纳税人所在地的主管税务机关申报缴纳车辆购置税。纳税人应当在向公安机关交通管理部门办理车辆注册登记前，缴纳车辆购置税。

②公安机关交通管理部门办理车辆注册登记，应当根据税务机关提供的应税车辆完税或者免税电子信息对纳税人申请登记的车辆信息进行核对，核对无误后依法办理车辆注册登记。

③纳税人将已征车辆购置税的车辆退回车辆生产企业或者销售企业的，可以向主管税务机关申请退还车辆购置税。退税额以已缴税款为基准，自缴纳税款之日至申请退税之日，每满一年扣减10%。

五、环境保护税

（一）环境保护税概述

1. 环境保护税的定义

环境保护税是对在中国领域和管辖的其他海域，直接向环境排放应税污染物的企业事业单位和其他生产经营者，就其污染物排放量或污染物排放量折合的污染当量数征收的一种税。

《中华人民共和国环境保护税》于2016年12月25日第十二届全国人民代表大会常务委员会第二十五次会议通过，自2018年1月1日起施行。根据2018年10月26日第十三届全国人民代表大会常务委员会第六次会议《关于修改〈中华人民共和国野生动物保护法〉等十五部法律的决定》修正。

2. 环境保护税的作用

环境保护税的作用主要是，保护和改善环境，减少污染物排放，推进生态文明建设。

（二）环境保护税税制内容

1. 征税范围

环境保护税的征收范围是指应税污染物，具体包括环境保护税法所附《环境保护税税目税额表》《应税污染物和当量值表》规定的大气污染物、水污染物、固体废物和噪声。

（1）大气污染物是指向环境排放的影响大气环境质量的物质。具体包括二氧化硫、氮氧化物、一氧化碳、氯气等，共44种。

（2）水污染物是指向环境排放的影响水环境质量的物质。具体包括第一类水污染物，总汞、总镉、总铬等，共10种；第二类水污染物，悬浮物（SS）、生化需氧量（BOD5）、化学需氧量（COD）等，共55种。

（3）固体废物是指向环境排放的影响环境质量的物质。具体包括煤矸石、尾矿、其他固体废物等，共4类。

（4）噪声是指对生活环境有影响的声音。具体指工业噪声。

有下列情形之一的，不属于直接向环境排放污染物，不缴纳相应污染物的环境保护税：

①企业事业单位和其他生产经营者向依法设立的污水集中处理、生活垃圾集中处理场所排放污染物的；

②企业事业单位和其他生产经营者在符合国家和地方环境保护标准的设施、场所贮存或者处置固体废物的。

依法设立的城乡污水集中处理、生活垃圾集中处理场所超过国家和地方规定的排放标准向环境排放应税污染物的，应当缴纳环境保护税。企业事业单位和其他生产经营者贮存或者处置固体废物不符合国家和地方环境保护标准的，应当缴纳环境保护税。

2. 纳税人

环境保护税的纳税人是在我国领域和管辖的其他海域，直接向环境排放应税污染物的企业事业单位和其他生产经营者。

3. 税率

环境保护税实行定额税率。税目、税额，依照本环境保护税法所附《环境保护税税目税额表》执行。具体税目税率见表8-8环境保护税税目税率表。

表8-8　　印花税税目税率表

税目		计税单位	税额	备注
大气污染物		每污染当量	1.2—12元	
水污染物		每污染当量	1.4—14元	
固体废物	煤矸石	每吨	5元	
	尾矿	每吨	15元	
	危险废物	每吨	1000元	
	冶炼渣、粉煤灰、炉渣、其他固体废物（半固态、液态废物）	每吨	25元	

续表

税目		计税单位	税额	备注
噪声	工业噪声	超标 1—3 分贝	每月 350 元	1. 一个单位边界上有多处噪声超标，根据最高一处超标级计算应纳税额；当沿边界长度超过 100 米有两处以上噪声超标，按照两个单位计算应纳税额。 2. 一个单位不同地点作业场所的，应当分别计算应纳税额，合并计征。 3. 昼、夜均超标的环境噪声，昼、夜应当分别计算应纳税额，累计计征。 4. 声源一个月内超标不足 15 天的，减半计征应纳税额。 5. 夜间频繁突发和夜间偶然突发厂界超标噪声，按等效声级和峰值噪声两种指标中超标分贝值高的一项计算应纳税额。
		超标 4—6 分贝	每月 700 元	
		超标 7—9 分贝	每月 1400 元	
		超标 10—12 分贝	每月 2800 元	
		超标 13—15 分贝	每月 5600 元	
		超标 16 分贝以上	每月 11200 元	

4. 减免税

（1）下列情形，暂予免征环境保护税：

①农业生产（不包括规模化养殖）排放应税污染物的；

②机动车、铁路机车、非道路移动机械、船舶和航空器等流动污染源排放应税污染物的；

③依法设立的城乡污水集中处理、生活垃圾集中处理场所排放相应应税污染物，不超过国家和地方规定的排放标准的；

④纳税人综合利用的固体废物，符合国家和地方环境保护标准的；

⑤国务院批准免税的其他情形。

由国务院报全国人民代表大会常务委员会备案。

（2）其他减免税。纳税人排放应税大气污染物或者水污染物的浓度值低于国家和地方规定的污染物排放标准 30% 的，减按 75% 征收环境保护税。纳税人排放应税大气污染物或者水污染物的浓度值低于国家和地方规定的污染物排放标准 50% 的，减按 50% 征收环境保护税。

5. 计税依据和应纳税额计算

（1）计税依据。

1）应税污染物的计税依据，按照下列方法确定：

①应税大气污染物按照污染物排放量折合的污染当量数确定；

②应税水污染物按照污染物排放量折合的污染当量数确定；

③应税固体废物按照固体废物的排放量确定；

④应税噪声按照超过国家规定标准的分贝数确定。

应税大气污染物、水污染物的污染当量数，以该污染物的排放量除以该污染物的污染当量值计算。每种应税大气污染物、水污染物的具体污染当量值，依照环境保护税法所附《应税污染物和当量值表》执行。

污染当量是指根据污染物或者污染排放活动对环境的有害程度以及处理的技术经济性，衡量不同污染物对环境污染的综合性指标或者计量单位。同一介质相同污染当量的不同污染物，其污染程度基本相当。

每一排放口或者没有排放口的应税大气污染物，按照污染当量数从大到小排序，对前三项污染物征收环境保护税。每一排放口的应税水污染物，按照环境保护税法所附《应税污染物和当量值表》，区分第一类水污染物和其他类水污染物，按照污染当量数从大到小排序，对第一类水污染物按照前五项征收环境保护税，对其他类水污染物按照前三项征收环境保护税。

省、自治区、直辖市人民政府根据本地区污染物减排的特殊需要，可以增加同一排放口征收环境保护税的应税污染物项目数，报同级人民代表大会常务委员会决定，并报全国人民代表大会常务委员会和国务院备案。

2）应税大气污染物、水污染物、固体废物的排放量和噪声的分贝数，按照下列方法和顺序计算：

①纳税人安装使用符合国家规定和监测规范的污染物自动监测设备的，按照污染物自动监测数据计算；

②纳税人未安装使用污染物自动监测设备的，按照监测机构出具的符合国家有关规定和监测规范的监测数据计算；

③因排放污染物种类多等原因不具备监测条件的，按照国务院生态环境主管部门规定的排污系数、物料衡算方法计算；

④不能按照本条第一项至第三项规定的方法计算的，按照省、自治区、直辖市人民政府生态环境主管部门规定的抽样测算的方法核定计算。核定计算污染物排放量的，由税务机关会同生态环境主管部门核定污染物排放种类、数量和应纳税额。

具体见表8－9第一类水污染物污染当量值，表8－10第二类水污染物污染当量值，表8－11 PH值、色度、大肠菌群数、余氯量污染当量值，表8－12禽畜养殖业、小型企业和第三产业污染当量值，表8－13大气污染物污染当量值。

表8－9　　　　第一类水污染物污染当量值表

污染物	污染当量值（kg）
1. 总汞	0.0005
2. 总镉	0.005
3. 总铬	0.04
4. 六价铬	0.02
5. 总砷	0.02
6. 总铅	0.025
7. 总镍	0.025
8. 苯并（a）芘	0.0000003
9. 总铍	0.01
10. 总银	0.02

表 8－10 **第二类水污染物污染当量值**

污染物	污染当量值（kg）
1. 悬浮物（SS）	4
2. 生化需氧量（BOD5）	0.5
3. 化学需氧量（COD）	1
4. 总有机碳（TOC）	0.49
5. 石油类	0.1
6. 动植物油	0.16
7. 挥发酚	0.08
8. 总氰化物	0.05
9. 硫化物	0.125
10. 氨氮	0.8
11. 氟化物	0.5
12. 甲醛	0.125
13. 苯胺类	0.2
14. 硝基苯类	0.2
15. 阴离子表面活性剂（LAS）	0.2
16. 总铜	0.1
17. 总锌	0.2
18. 总锰	0.2
19. 彩色显影剂（CD－2）	0.2
20. 总磷	0.25
21. 元素磷（以P计）	0.05
22. 有机磷农药（以P计）	0.05
23. 乐果	0.05
24. 甲基对硫磷	0.05
25. 马拉硫磷	0.05
26. 对硫磷	0.05
27. 五氯酚及五氯酚钠（以五氯酚计）	0.25
28. 三氯甲烷	0.04
29. 可吸附有机卤化物（AOX）（以Cl计）	0.25
30. 四氯化碳	0.04
31. 三氯乙烯	0.04
32. 四氯乙烯	0.04
33. 苯	0.02
34. 甲苯	0.02
35. 乙苯	0.02
36. 邻－二甲苯	0.02

续表

污染物	污染当量值（kg）
37. 对－二甲苯	0.02
38. 间－二甲苯	0.02
39. 氯苯	0.02
40. 邻二氯苯	0.02
41. 对二氯苯	0.02
42. 对硝基氯苯	0.02
43. 2.4－二硝基氯苯	0.02
44. 苯酚	0.02
45. 间－甲酚	0.02
46. 2.4－二氯酚	0.02
47. 2.4.6－三氯酚	0.02
48. 邻苯二甲酸二丁脂	0.02
49. 邻苯二甲酸二辛脂	0.02
50. 丙烯腈	0.125
51. 总硒	0.02

说明：（1）第一、二类污染物的分类依据为《污水综合排放标准》（GB8978－1996）。

（2）同一排放口中的化学需氧量（COD）、生化需氧量（BOD5）和总有机碳（TOC），只征收一项。

表8－11　PH值、色度、大肠菌群数、余氯量污染当量值

污染物		污染当量值
1. PH值	1. 0－1，13－14	0.06吨污水
	2. 1－2，12－13	0.125吨污水
	3. 2－3，11－12	0.25吨污水
	4. 3－4，10－11	0.5吨污水
	5. 4－5，9－10	1吨污水
	6. 5－6，	5吨污水
2. 色度		5吨水·倍
3. 大肠菌群数（超标）		3.3吨污水
4. 余氯量（用氯消毒的医院废水）		3.3吨污水

说明：（1）大肠菌群数和总余氯只征收一项。

（2）PH5－6指大于等于5，小于6；PH9－10指大于9，小于等于10，其余类推。

表8－12　禽畜养殖业、小型企业和第三产业污染当量值

类型		污染当量值
禽畜养殖场	1. 牛	0.1头
	2. 猪	1头
	3. 鸡、鸭等家禽	30羽
4. 小型企业		1.8吨污水

续表

类型		污染当量值
5. 饮食娱乐服务业		0.5 吨污水
6. 医院	消毒	0.14 床
		2.8 吨污水
	不消毒	0.07 床
		1.4 吨污水

说明：(1) 本表仅适用于计算无法进行实际监测或物料衡算的禽畜养殖业、小型企业和第三产业等小型排污者的污染当量数。

(2) 仅对存栏规模大于50头牛、500头猪、5000羽鸡、鸭等的禽畜养殖场征收。

(3) 医院病床数大于20张的按本表计算污染当量。

表8-13　　大气污染物污染当量值

污染物	污染当量值 (kg)
1. 二氧化硫	0.95
2. 氮氧化物	0.95
3. 一氧化碳	16.7
4. 氯气	0.34
5. 氯化氢	10.75
6. 氟化物	0.87
7. 氰化氢	0.005
8. 硫酸雾	0.6
9. 铬酸雾	0.0007
10. 汞及其化合物	0.0001
11. 一般性粉尘	4
12. 石棉尘	0.53
13. 玻璃棉尘	2.13
14. 炭黑尘	0.59
15. 铅及其化合物	0.02
16. 镉及其化合物	0.03
17. 铍及其化合物	0.0004
18. 镍及其化合物	0.13
19. 锡及其化合物	0.27
20. 烟尘	2.18
21. 苯	0.05
22. 甲苯	0.18
23. 二甲苯	0.27
24. 苯并 (a) 芘	0.000002
25. 甲醛	0.09

续表

污染物	污染当量值（kg）
26. 乙醛	0.45
27. 丙烯醛	0.06
28. 甲醇	0.67
29. 酚类	0.35
30. 沥青烟	0.19
31. 苯胺类	0.21
32. 氯苯类	0.72
33. 硝基苯	0.17
34. 丙烯腈	0.22
35. 氯乙烯	0.55
36. 光气	0.04
37. 硫化氢	0.29
38. 氨	9.09
39. 三甲胺	0.32
40. 甲硫醇	0.04
41. 甲硫醚	0.28
42. 二甲二硫	0.28
43. 苯乙烯	25
44. 二硫化碳	20

（2）应纳税额计算。环境保护税应纳税额按照下列方法计算：

①应税大气污染物的应纳税额为污染当量数乘以具体适用税额；

②应税水污染物的应纳税额为污染当量数乘以具体适用税额；

③应税固体废物的应纳税额为固体废物排放量乘以具体适用税额；

④应税噪声的应纳税额为超过国家规定标准的分贝数对应的具体适用税额。

6. 征收管理

（1）征收方法。

①环境保护税由税务机关依照《中华人民共和国税收征收管理法》和环境保护税法的有关规定征收管理。

②生态环境主管部门依照环境保护税法和有关环境保护法律法规的规定负责对污染物的监测管理。

③县级以上地方人民政府应当建立税务机关、生态环境主管部门和其他相关单位分工协作工作机制，加强环境保护税征收管理，保障税款及时足额入库。

（2）纳税期限。

①纳税义务发生时间为纳税人排放应税污染物的当日。

②纳税人应当向应税污染物排放地的税务机关申报缴纳环境保护税。

③环境保护税按月计算，按季申报缴纳。不能按固定期限计算缴纳的，可以按次申报

缴纳。

④纳税人申报缴纳时，应当向税务机关报送所排放应税污染物的种类、数量，大气污染物、水污染物的浓度值，以及税务机关根据实际需要要求纳税人报送的其他纳税资料。

⑤纳税人按季申报缴纳的，应当自季度终了之日起15日内，向税务机关办理纳税申报并缴纳税款。纳税人按次申报缴纳的，应当自纳税义务发生之日起15日内，向税务机关办理纳税申报并缴纳税款。

（3）税务机关与生态环境主管部门的配合。

①生态环境主管部门和税务机关应当建立涉税信息共享平台和工作配合机制。生态环境主管部门应当将排污单位的排污许可、污染物排放数据、环境违法和受行政处罚情况等环境保护相关信息，定期交送税务机关。税务机关应当将纳税人的纳税申报、税款入库、减免税额、欠缴税款以及风险疑点等环境保护税涉税信息，定期交送生态环境主管部门。

②税务机关应当将纳税人的纳税申报数据资料与生态环境主管部门交送的相关数据资料进行比对。税务机关发现纳税人的纳税申报数据资料异常或者纳税人未按照规定期限办理纳税申报的，可以提请生态环境主管部门进行复核，生态环境主管部门应当自收到税务机关的数据资料之日起15日内向税务机关出具复核意见。税务机关应当按照生态环境主管部门复核的数据资料调整纳税人的应纳税额。

六、烟叶税

（一）烟叶税概述

烟叶税是在中国境内，依照《中华人民共和国烟草专卖法》的规定收购烟叶的单位，就其收购烟叶实际支付的价款总额征收的一种税。

《中华人民共和国烟叶税法》已由中华人民共和国第十二届全国人民代表大会常务委员会第三十一次会议于2017年12月27日通过，现予公布，自2018年7月1日起施行。2006年4月28日国务院公布的《中华人民共和国烟叶税暂行条例》同时废止。

（二）烟叶税税制内容

1. 征税范围

烟叶税的征和范围，是指烟叶，包括烤烟叶、晾晒烟叶。

2. 纳税人

烟叶税的纳税人是在我国境内，依照《中华人民共和国烟草专卖法》的规定收购烟叶的单位。

3. 税率

烟叶税，实行20%比例税率。

4. 应纳税额计算

（1）计税依据。烟叶税的计税依据，为纳税人收购烟叶实际支付的价款总额。

（2）税额的计算。烟叶税的应纳税额按照纳税人收购烟叶实际支付的价款总额乘以税率计算。

税额计算公式为：

应纳税额 = 价款总额 × 税率（20%）

5. 征收管理

烟叶税由税务机关依照烟叶税法和《中华人民共和国税收征收管理法》的有关规定征收管理。

纳税人应当向烟叶收购地的主管税务机关申报缴纳烟叶税。

烟叶税的纳税义务发生时间为纳税人收购烟叶的当日。

烟叶税按月计征，纳税人应当于纳税义务发生月终了之日起十五日内申报并缴纳税款。

复习思考题

1. 基本概念

资源税　耕地占用税　城镇土地使用税　土地增值税　房产税　契税　车船税　城市维护建设税　教育费附加　印花税　车辆购置税　环境保护税　烟叶税

2. 问答题

（1）资源税有什么作用？

（2）资源税的征税范围主要包括哪些矿产品？

（3）耕地占用税的计税依据是如何规定的？

（4）城镇土地使用税的征税范围是怎样规定的？

（5）土地增值税有什么作用？

（6）土地增值税实行什么税率？

（7）财产税主要有哪三种税？

（8）城市维护建设税的税率是怎样规定的？

（9）印花税的征税范围主要有哪些？

（10）教育费附加的征收率是怎样规定的？

（11）车辆购置税的税率和征收方法是怎样规定的？

（12）环境保护税具有什么作用？

3. 讨论题

根据环境保护税的税制规定，结合我国环境污染的情况，谈谈保护和改善环境、减少污染物排放、推进生态文明建设等方面，环境保护税的作用。

4. 微型案例与讨论

2019年8月26日第十三届全国人民代表大会常务委员会通过的资源税税法，资源税的征税的矿产品，主要包括能源矿产（原油、天然气、煤炭、地热等），金属矿产（包括黑色金属和有色金属），非金属矿产（包括矿物类、岩石类和宝玉石类），水气矿产（包括二氧化碳气等气体、矿泉水），盐（包括钠盐等、天然卤水和海盐）。

这次资源税改革将水资源、黄金、地热等资源，纳入了征税范围。但是森林资源等，仍然不征资源税。

根据资源税税制规定，结合我国资源开发利用和保护的情况，进行讨论，并回答：

（1）将水资源、黄金、地热等资源纳入资源税征税范围，其他意义如何？

（2）森林资源如果纳入资源税征税范围，其计税依据和税率怎么确定？

第九章 税收征收管理

学习目标

我国税收征管的依据是《中华人民共和国税收征收管理法》及其相关的法律、行政法规。本章阐述以税收征管法为主，介绍我国现行的税收管理制度和办法以及税务行政复议、税务行政诉讼和税务代理的相关内容。通过本章学习，掌握税收征管的基本知识。

第一节 税务登记

一、税务登记的对象与时间

税务登记包括开业登记、变更登记和注销登记三种情况。

（一）开业税务登记

企业、企业在外地设立的分支机构和从事生产、经营的场所，个体工商户和从事生产、经营的事业单位自领取营业执照之日起 30 日内，持有关证件，向税务机关申报办理税务登记。税务机关应当自收到申报之日起 30 日内审核并发给税务登记证件。

其他纳税人办理税务登记和扣缴义务人办理扣缴税款登记的范围和办法，由国务院规定。其他纳税人，是指不从事生产、经营活动，但是依照法律、行政法规规定负有纳税义务的单位和个人，其他纳税人办理税务登记的范围和办法另有规定。

（二）变更税务登记

从事生产、经营的纳税人，税务登记内容发生变化的，纳税人在工商行政管理机关办理注册登记的，应当自工商行政管理机关变更登记之日起 30 日内，持有关证件，向原税务登记机关申报办理变更税务登记；按照规定纳税人不需要在工商行政管理部门办理注册登记的，应当自有关部门批准或者宣布变更之日起 30 日内，持有关证件向原税务登记机关申报办理变更税务登记。

（三）注销税务登记

纳税人发生解散、破产、撤销以及其他情形，依法终止纳税义务的，应当在向工商行政管理机关办理注销登记前，持有关证件向原税务登记机关申报办理注销税务登记；按照规定不需要在工商行政管理机关注册登记的，应当自有关机关批准或者宣告终止之日起15日内，持有关证件向原登记税务机关申报办理注销税务登记。

纳税人因住所、经营地点变动而涉及改变税务登记机关的，应当在向工商行政管理机关申请办理变更或注销登记之前或者住所、经营地点变动前，向原税务登记机关申报办理注销税务登记，并向迁达地税务机关申请办理税务登记。

纳税人被工商行政管理机关吊销营业执照的，应当自营业执照被吊销之日起15日内，向原税务机关申报办理注销税务登记。纳税人在办理注销税务登记前，应当向税务机关结清应纳税款、滞纳金、罚款，缴销发票和其他税务证件。或者在向工商行政管理机关申请办理注销登记之前，持有关证件向税务机关申报办理变更或者注销税务登记。

二、税务登记的内容

（一）税务登记的主要内容

从事生产、经营的纳税人，应当在规定的时间内向税务机关书面申报办理税务登记，如实填写税务登记表。税务登记的内容是通过税务登记表的内容体现出来的，其内容主要有：

（1）单位名称、法定代表人或者业主姓名及其居民身份证、护照或者其他合法证件的号码；

（2）住所、经营地点；

（3）经济性质；

（4）企业形式、核算方式；

（5）生产经营范围、经营方式；

（6）注册资金（资本）、投资总额、开户银行及账号；

（7）生产经营期限、从业人数、营业执照号码；

（8）财务负责人、办税人员；

（9）其他有关事项；

（10）企业在外地设立的分支机构或者从事生产、经营的场所，还应当登记总机构名称、地址、法定代表人、主要业务范围、财务负责人。

（二）纳税人办理税务登记应提供的证件和资料

纳税人向税务机关填报税务登记表时，应当根据不同情况提供有关证件、资料：

（1）营业执照；

（2）有关合同、章程、协议书；

（3）银行账号证明；

(4) 居民身份证、护照或者其他合法证件；

(5) 税务机关要求提供的其他有关证件、资料。

三、税务登记的种类

(一) 税务登记证

对纳税人填报的税务登记表、提供的证件和资料，税务机关应当自收到之日起30日内审核完毕；符合规定的，予以登记，并发给税务登记证件。纳税人按照国务院税务主管部门的规定使用税务登记证件，税务登记证件不得转借、涂改、损毁、买卖或者伪造。

(二) 注册税务登记证

企业在外地设立的分支机构和从事生产、经营的场所，自领取营业执照之日起30日内，持有关证件，向税务机关申报办理注册税务登记。税务机关审核后发给注册税务登记证。

(三) 税务登记证件的使用

除按照规定不需发给税务登记证件的外，纳税人办理下列事项时必须持税务登记证件：

(1) 申请减税、免税、退税；

(2) 领购发票；

(3) 外出经营活动税收管理证明；

(4) 其他有关税务事项。

银行和其他金融机构应当在从事生产、经营的纳税人的账户中登录税务登记证件号码，并在税务登记证件中登录从事生产、经营的纳税人的账户账号。税务机关对税务登记证件实行定期验证和换证制度。纳税人应当在规定的期限内持有关证件到主管税务机关办理验证或者换证手续。

(四) 对扣缴义务人领取凭证的规定

依照税收法律、行政法规规定的扣缴义务人，应当向税务机关申报领取代扣代缴或者代收代缴税款凭证。其代扣代缴、代收代缴税款凭证，不得转借、涂改、损毁、买卖或者伪造。

纳税人遗失税务登记证件或者扣缴义务人遗失代扣代缴、代收代缴税款凭证，应当书面报告主管税务机关并公开声明作废，同时申请补发。

从事生产、经营的纳税人到外县（市）从事生产、经营活动的，必须持所在地税务机关填发的外出经营活动税收管理证明，向营业地税务机关报验登记，接受税务管理。

第二节 账簿凭证管理

一、账簿凭证管理的基本要求

（一）账簿凭证管理的范围

纳税人、扣缴义务人按照有关法律、行政法规和国务院财政、税务主管部门的规定设置账簿，根据合法、有效凭证记账，进行核算。个体工商户确实不能设置账簿的，经税务机关核准，可以不设置账簿。从事生产、经营的纳税人，应当按照规定，自领取营业执照之日起15日内设置账簿。账簿，是指总账、明细账以及其他辅助性账簿。总账、日记账必须采用订本式。

生产经营规模小又确实无建账能力的个体工商户，可以聘请注册会计师或者经税务机关认可的财会人员代为建账和办理账务；聘请注册会计师或者经税务机关认可的财会人员有实际困难的，经县以上税务机关批准，可以按照税务机关的规定，建立收支凭证粘贴簿、进货销货登记簿等。

（二）财务会计制度或财务会计处理办法报送税务机关备案

从事生产、经营的纳税人，应当自领取营业执照之日起15日内，将其财务、会计制度或者财务、会计处理办法和会计核算软件，报送税务机关备案。纳税人、扣缴义务人的财务、会计制度或者财务会计处理办法与国务院或者国务院财政、税务主管部门有关税收的规定抵触的，依照国务院或者国务院财政、税务主管部门有关税收的规定计算应纳税款、代扣代缴和代收代缴税款。

（三）扣缴义务人设置账簿的规定

扣缴义务人应当自税收法律、行政法规规定的扣缴义务发生之日起10日内，按照所代扣、代收的税种，分别设置代扣代缴、代收代缴税款账簿。

（四）账簿凭证的保管

从事生产、经营的纳税人、扣缴义务人必须按照国务院财政、税务主管部门规定的保管期限保管账簿、记账凭证、完税凭证及其他有关资料。账簿、记账凭证、完税凭证及其他有关资料不得伪造、变造或者擅自损毁。账簿、会计凭证、报表、完税凭证及其他有关纳税资料应当保存10年。但是，法律、行政法规另有规定的除外。

二、电子计算机记账的管理

纳税人、扣缴义务人采用计算机记账的，应当在使用前将其记账软件、程序和使用说明书及有关资料报送税务机关备案。

纳税人、扣缴义务人会计制度健全，能够通过计算机正确、完整计算其收入或者所得的，其计算机储存和输出的会计记录，可视同会计账簿，但是应当打印成书面记录并完整保存；会计制度不健全，不能通过电子计算机正确、完整计算其收入或者所得的，应当建立总账和与纳税或者代扣代缴、代收代缴税款有关的其他账簿。

三、发票的管理

（一）发票管理的范围

税务机关是发票的主管机关，负责发票印制、领购、开具、取得、保管、缴销的管理和监督。增值税专用发票由国务院税务主管部门指定的企业印制，其他发票，按照国务院税务主管部门的规定，分别由省、自治区、直辖市人民政府税务主管部门指定的企业印制；未经省、自治区、直辖市人民政府税务主管机关指定，不得印制发票。

（二）发票的使用管理

单位、个人在购销商品、提供或者接受经营服务以及从事其他经营活动中，应当按照规定开具、使用、取得发票。

从事生产、经营的纳税人、扣缴义务人有税收征管法规定的违法行为，拒不接受税务机关处理的，税务机关可以收缴其发票或者停止向其发售发票。

第三节　纳税申报

一、纳税申报的对象

（一）纳税人纳税申报的范围

纳税人必须在法律、行政法规规定或者税务机关依照法律、行政法规的规定确定的申报期限内、申报内容如实办理纳税申报，报送纳税申报表、财务会计报表以及税务机关根据实际需要要求纳税人报送的其他有关纳税资料。

（二）扣缴义务人纳税申报的范围

扣缴义务人必须在法律、行政法规规定或者税务机关根据法律、行政法规的规定确定的申报期限内，到主管税务机关报送代扣代缴、代收代缴税款报告表以及税务机关根据实际需要要求扣缴义务人报送的其他有关资料。

（三）纳税申报的要求

纳税人享受减税、免税待遇的，在减税、免税期间，应当按照规定办理纳税申报。

二、纳税申报的内容

（一）纳税人、扣缴义务人纳税申报的内容

纳税人、扣缴义务人的纳税申报或者代扣代缴、代收代缴税款报告表的主要内容包括：税种、税目、应纳税项目或者应代扣代缴、代收代缴税款项目，适用税率或者单位税额，计税依据，扣除项目及标准，应纳税额或者代扣代缴、代收代缴税额，税款所属期限等。

（二）在进行纳税申报时报送的有关资料

1. 纳税人报送的有关资料

纳税人办理纳税申报时，应当如实填写纳税申报表，并根据不同情况相应报送下列有关证件、资料：

（1）财务、会计报表及其说明材料；

（2）与纳税有关的合同、协议书；

（3）外出经营活动税收管理证明；

（4）境内或者境外公证机关出具的有关证明文件；

（5）税务机关规定应当报送的其他有关证件、资料。

2. 扣缴义务人报送的有关资料

扣缴义务人办理代扣代缴、代收代缴税款报告时，应当如实填写代扣代缴、代收代缴税款报告表，并报送代扣代缴、代收代缴税款的合法凭证以及税务机关规定的其他有关证件、资料。

三、延期纳税申报

纳税人、扣缴义务人按照规定的期限办理纳税申报或者报送代扣代缴、代收代缴税款报告表确有困难，不能按期办理纳税申报或者报送代扣代缴、代收代缴税款报告表的，需要延期的，应当在规定的期限内向税务机关提出书面延期申请，经税务机关核准，可以延期申报，在税务机关核准的期限内办理。

纳税人、扣缴义务人因不可抗力，不能按期办理纳税申报或者报送代扣代缴、代收代缴税款报告表的，可以延期办理。但是，应当在不可抗力情形消除后立即向税务机关报告。税务机关应当查明事实，予以核准。

四、纳税申报的方式

纳税人、扣缴义务人可以直接到税务机关办理纳税申报或者报送代扣代缴、代收代缴税款报告表，也可以按照规定采取邮寄、数据电文或者其他方式办理上述申报、报送事项。

第四节　税款的征收与缴纳

一、税款征收

（一）税款征收的依据

税务机关依照法律、行政法规的规定征收税款，不得违反法律、行政法规的规定开征、停征、多征、少征、提前征收、延缓征收或者摊派税款。

扣缴义务人依照法律、行政法规的规定履行代扣、代收税款的义务。对法律、行政法规没有规定负有代扣、代收税款义务的单位和个人，税务机关不得要求其履行代扣、代收税款义务。扣缴义务人依法履行代扣、代收税款义务时，纳税人不得拒绝。纳税人拒绝的，扣缴义务人应当及时报告税务机关处理。税务机关依照规定付给扣缴义务人代扣、代收手续费。

（二）税款征收方式

税务机关可以采取查账征收、查定征收、查验征收、定期定额征收以及其他方式征收税款。

税务机关根据国家有关规定可以委托有关单位代征少数零星分散的税收，并发给委托代征证书。受托单位按照代征书的要求，以及税务机关的名义依法征收税款。

纳税人邮寄申报纳税的，应当在邮寄纳税申报表的同时，汇寄应纳税款。税务机关收到纳税申报表和税款后，必须向纳税人开具完税凭证，办理税款缴库手续。

（三）纳税期限和延期纳税

纳税人、扣缴义务人按照法律、行政法规规定或者税务机关依照法律、行政法规的规定确定的期限，缴纳或者解缴税款。纳税人因有特殊困难，不能按期缴纳税款的，经省、自治区、直辖市国家税务局、地方税务局批准，可以延期缴纳税款，但最长不得超过3个月。经税务机关核准延期缴纳税款的，不加收滞纳金。

（四）加收滞纳金

纳税人未按照规定期限缴纳税款的，扣缴义务人未按照规定期限解缴税款的，税务机关除责令限期缴纳外，从滞纳之日起，按日加收滞纳税款万分之五的滞纳金。加收滞纳金的起止时间，为法律、行政法规规定或者税务机关依照法律、行政法规的规定确定的税款缴纳期限届满次日起至纳税人、扣缴义务人实际缴纳或者解缴税款之日止。

（五）减税免税

纳税人可以依照法律、行政法规的规定向税务机关书面申请减税、免税。减税、免税的申请须经法律、行政法规规定的减税、免税审查批准机关审批；地方各级人民政府、各级人民政府主管部门、单位和个人违反法律、行政法规规定，擅自作出的减税、免税决定无效，税务机关不得执行，并向上级税务机关报告。

（六）开具完税凭证

税务机关征收税款时，必须给纳税人开具完税凭证。扣缴义务人代扣、代收税款时，纳税人要求扣缴义务人开具代扣、代收税款凭证的，扣缴义务人应当开具。完税凭证，是指各种完税证、缴款书、印花税票、扣（收）税凭证以及其他完税证明。完税凭证的式样，由国家税务总局制定。

二、税款缴纳

（一）税务机关核定应纳税额

（1）应由税务机关核定应纳税额的情形。纳税人有下列情形之一的，税务机关有权核定其应纳税额：

①依照法律、行政法规的规定可以不设置账簿的；

②依照法规行政规定的规定应当设置账簿但未设置的；

③擅自销毁账簿或者拒不提供纳税资料的；

④虽设置账簿，但账目混乱或者成本资料、收入凭证、费用凭证残缺不全，难以查账的；

⑤发生纳税义务，未按照规定的期限办理纳税申报，经税务机关责令限期申报，逾期仍不申报的；

⑥纳税人申报的计税依据明显偏低，又无正当理由的。税务机关核定应纳税额的具体程序和方法由国务院税务主管部门规定。

（2）税务机关核定应纳税额的方式。有上述情形之一的，税务机关有权采用下列任何一种方式核定其应纳税额：

①参照当地同行业或者类似行业中经营规模和收入水平相近的纳税人的收入额和利润率核定；

②按照成本加合理的利润核定；

③按照耗用的原材料、燃料、动力等推算或者测算核定；

④按照其他合理的方法核定。

（二）关联企业有关调整

（1）企业或者外国企业在我国境内设立的从事生产、经营的机构、场所与其关联企业之间的业务往来收取或者支付价款、费用；不能按照独立企业之间的业务往来收取或者支付价款、费用，而减少其应纳税的收入或者所得额的，税务机关有权进行合理调整。

（2）关联企业，是指有下列关系之一的公司、企业、其他经济组织：

①在资金、经营、购销等方面，存在直接或者间接的拥有或者控制关系；

②直接或者间接地同为第三者拥有或者控制；

③其他在利益上具有相关联的关系。

（3）纳税人有义务就其与关联企业的业务往来，向税务机关提供有关的价格、费用标准等资料。独立企业之间的业务往来，是指没有关联企业之间，按照公平成交价格和营业常规所进行的业务往来。

（4）纳税人与关联企业之间的购销业务，不按照独立企业之间的业务往来作价的，税务机关可以按照下列顺序和确定的方法调整其计税收入额或者所得额，核定其应纳税额：

①按照独立企业之间进行相同或者类似业务活动的价格；

②按照再销售给无关联关系的第三者的价格所应取得的收入和利润水平；

③按照成本加合理的费用和利润；

④按照其他合理的方法。

（三）未领取营业执照纳税人的税款征收

对未按规定办理税务登记的从事生产、经营的纳税人以及临时从事经营的纳税人，由税务机关核定其应纳税额，责令缴纳；不缴纳的，税务机关可以扣押其价值相当于应纳税款的商品、货物。当事人应当自扣押之日起15日内缴纳税款，扣押后缴纳应纳税款的，税务机关必须立即解除扣押，并归还所扣押的商品、货物；扣押后仍不缴纳应纳税款的，经县以上税务局（分局）局长批准，依法拍卖或者变卖所扣押的商品、货物，以拍卖或者变卖所得抵缴税款。对扣押的鲜活、易腐烂变质或者易失效的商品、货物，税务机关可以在保质期内先行拍卖，以拍卖所得抵缴税款。

对未领取营业执照从事工程承包或者提供劳务的单位和个人，税务机关可以令其提交纳税保证金。有关单位和个人应当在规定的期限内到税务机关进行纳税清算；逾期未清算的，以保证金抵缴税款。

（四）欠税出境的限制

欠缴税款的纳税人或者他的法定代表人需要出境的，应当在出境前向税务机关结清应纳税款、滞纳金或者提供纳税担保。未结清税款、滞纳金，又不提供担保的，税务机关可以通知出境管理机关阻止其出境。

（五）税款退还、补缴和追征的规定

（1）纳税人超过应纳税额缴纳的税款，税务机关发现后应当立即退还；纳税人自结算应纳税款之日起3年内发现的，可以向税务机关要求退还多缴的税款并加算银行同期存款利息，税务机关及时查实后应当立即退还；涉及从国库中退库的，依照法律、行政法规有关国库管理的规定退还。

（2）因税务机关的责任，致使纳税人、扣缴义务人未缴或者少缴税款的，税务机关在3年内可以要求纳税人、扣缴义务人补缴税款，但是不得加收滞纳金。

（3）因纳税人、扣缴义务人计算错误等失误，未缴或者少缴的税款，税务机关在3年内可以追征税款、滞纳金；有特殊情况的，追征期可以延长到5年。

（4）对偷税、抗税、骗税的，税务机关追征其未缴或者少缴的税款、滞纳金或者所骗取的税款，不受期限的限制。

三、税收保全

（一）税收保全措施

税务机关有根据认为从事生产、经营的纳税人有逃避纳税义务行为的，可在规定的纳税期限之前，责令限期缴纳应纳税款；在限期内发现纳税人有明显的转移、隐匿其应纳税的商品、货物以及其他财产或者应纳税的收入的迹象的，税务机关可以责成纳税人提供纳税担保。如果纳税人不能提供纳税担保，经县以上税务局（分局）局长批准，税务机关可以采取下列税收保全措施：

（1）书面通知纳税人开户银行或者其他金融机构冻结纳税人的金额相当于应纳税款的存款；

（2）扣押、查封纳税人价值相当于应纳税款的商品、货物或者其他财产。

纳税人在规定的期限内缴纳税款的，税务机关必须立即解除税收保全措施，限期期满仍未缴纳税款的，经县以上税务局（分局）局长批准，税务机关可以书面通知纳税人开户银行或者其他金融机构从其冻结的存款中扣缴税款，或者依法拍卖或者变卖所扣押、查封的商品、货物或者其他财产，以拍卖所得抵缴税款。纳税人在限期内已纳税款，税务机关未立即解除税收保全措施，使纳税人的合法利益遭受损失的，税务机关应当承担赔偿责任。税务机关执行扣押、查封商品、货物或者其他财产时，必须有两名以上税务人员执行，并通知被执行人。被执行人是公民的，应当通知被执行人本人或其成年家属到场；被执行人是法人或者其他组织的，应当通知其法定代表人或者主要负责人到场；拒不到场的，不影响执行。税务机关扣押商品、货物或者其他财产时，必须开具收据；查封商品、货物或者其他财产时，必须开付清单。从事生产、经营的纳税人、扣缴义务人未按照规定的期限缴纳或者解缴税款，纳税担保人未按照规定的期限缴纳所担保的税款，由税务机关发出催缴税款通知书，责令限期缴纳或者解缴税款，但是最长限期为15日。

（二）纳税担保

纳税担保，包括由纳税人提供并经税务机关认可的纳税担保人，以及纳税人所拥有的未设置抵押权的财产：

（1）纳税担保人，是指在我国境内具有纳税担保能力的公民、法人或者其他经济组织。国家机关不得作纳税担保人。纳税担保人同意为纳税人提供纳税担保的，应当填写纳税担保书，写明担保对象、担保范围、担保期限和担保责任以及其他有关事项。担保书须经纳税人、纳税担保人和税务机关签字盖章后方为有效。

（2）纳税人以其所拥有的未设置抵押权的财产作纳税担保的，应当填写作为纳税担保的财产清单，并写明担保财产的价值以及其他有关事项。纳税担保财产清单须经纳税人和税务机关签字盖章后方为有效。

（三）税收强制执行措施

从事生产、经营的纳税人、扣缴义务人未按照规定的期限缴纳或者解缴税款，纳税担保人未按照规定的期限缴纳所担保的税款，由税务机关责令限期缴纳，逾期仍未缴纳的，经县以上税务局（分局）局长批准，税务机关可以采取下列强制执行措施：

（1）书面通知其开户银行或者其他金融机构从其存款中扣缴税款；

（2）扣押、查封、依法拍卖或者变卖其价值相当于应纳税款的商品、货物或者其他财产，以拍卖或者变卖所得抵缴税款。

税务机关将扣押、查封的商品、货物或者其他财产变价抵缴税款时，应当交由依法成立的拍卖机构拍卖或者交由商业企业按市场价格收购。国家禁止自由买卖的物品，应当交由有关单位按照国家规定的价格收购。税务机关采取强制执行措施时，对上述所列的纳税人、扣缴义务人、纳税担保人未缴纳的滞纳金同时强制执行。税务机关采取税收保全措施和税收强制执行措施必须依照法定权限和法定程序，不得查封、扣押纳税人个人及其所抚养家属维持生活所需的住房和用品。税务机关滥用职权违法采取税收保全措施、强制执行措施，或者采取税收保全措施、强制执行措施不当，使纳税人、扣缴义务人或者纳税人的合法权益遭受损失的，应当依法承担赔偿责任。

第五节　法律责任

一、纳税人违反税务管理的法律责任

（一）纳税人未按照规定执行税务管理制度的法律责任

纳税人有下列行为之一的，由税务机关责令限期改正，可以处以2000元以下的罚款；情节严重的，处以2000元以上1万元以下的罚款：

（1）未按照规定的期限申报办理税务登记、变更或者注销登记的；

（2）未按照规定设置、保管账簿或者保管记账凭证和有关资料的；

（3）未按照规定将财务、会计制度或者财务、会计处理办法和会计处理软件报送税务机关备查的；

（4）未按照规定将全部银行账号向税务机关报告的；

（5）未按照规定安装、使用税控装置，或者损毁或者擅自改动税控装置的。

具体规定为：

①纳税人未按照规定的纳税期限申报办理税务登记、变更或者注销登记的，税务机关应当向纳税人发出责令限期改正通知书。逾期不改正的，依照上述规定处罚。

②纳税人未按照规定设置账簿的，税务机关自检查发现之日起3日内向纳税人发出责令限期改正通知书。逾期不改正的，依照上述规定处罚；纳税人违反规定，在规定的保存期限以前擅自销毁账簿、记账凭证和有关资料的，税务机关可处以2000元以上1万元以

下的罚款；情节严重，构成犯罪的，移送司法机关依法追究刑事责任。

③未按照规定使用税务登记证件，或者转借、涂改、损毁、买卖、伪造税务登记证件的，依照上述规定处罚。

④为纳税人、扣缴义务人非法提供银行账户、发票、证明或者其他方便，导致未缴、少缴税款或者骗取国家出口退税的，税务机关除没收其非法所得外，并可以处以未缴、少缴税款或者骗取的税款1倍以下的罚款。

（二）扣缴义务人未按照规定管理制度执行的法律责任

扣缴义务人未按照规定设置、保管代扣代缴、代收代缴税款账簿或者保管代扣代缴、代收代缴税款记账凭证及有关资料的，由税务机关责令限期改正，可以处以2000元以下的罚款；情节严重的，处2000元以上5000元以下的罚款。

（三）未按照规定的期限办理纳税申报和报送纳税资料的法律责任

纳税人未按照规定的期限办理纳税申报和报送纳税资料的，或者扣缴义务人未按照规定的期限向税务机关报送代扣代缴、代收代缴税款报告表和有关资料的，由税务机关责令限期改正，可以处以2000元以下的罚款；情节严重的，可以处以2000元以上1万元以下的罚款。

（四）税务代理人的法律责任

税务代理人超越权限、违反税收法律、行政法规，造成纳税人未缴或者少缴税款的，除由纳税人缴纳或者补缴应纳税款、滞纳金外，对税务代理人处以2000元以下的罚款。

二、偷税抗税的法律责任

（一）偷税的法律责任

（1）偷税的概念。纳税人采取伪造、变造、隐匿、擅自销毁账簿、记账凭证，或者在账簿上多列支出或者不列、少列收入，或者经税务机关通知申报而拒不申报或者进行虚假的纳税申报，不缴或者少缴应纳税款的，是偷税。

（2）偷税的法律责任。对纳税人偷税的，由税务机关追缴其不缴或者少缴的税款、滞纳金，并处不缴或者少缴的税款50%以上5倍以下的罚款；构成犯罪的，依法追究刑事责任。

扣缴义务人采取上述手段，不缴或者少缴已扣、已收税款，由税务机关追缴其不缴或者少缴的税款、滞纳金，并处不缴或者少缴的税款50%以上5倍以下的罚款；构成犯罪的，依法追究刑事责任。

（二）其他偷税的法律责任

（1）纳税人欠缴税款，采取转移或者隐匿财产的手段，妨碍税务机关追缴欠缴的税款的，由税务机关追缴欠缴的税款、滞纳金，并处欠缴税款50%以上5倍以下的罚款；

构成犯罪的，依法追究刑事责任。

（2）纳税人、扣缴义务人逃避、拒绝或者以其他方式阻挠税务机关检查的，由税务机关责令改正，可以处1万元以下的罚款；情节严重的，处1万元以上5万元以下的罚款。

（3）纳税人、扣缴义务人的开户银行或者其他金融机构拒绝接受税务机关依法检查纳税人、扣缴义务人存款账户，或者拒绝执行税务机关作出的冻结或者说扣缴税款的决定，或者在接到税务机关的书面通知后帮助纳税人、扣缴义务人转移存款，造成税款流失的，由税务机关处10万元以上50万元以下的罚款，对直接负责的主管人员和其他直接责任人员处1000元以上1万元以下的罚款。

（4）以假报出口或者其他欺骗手段，骗取国家出口退税款，由税务机关追缴其骗取的退税款，并处骗取税款1倍以上5倍以下的罚款；构成犯罪的，依法追究刑事责任。

（5）纳税人、扣缴义务人在规定期限内不缴或者少缴应纳或者应解缴的税款，经税务机关责令限期缴纳，逾期仍未缴纳的，税务机关除按照规定采取强制执行措施，追缴其不缴或者少缴的税款外，可以处以不缴或者少缴税款50%以上5倍以下的罚款。

（6）扣缴义务人应扣未扣、应收未收税款的，由税务机关向纳税人追缴税款，对扣缴义务人处应扣未扣、应收未收税款50%以上3倍以下的罚款。

（三）抗税的法律责任

（1）抗税的概念。以暴力、威胁方法拒不缴纳税款的，是抗税。

（2）抗税的法律责任。纳税人抗税的，除由税务机关追缴其拒缴的税款、滞纳金外，处3年以下有期徒刑或者拘役，并处拒缴税款5倍以下的罚金；情节严重，处3年以上7年以下有期徒刑，并处拒缴税款5倍以下的罚金。情节轻微，未构成犯罪的，由税务机关追缴其拒缴的税款、滞纳金，处以拒缴税款1倍以上5倍以下的罚款。

以暴力方法抗税，致人重伤或者死亡的，依照伤害罪、杀人罪从重处罚，并依照规定处以罚金。

三、虚开、伪造和非法出售增值税专用发票的法律责任

（一）对非法取得增值税专用发票的处罚

刑法规定：非法购买增值税专用发票或者购买伪造的增值税专用发票的，处5年以下有期徒刑或者拘役，并处或者单处2万元以上20万元以下罚金。

非法购买增值税专用发票或者购买伪造的增值税专用发票，又虚开或者出售的，分别依照刑法中有关对虚开、伪造和非法出售的处罚规定定罪处罚。

（二）对未按规定保管增值税专用发票的处罚

固定业户临时到外省、市销售货物的，如果擅自携票外出。在经营地开具专用发票，经营地主管税务机关根据发票管理的有关规定予以处罚并将其携带的专用发票逐联注明“违章使用作废”字样。

非法携带、邮寄、运输或存放空白专用发票的，由税务机关收缴专用发票，没收非法所得，可以并处1万元以下的罚款。

未按规定保管专用发票而发生丢失、被盗的企业，应于丢失、被盗当日书面报告主管税务机关，并通过《中国税务报》和电视等传播媒介公告声明丢失、被盗专用发票作废。同时，除有关规定予以处罚外，还要根据情节轻重，给予半年内不得使用、领购专用发票并收缴结存的专用发票的处罚。对企业申报丢失、被盗的专用发票，如发现虚开、代开的，该企业还应承担偷税、骗税的连带责任。

（三）对未按规定开具增值税专用发票的处罚

对不按规定开具的专用发票（包括项目填写不全、未盖有财务专用章或发票专用章等），一律不能作为税款的抵扣凭证。对企业已开具专用发票的销售货物，要及时足额计入当期销售额征税。凡开具了专用发票，其销售额未按规定计入销售账户核算的，一律按偷税论处。

虚开专用发票的，一律按票面所列货物的适用税率全额征补税款，并按有关法律处罚。虚开增值税专用发票，是指为他人虚开、为自己虚开、让他人为自己虚开、介绍他人虚开增值税专用发票行为之一的。

刑法规定：虚开增值税专用发票或者虚开用于骗取出口退税、抵扣税款的其他发票的，处3年以下有期徒刑或者拘役，并处2万元以上20万元以下罚金；虚开的税款数额较大或者有其他严重情节的，处3年以上10年以下有期徒刑，并处5万元以上50万元以下罚金；虚开的税款数额巨大或者有其他特别严重情节的，处10年以上有期徒刑或者无期徒刑，并处5万元以上50万元以下罚金或者没收财产。

有上述行为骗取国家税款，数额特别巨大，情节特别严重，给国家利益造成特别重大损失的，处无期徒刑或者死刑，并处没收财产。单位犯上述之罪的，对单位判处罚金，并对其直接负责的主管人员和其他直接责任人员，处3年以下有期徒刑或者拘役；虚开的税款数额较大或者有其他严重情节的，处3年以上10年以下有期徒刑，虚开的税款数额巨大或者有其他特别严重情节的，处10年以上有期徒刑或者无期徒刑。

（四）对伪造、盗窃和非法出售增值税专用发票的处罚

（1）刑法规定：伪造或者出售伪造的增值税专用发票的，处3年以下有期徒刑、拘役或者管制，并处2万元以上20万元以下罚金；数量较大或者有其他严重情节的，处3年以上10年以下有期徒刑，并处5万元以上50万元以下的罚金；数量巨大或者有其他特别严重情节的，处10年以上有期徒刑或者无期徒刑，并处5万元以上50万元以下罚金或者没收财产。

伪造并出售的增值税专用发票，数量特别巨大，情节特别严重，严重破坏经济秩序的，处无期徒刑或者死刑，并处没收财产。单位犯上述之罪的，对单位判处罚金，并对其直接负责的主管人员的其他直接责任人员，处3年以下有期徒刑、拘役或者管制；数量较大或者有其他严重情节的，处3年以上10年以下有期徒刑；数量巨大或者有其他特别严重情节的，处10年以上有期徒刑或者无期徒刑。

（2）盗窃增值税专用发票或者可以用于骗取出口退税、抵扣税款的其他发票的，依

照刑法对盗窃公私财物的规定定罪处罚。

（3）非法出售增值税专用发票的，处3年以下有期徒刑、拘役或者管制，并处2万元以上20万元以下罚金；数量较大的，处3年以上10年以下有期徒刑，并处5万元以上50万元以下罚金；数量巨大的，处10年以上有期徒刑或者无期徒刑，并处5万元以上50万元以下罚金或者没收财产。

（五）对增值税专用发票其他违章行为的处罚

对违反专用发票使用规定的一般纳税人，依据《中华人民共和国税收征收管理法》、专用发票使用规定及其相关的规定处罚。经县以上国家税务局批准，在6个月内停止其使用专用发票，收缴结存的专用发票，并责令纳税人限期完善健全专用发票的使用制度，对逾期仍然达不到要求的，经地、市级以上国家税务局批准，可以停止其使用专用发票的期限。

对纳税人购进货物、应税劳务取得的专用发票“发票联”“抵扣联”凡不符合专用发票使用规定开具要求的，不得作为扣税的凭证。对丢失专用发票“发票联”或“抵扣联”的，不论何种原因，均不得抵扣其进项税款（从对方取得的存根联复印件也不得充作扣税凭证）。纳税人取得虚开代开的专用发票，不得作为增值税合法的抵扣凭证抵扣进项税额。

纳税人购进货物或应税劳务所支付款项的单位与开具专用发票的销货单位、提供劳务的单位不一致的，将不得抵扣进项税额。对年销售额在规定标准以上，会计核算不健全，或者不能向税务机关提供准确税务资料的一般纳税人，经县级以上国家税务局批准，停止其抵扣进项税额，按销售额依照增值税税率计算应纳税额，同时取消其专用发票使用权，并收缴结存的专用发票。待纳税人完善会计核算，能保证向税务机关提供税务资料后，方可准许抵扣进项税额，重新批准其专用票的使用权。

四、擅自减税免税的法律责任

违反法律、行政法规的规定，擅自决定税收的开征、停征或者减税、免税、退税、补税的，除依照征管法规定撤销其擅自作出的决定外，补征应征未征税款，退还不应征而征收的税款，并向上级税务机关追究直接责任人员的行政责任。

第六节 税务行政复议和诉讼

一、税务行政复议和诉讼的基本规定

纳税人、扣缴义务人、纳税担保人同税务机关在纳税上发生争议时，必须先依照税务机关根据法律、行政法规确定的税额缴纳或者解缴税款及滞纳金或者提供相应的担保，然后可以依法申请复议。对复议决定不服的，可以向人民法院起诉。当事人对税务机关的处罚决定、强制执行措施或者税收保全措施不服的，可以依法申请复议，也可以依法向人民

法院起诉。

纳税人、扣缴义务人、纳税担保人同税务机关在纳税上发生争议时，必须先依照税务机关根据法律、行政法规确定的税额缴纳或者解缴税款及滞纳金。然后可以在收到税务机关填发的缴款凭证之日起60日内向上一级税务机关申请复议。上一级税务机关应当自收到复议申请之日起60日内作出复议决定。对复议决定不服的，可以在接到复议决定书之日起15日内向人民法院起诉。

当事人对税务机关的处罚决定、强制执行措施或者税收保全措施不服的，可以在接到处罚通知之日起或者税务机关采取强制执行措施、税收保全措施之日起15日内向作出处罚决定或者采取强制执行措施、税收保全措施的机关的上一级机关申请复议；对复议决定不服的，可以在接到复议决定之日起15日内向人民法院起诉。当事人可以在接到处罚通知之日起或者税务机关采取强制执行措施、税收保全措施之日起15日内直接向人民法院起诉。复议和诉讼期间，强制执行措施和税收保全措施不停止执行。

当事人对税务机关的处罚决定逾期不申报复议也不向人民法院起诉、又不履行的，作出处罚决定的税务机关可以申请人民法院强制执行。

二、税务行政复议规则

（一）税务行政复议的含义

税务行政复议，是指纳税人、扣缴义务人和其他税务当事人，对税务机关和税务人员作出的具体行政行为不服，按照规定向上一级税务机关的复议机关提出申请，由税务行政复议机关审理并作出决定的活动。

（二）税务行政复议的受案范围

税务行政复议机关受理申请人对下列具体行政行为不服申请的复议：

（1）税务机关作出的征税行为：

①征收税款；

②加收滞纳金；

③审批减免税和出口退税；

④税务机关委托扣缴义务人作出的代扣代收税款行为。

（2）税务机关作出的责令纳税人提交纳税保证金或提供纳税担保行为。

（3）税务机关作出的税收保全措施：

①书面通知银行或者其他金融机构暂停支付存款；

②扣押、查封商品、货物或者其他财产。

（4）税务机关作出的通知出境管理机关阻止出境行为。

（5）税务机关作出的税收强制执行措施：

①书面通知银行或者其他金融机构扣缴税款；

②拍卖所扣押、查封的商品、货物或者其他财产以抵缴税款。

（6）税务机关作出的行政处罚行为：

①罚款；

②销毁非法印制的发票，没收违法所得；

③对为纳税人、扣缴义务人非法提供银行账户、发票、证明或者其他方便，导致未缴、少缴税款或者骗取国家出口退税款的，没收其非法所得。

（7）税务机关拒绝颁发税务登记证、发售发票或不予答复的行为。

（8）法律、法规规定税务机关受理复议的其他具体行政行为。

（三）税务行政复议的管辖

（1）对税务机关的具体行政行为不服申请的复议，由其上一级税务机关管辖。

（2）对税务机关设立的派出机构根据税收法律、法规和规章的规定以自己的名义作出的具体行政行为不服申请的复议，由设立该派出机构的税务机关管辖。

（3）对扣缴义务人作出的代扣、代收税款行为不服申请的复议，由主管该扣缴义务人的税务机关的上一级税务机关管辖。

（4）对法律、法规规定需要上级批准的具体行政行为不服申请的复议，由最终批准的税务机关管辖。

（5）对各省、自治区、直辖市税务局和计划单列市税务局，以及国家税务总局直属征收局、海洋石油税务管理局，国家税务总局派驻各地的进出口税收管理处作出的具体行政行为不服申请的复议，由国家税务总局管辖。

①对省级国家税务局作出的具体行政行为不服的，向国家税务总局申请税务行政复议；

②对省级地方税务局作出的具体行政行为不服的，向国家税务总局或省级人民政府申请税务行政复议。

（6）税务行政复议机关发现受理的案件不属于自己管辖，应当移送有管辖权的复议机关。受移送的复议机关不得再自行移送。

（7）对被撤销的税务机关在其被撤销前作出的具体行政行为不服申请的复议，由继续行使其职权的税务机关的上一级税务机关管辖。

税务机关因复议管辖发生争议，争议双方应当协商解决。协商不成的，由它们的共同上一级税务机关指定管辖。

（四）税务行政复议的复议机构和复议参加人

（1）税务行政复议，复议机关应当设立复议机构税务行政复议委员会及其复议办公室。复议机构应当配备专职复议工作人员。复议机构在县以上（含县级）税务局（分局）设立。税务行政复议委员会由主任委员、副主任委员以及委员5人以上组成。主任委员、副主任委员由复议机关领导担任，委员由各业务部门领导或者有关人员担任。

（2）税务行政复议机构在复议机关领导下工作，履行下列职责：

①审查复议申请是否符合法定条件；

②向争议双方、有关单位和人员调查取证、查阅文件和资料；

③组织审理复议案件；

④拟定复议决定；

⑤受复议机关法定代表人的委托，在税务行政诉讼中办理应诉事宜；

⑥法律、法规规定的职责；

⑦复议机关交办的其他职责。

复议机构代表复议机关以合议形式对复议案件进行审理，参加复议审理的人员应超过复议委员会组成人员的半数。

（3）税务行政复议的复议参加人，包括申请人、第三人和被申请人。

①依照规定申请复议的人或组织是税务行政复议的申请人。具体是指纳税义务人、扣缴义务人、纳税担保人和其他税务争议当事人。有权申请复议的公民死亡的，其近亲属可以申请复议；有权申请复议的公民是无行为能力人或者限制行为能力人的，其法定代理人可以代理申请复议。有权申请复议的法人或者其他组织发生合并、分立或终止的，承受其权利的法人或者其他组织可以申请复议。

②与申请复议的具体行政行为有利害关系的人或者组织，经复议机关批准，可以作为第三人申请参加复议。

③申请人对税务机关的具体行政行为不服申请复议的，该税务机关是被申请人。对扣缴义务人代扣、代收税款行为不服申请复议的，主管该扣缴义务人的税务机关是被申请人。对税务机关的派出机构按照税收法律、法规和规章规定，以自己的名义作出的具体行政行为不服申请复议的，该派出机构是被申请人。作出具体行政行为的税务机关被撤销合并的，继续行使其职权的税务机关是被申请人。对法律、法规规定需要上级税务机关批准的具体行政行为不服申请的复议，最初报请批准的税务机关是被申请人。

（五）税务行政复议的申请和受理

（1）申请人对税务机关作出的征税行为不服的，应当先向税务机关申请复议，对复议决定不服可以再向人民法院起诉。申请人按规定申请复议的，必须先依照税务机关根据法律、行政法规确定的税额缴纳或者解缴税款及滞纳金，然后可以在收到税务机关填发的缴款凭证之日起60日内提出复议申请。

（2）申请人对税务机关作出的税收保全措施、税务机关作出的税收强制执行措施、税务机关作出的行政处罚行为不服的，可以在接到处罚通知之日起或者税务机关采取强制执行措施、税收保全措施之日起15日内提出复议申请。申请人也可以在接到处罚通知之日起或者税务机关采取强制执行措施、税收保全措施之日起15日内直接向人民法院起诉。

（3）申请人对税务机关作出的责令纳税人提交纳税保证金或提供纳税担保行为、税务机关作出的通知出境管理机关阻止出境行为、税务机关拒绝颁发税务登记证和发售发票或不予答复的行为、法律、法规规定税务机关受理复议的其他具体行政行为不服的，应当在知道上述行为之日起15日内向税务机关申请复议或者直接向人民法院起诉。申请人因不可抗力或者其他特殊情况耽误法定申请期限的，在障碍消除后的10日内，可以申请延长期限，是否准许，由复议机关决定。申请人向复议机关申请复议，复议机关已经受理的，在法定复议期限内不得向人民法院起诉。

（4）申请税务行政复议应当符合下列条件：

①申请人是认为具体行政行为直接侵犯其合法权益的公民、法人和其他组织以及外国人、无国籍人、外商投资企业、外国企业和其他外国组织；

②有明确的被申请人；

③有具体的复议请求和事实根据；

④属于规定的申请复议范围；

⑤属于规定的复议机关管辖；

⑥按规定申请复议的，在提出复议申请前已经依照税务机关依据法律、行政法规确定的税额缴纳或者解缴税款及滞纳金；

⑦复议申请是在法定期限内提出的；

⑧法律、法规规定的其他条件。

（5）申请人向税务机关申请复议应当递交复议申请书。税务行政复议申请书应当载明下列内容：

①申请人的姓名、性别、年龄、职业、住址等（法人或其他组织的名称、地址、法定代表人的姓名）；

②被申请人的名称、地址；

③申请复议的要求和理由；

④按照规定申请复议的，要注明是否已经依照税务机关根据法律、行政法规确定的税额缴纳或者解缴税款及滞纳金，并附有关证明材料；

⑤提出复议申请的日期。

（6）税务行政复议的审理。税务行政复议机关应当自收到复议申请书之日起 10 日内，对复议申请分别作出以下处理：

①复议申请符合规定的，应当书面告知申请人自收到复议申请书之日起受理复议；

②复议申请不符合规定条件之一的，裁决不予受理并书面告知理由和诉权；

③复议申请书未载明规定内容之一的，应当把复议申请书发还申请人，书面通知限期补正。申请人在规定期限内补正的，应当书面告知自收到补正答复之日起受理复议；过期不补正的，视为未申请。

申请人依法提出复议申请，复议机关无正当理由拒绝受理或者不予答复的，上一级税务机关应当责令其受理或者答复。

（六）税务行政复议的审理和决定

（1）税务行政复议实行书面复议制度，但复议机关认为有必要时，可以采取其他方式审理复议案件。复议机关应当自受理之日起 7 日内将复议申请书副本发送被申请人。被申请人应当自收到复议申请书副本之日起 10 日内，向复议机关提交作出具体行政行为的有关材料或者证据，并作出答辩；逾期不答辩的，不影响复议。被申请人答辩应当递交答辩书。

（2）税务行政复议期间具体行政行为不停止执行。但有下列情况之一的，可以停止执行：

①被申请人认为需要停止执行的；

②复议机关认为需要停止执行的；

③申请人申请停止执行，复议机关认为其申请有正当理由，裁决停止执行的；

④法律、法规和规章规定停止执行的。

（3）税务行政复议决定作出以前，申请人撤回复议申请，或者被申请人改变所作的具体行政行为，申请人同意并撤回复议申请的，经复议机关同意并记录在案，可以撤回。申请人撤回复议申请，不得以同一的事实和理由再申请复议。

（4）复议机关审理复议案件，以法律、行政法规、地方性法规、规章以及上级税务机关依法制定和发布的具有普遍约束力的决定、命令为依据。复议机关审理民族自治地方的税务复议案件，并以该民族自治地方的自治条例、单行条例为依据。

（5）税务行政复议的决定。税务行政复议的复议机关经过审理，分别作出以下复议决定：

①具体行政行为适用法律、法规、规章和具有普遍约束力的决定、命令正确，事实清楚，符合法定权限和程序的，决定维持；

②具体行政行为有程序上不足的，决定被申请人补正；

③被申请人不履行法律、法规和规章规定的职责的，决定其在一定期限内履行；

④具体行政行为有下列情形之一的，决定撤销、变更，并可以责令被申请人重新作出具体行政行为：主要事实不清的；适用法律、法规、规章和具有普遍约束力的决定、命令错误的；违反法定程序影响申请人合法权益的；超越或者滥用职权的；具体行政行为明显不当的。

被申请人作出的具体行政行为侵犯申请人的合法权益造成了损害，申请人请求赔偿的，复议机关可以责令被申请人按照有关法律、法规的规定负责赔偿。被申请人赔偿损失后，应当责令有故意或者重大过失的税务机关工作人员承担部分或者全部赔偿费用。复议机关作出复议决定，应当制作复议决定书。

三、税务行政诉讼

（一）税务行政诉讼的含义

税务行政诉讼，是指纳税人、扣缴义务人和其他税务当事人，认为税务机关和税务人员的具体税务行政行为违法或者不当，侵犯了其合法权益，依法向人民法院提起行政诉讼，由人民法院作出裁决的司法活动。

（二）税务行政诉讼的管辖

（1）级别管辖。

①基层人民法院管辖一般的税务行政诉讼案件；

②中级人民法院管辖本辖区内重大、复杂的税务行政诉讼案件；

③最高人民法院管辖全国范围内重大、复杂的税务行政诉讼案件。

（2）地域管辖。

①一般地域管辖，由最初作出具体税务行政行为的税务机关所在地人民法院管辖；

②特殊地域管辖，经过复议的案件，复议机关改变原具体行政行为的，由原告选择最初作出具体行政行为的税务机关所在地的人民法院，或者复议机关所在地人民法院管辖；

③裁定管辖，人民法院自行裁定的管辖，包括移送管辖、指定管辖和管辖权的转移三

种情况。

（三）税务行政诉讼的受案范围

（1）税务机关作出的征税行为。

①征收税款；

②加收滞纳金；

③审批减免税和出口退税；

④税务机关委托扣缴义务人作出的代扣代收税款行为。

（2）税务机关作出的责令纳税人提交纳税保证金或提供纳税担保行为。

（3）税务机关作出的税收保全措施。

①书面通知银行或者其他金融机构暂停支付存款；

②扣押、查封商品、货物或者其他财产。

（4）税务机关作出的通知出境管理机关阻止出境行为。

（5）税务机关作出的税收强制执行措施。

①书面通知银行或者其他金融机构扣缴税款；

②拍卖所扣押、查封的商品、货物或者其他财产以抵缴税款。

（6）税务机关作出的行政处罚行为。

①罚款；

②销毁非法印制的发票，没收违法所得；

③对为纳税人、扣缴义务人非法提供银行账户、发票、证明或者其他方便，导致未缴、少缴税款或者骗取国家出口退税款的，没收其非法所得。

（7）税务机关拒绝颁发税务登记证、发售发票或不予答复的行为。

（8）法律、法规规定税务机关受理复议的其他具体行政行为。

（9）税务机关的复议行为。

（四）税务行政诉讼的起诉和受理

（1）纳税人、扣缴义务人和其他税务当事人，在提起税务行政诉讼时，必须符合下列条件：

①原告是认为具体税务行政行为直接侵犯其合法权益的公民、法人和其他组织以及外国人、无国籍人、外商投资企业、外国企业和其他外国组织；

②有明确的被告；

③有具体的税务行政诉讼请求和事实根据；

④属于人民法院规定的的申请受案范围；

⑤属于人民法院规定的管辖。

（2）税务行政诉讼，原告起诉，经过人民法院审查，符合规定的起诉条件和其他规定，并予立案。

（五）税务行政诉讼的审理和判决

（1）人民法院审理税务行政案件，实行合议、回避、公开审判和两审终审的制度。

（2）人民法院对受理的税务行政案件，经过审理后，作出如下裁决：

①维持判决；

②撤销判决；

③履行判决；

④变更判决。

第七节 税务代理

一、税务代理概述

税务代理是指税务代理人在国家法律规定的代理范围内，受纳税人、扣缴义务人及其他单位和个人的委托，代为办理各项税务事宜的行为的总称。

《中华人民共和国税收征管法》规定，纳税人、扣缴义务人可以委托税务代理人代为办理税务事宜。为规范税务代理执业行为，保证税务代理执业质量，维护委托人的合法权益，促进税务代理事业的健康发展，根据《中华人民共和国税收征收管理法实施细则》和《注册税务师资格制度暂行规定》的有关规定，国家税务总局制定了《税务代理业务规程（试行)》，于2001年10月8日发布，自发布之日起施行。

二、我国税务代理基本规定

（一）税务代理的基本原则

（1）自愿的委托原则；

（2）依法代理的原则；

（3）独立、公正的原则；

（4）维护国家利益和保护委托人合法权益的原则。

（二）税务代理的业务范围

（1）办理税务登记、变更税务登记和注销税务登记手续；

（2）办理除增值税专用发票的发票领购手续；

（3）办理纳税申报或扣缴税款报告；

（4）办理缴纳税款和申请退税手续；

（5）制作涉税文书；

（6）审查纳税情况；

（7）建账建制，办理账务；

（8）税务咨询、受聘税务顾问；

（9）税务行政复议手续；

（10）国家税务总局规定的其他业务。

（三）税务代理关系的确立和终止

（1）税务代理关系的确立，应当以委托人自愿委托和税务师事务所自愿受理为前提。委托人提出书面或口头的委托代理意向后，税务师事务所应派人对委托人的基本情况及委托事项进行了解。重点应了解委托人的生产经营、销售、纳税以及财务会计制度等情况。

（2）税务师事务所经过了解，对符合下列条件的，可以接受委托：

①委托的税务代理事项，符合国家的法律、法规，符合《注册税务师资格制度暂行规定》中规定的业务范围；

②委托人能全面、真实地提供税务代理工作所需要的生产、经营情况和有关的数据、财务账册及文件资料；

③税务师事务所对委托人的事项具备相应的承办能力。

（3）税务师事务所决定接受委托的，应与委托人委托事项进行协商。双方达到一致意见后，签订税务代理委托协议。税务代理委托协议应当包括以下内容：

①委托人及税务师事务所名称和住址；

②委托代理项目和范围；

③委托代理的方式；

④委托代理的期限；

⑤双方的义务及责任；

⑥委托代理费用、付款方式及付款期限；

⑦违约责任及赔偿方式；

⑧争议解决方式；

⑨其他需要载明的事项。

税务代理委托协议自双方法定代表人签字、盖章时起即具有法律效力，并受法律保护。税务代理委托协议在履行过程中如遇情况变化，需要变更或修改补充的，双方应及时协商议定。税务代理委托协议约定的履行期满，双方如有续约意向，应及时协商并另行签订。税务代理委托协议中的当事人一方必须是税务师事务所，税务代理执业人员不得以个人名义直接接受委托。税务代理执业人员承办税务代理业务由税务师事务所委派。

（4）税务代理委托协议约定的代期限届满或代理事项完成，税务代理关系自然终止。

（5）有下列情形之一的，委托方在代理期限内可单方终止代理行为：

①税务代理执业人未按代理协议的约定提供服务；

②税务师事务所被注销资格；

③税务师事务所破产、解体或被解散。

（6）有下列情形之一的，税务师事务所在代理期限内可单方终止代理行为：

①委托人死亡或解体、破产；

②委托人自行实施或授意税务代理执业人员实施违反国家法律、法规行为，经劝告不停止其违法活动的；

③委托人提供虚假的生产经营情况和财务会计资料，造成代理错误的。

委托关系存续期间，一方如遇特殊情况需要终止代理行为的，提出终止的一方应及时通知另一方，并向当地主管税务机关报告，终止的具体事项由以方协商解决。

（四）税务代理业务的实施

（1）税务代理业务的实施是整个税务代理工作的中心环节，税务代理执业人员应严格按照税务代理委托协议约定的范围和权限开展工作。实施复杂的税务代理业务，应在税务代理委托协议签订后，由项目负责人编制代理计划，经部门负责人和主管经理（所长）批准后实施。

（2）根据委托人的受权和工作需要，承办的执业人员应对委托人提供的情况、数据、资料的真实性、合法性、完整性进行验证、核实。在此基础上，制作税务代表报告、涉税文书，经征求委托人同意后，加盖公章送交委托人或主管税务机关。税务代理报告实行三级审核签发制，即代理项目负责人、部门经理、经理（所长）签字后，方可加盖公章送出。

（3）在税务代理过程中，税务代理执业人员如遇下列情况之一的，必须及时向所在的税务师事务所和主管税务机关报告：

①现行税收法律、法规没有明确规定或规定不够明确的；

②委托人授意代理人员实施违反国家法律、法规行为，以劝告仍不停止其违法活动的；

③委托人自行实施违反国家法律、法规行为，经劝告不停止其违法活动的。

（4）代理项目实施中的责任，应根据协议的约定确定。凡是由于委托方未及时提供真实的、完整的、合法的生产经营情况、财务报表及有关纳税资料造成代理工作失误的，由委托方承担责任；执业人员违反国家法律、法规进行代理或未按协议约定进行代理，给委托人造成损失的，由税务师事务所和执业人员个人承担相应的赔偿责任。

（5）税务师事务所应建立税务代理工作底稿制度。税务代理工作底稿是税务代理执业人员在执业过程中形成的工作记录、书面工作成果和获取和资料。税务代理工作底稿要依照税务代理事项的内容和要求编制。应当内容完整、格式规范、记录清晰、结论准确。不同的代理事项应编制不同的工作底稿。税务事务所要建立健全工作底稿逐级复核制度，有关人员在编制和复核工作底稿时，必须按要求签署姓名和日期。

（6）税务代理执业人员在委托事项实施完毕后，应当按照法律、法规的要求，以经过核实的数据、事实为依据，形成代理意见，出具税务代理工作报告。税务代理工作报告是税务代理执业人员就其代理事项的过程、结果，向委托人及其主管税务机关或者有关部门提供的书面报告，包括审查意见、鉴定结论、证明等。税务代理工作报告应根据代理项目的不同分别编写。对外出具的代理报告，由承办的具有注册税务师资格的执业人员签字，经有关人员复核无误后，加盖税务师事务所公章，交委托人签收。委托人对代理事项不要求出具代理报告的，受托人可不出具代理报告，但应保存完整的代理业务工作底稿。税务代理工作报告必须资料真实可靠，分析合理有据，责任明确。

（五）税务代理业务档案

税务师事务所承办代理为务必须建立档案管理制度，保证税务代理档案的真实、完整。税务代理档案是如实记载代理业务始末、保存计税资料、涉税文书的案卷。代理业务完成后，应及时将有关代理资料按要求整理归类、装订、立卷，保存归档。

复习思考题

1. 基本概念

税收征管法　偷税　抗税　税务行政复议　税务行政诉讼　税务代理

2. 思考题

（1）税务登记包括哪三种情况？这三种情况各怎样办理税务登记？

（2）怎样办理延期纳税？

（3）税款征收的方式有哪几种？从现代社会和未来的发展考虑税款征收方式应采取什么方式？

（4）偷税的法律责任是怎样规定的？

（5）抗税的法律责任是怎样规定的？

（6）税务行政复议的受案范围主要包括哪些？

（7）税务代理的基本原则主要有哪些？

（8）税务代理关系在什么情形下委托方、税务师事务所可单方终止？

（9）什么是税收保全措施？其主要内容是什么？

（10）什么是税收强制执行措施？其主要内容是什么？

3. 微型案例与讨论

漳州国税局直属局查处一纳税申报异常户，补税50多万元。据《福建税务》2000年第4期消息，漳州国税直属局稽查部门在查处某一增值税一般纳税人企业税务违章和行为时，严格按照“四分离”规定执行，查补入库50多万元税款。该企业是外地某企业驻漳州经营部，漳州国税直属局稽查部门在选案过程中，发现该企业纳税申报异常，从2000年1—7月，该企业销售额55567872.62元，实际缴纳增值税是零，留抵税额105676.16元。稽查部门立即派出一精干检查组深入企业进行检查，发现该企业在2000年5-6月期间，从仓库提取1650.234吨货物未入账，企业在事实和相关税收政策面前，承认了违章事实。在检查过程中，稽查审理人员也提前“介入”此案，及时了解检查进度，对稽查文件、取证程序及时进行规范。在检查组提供报告等资料后，审理组立即展开审理，及时提出审理意见报案件审理委员会集体审定，根据《增值税暂行条例》和《税收征管法》的有关规定，对该企业核增销项税额563094.10元，核减留抵税额105676.16元，实际查补各项税费及加收滞纳金542040.26元，有力地维护了税法的尊严。

根据上述案例，讨论并回答：

（1）该纳税人的行为是属于偷税行为，还是抗税行为？

（2）你认为应如何提高我国纳税人的纳税意识？

第十章*
税收管理体制与分税制

学习目标

本章阐述税收管理体制和分税制的基础知识和主要体制内容。税收管理体制是国家财政管理体制的重要组成部分。在一定的政治经济条件下，一个国家根据其具体的国情，科学合理地划分中央政府和地方政府在税收管理方面的权限，是一项重要的体制。

通过本章学习，掌握税收管理体制的基本知识，包括税收管理体制的含义、分税制的含义和分税制的原则，以及我国税收管理体制的现状等内容。了解其他相关内容。

第一节 税收管理体制

一、税收管理体制概述

（一）税收管理体制的含义

税收管理体制，是划分中央与地方税收管理权限的基本制度。通常将税收管理体制作为一个国家税收制度的内容，所以税收管理体制是国家税收制度的重要组成部分，同时因为税收管理体制是对管理权限的确定和划分，因此税收管理体制也是国家经济管理体制和财政管理体制的重要组成部分。

（二）税收管理权限的内容

税收管理的权限主要包括两大部分，一是税收立法权限；二是税收执法权限。

1. 税收立法权

税收立法权，是指国家权力机关依据法定程序规定税法制定、审议、批准、公布等税收方面的一系列权力。具体包括税法制定权、审议权、表决权、批准权、公布权、税种开征或停征权等。

---

* 本章为实践性教学模块的内容。

税收立法权的划分，有两种基本类型，即单一制国家的“授权制”与联邦制国家的分权制。在中国、英国、日本和韩国等单一制国家，地方政府的权力由立法机关以普遍的形式授予，在“授权制”模式下，地方政府（中国的各级地方政府，日本的都、道、府及市、町、村，韩国的省、郡）基本上没有确定税法税基的权力。但是中央政府也并非税权独揽，还是给予地方政府一定范围内的调整税目、税率的权力。

在美国、加拿大和主要西欧国家（英国除外），中央政府的权力在宪法中明确列举。列举之外的权力，一概属于地方，地方政府的权益受到宪法保护。地方政府对地方税基和税率有完全的自主权，地方政府可以通过地方立法设立新税、废除旧税、提高或者降低地方税的税率等。不过，通常法律都赋予联邦政府较优先的征税权，以保证联邦政府拥有稳定可靠的财政收入，同时，法律还赋予联邦政府在执行税法过程中的优越地位，保证其对地方政府（州、邦）的控制。

2. 税收执法权

税收执法权，是指执行税收法律的权限。税收执法权属于一种行政权力，是政府及其职能部门的职责权限。我国目前的税收执法权，主要内容包括：

（1）经立法机关授权，在税法规定的范围内对一些税种决定开征或停征的权限；

（2）经立法机关授权，制订税法实施细则和对税法、税收法规进行解释的权限；

（3）对税目、税率等税制要素进行调整或具体确定的权限；

（4）按照税收法律法规的规定，制订具体税收执行规定的权限；

（5）对各项税收减、免税的审批权限等。

二、我国税收管理权限在政府之间的划分

（一）属于国务院的管理权限

属于国务院的税收管理权限，主要包括国家税收政策的改变，税法的颁布实施，税种的开征、停征，税目的增减和税率的调整等等。1984年9月六届全国人大常委会第七次会议通过《关于授权国务院改革工商税制和发布试行有关税收条例（草案）的决定》，其主要是，为适应经济体制改革，经全国人大常委会授权，在实施工商税制改革过程中，由国务院拟定有关税收条例，以草案的形式发布试行，财根据试行经验加以修订，报全国人大常委会审议。

（二）属于财政部的管理权限

属于财政部的税收管理权限主要包括：

（1）在全省、自治区、直辖市范围内开征、停征某一个税种。

（2）在全省、自治区、直辖市范围内对某种应税产品或某个行业进行减税、免税。

（3）对工商税收中的卷烟、酒、糖、手表四种产品的减税、免税。

（4）盐税税额的调整及非生产用盐的减税、免税。

（5）有关涉及外交关系和对外商征税的问题。

1988年5月，国务院决定财政部税务总局改为国家税务局，由财政部归口管理。国

家税务局是主管国家税收工作的职能机构，负责有关税收事宜的决定和处理。原税收管理体制中属财政部管理权限的大部分内容，改由国家税务局管理。

（三）属于省、自治区、直辖市的管理权限

属于省、自治区和直辖市的税收管理权限主要包括：

（1）对个别纳税单位生产的产品或经营的业务，因生产、经营、价格等客观条件发生较大变化，按照税法规定纳税有困难的，可给予定期的减税、免税照顾。

（2）工业生产利用废渣、废液、废气和其他废旧物品作主要原料生产的产品，按照税法规定纳税有困难的，可给予定期的减税、免税照顾。

（3）乡镇企业生产的直接为农业生产服务的产品，可以根据本地区的实际情况，列举具体产品和服务项目，免征工商税，所得利润需要给予照顾的，可列举免征所得税。

（4）对灾区乡镇从事自救性的生产，可给予一定期限的减征税或免征工商税和所得税的照顾。

（5）为贯彻中央的统一税法，可以制定具体征税办法。

（6）民族自治区对少数民族聚集的地区，可以根据国家税收制定的原则，制定税收办法，报国务院备案。

1988 年，财政部决定将房产税、城镇土地使用税、车船使用税、城市维护建设税、印花税、筵席税、屠宰税、牲畜交易税、集市交易税、个人收入调节税、奖金税、工资调节税和建筑税等税种的收入划为地方财政收入。在实际执行过程中，除个别税种外，大部分税种的减免审批权限事实上不同程度地下放给了省、自治区、直辖市及其以下的各级税务机关。

第二节　分税制

一、分税制概述

分税制，是市场经济国家以税收管理权限和税收收入为依据划分中央政府与地方政府以及地方各级政府之间财政分配关系的一项财政管理体制。根据分税制的规定，在界定中央政府、地方政府职能的基础上，以税收管理权限和税收收入的划分为依据，来确定中央政府和地方政府之间的财政分配关系。

根据 1994 年国务院制定的分税制财政体制的规定，在中央财政和省级财政之间，实行分税制财政管理体制。但是在国务院制定的分税制财政管理体制中，未对省以下各级财政体制作出明确的规定。而实际上在省级以下，由省、自治区和直辖市人民政府分别根据各地的情况制定和实施了省以下各级政府之间的分税制财政管理体制。

实行分税制财政管理体制，关键是中央与省级及省级以下各级政府的事权划分，根本问题是政府职能的确定和划分。目前在我国。关键性和根本问题不解决或解决不当，规范的、彻底的分税制财政管理体制的制定和实施将难以实现。

二、各级政府间为什么分税

（一）政府财政经济分级管理的要求

在实行市场经济的国度中，如果税收立法权全部集中在中央，地方政府没有一定的税收立法权，那么，因为税法不可能过细，就可能出现税收立法只顾及中央宏观管理和中央财政的需要，或者只符合部分地区的实际，而不可能符合中央与所有地方政府实际的问题，随之而来的是税法的“一刀切”，税法执行中的“越权”及执法难等问题也就难以避免。

（二）地方政府实施中观调控的要求

在实行市场经济的国家中，若税收政策制定权全部集中在中央，在中央控制过严的情况下，地方政府为了促进本地经济发展，调节区域经济结构，平衡预算，满足基本支出需要，在正常的税收之外，就可能另寻非税收入和调节途径，如收费、领奖、摊派、罚款等，这些“准税收政策”的制定和实施大都不规范、不公平、不合理，透明度低，政策效果差。同时，税收政策“一刀切”也会造成各地苦乐不均、政策时滞和政策偏差。

（三）调动地方政府征税积极性的要求

在实行市场经济的国家中，若税收征管权全部集中在中央，全国只设一套税务机构，并直接由中央领导，地方政府没有自己的征税机关，税款征收多少也不与地方预算支出规模挂钩，那么，就会可能降低地方征税的积极性和努力程度，地方尤其是富裕的地区，甚至会有意地“放水养鱼”，藏富于企业、藏富于地方。

（四）提高公共资金使用效率的要求

如果税款全部集中于中央，地方花钱要靠中央拨款，那么，地方花钱就不会像花“自己”的钱一样精打细算、讲求效率和效益；而且，哪些地方、部门、事业应该多花，哪些应该少花，中央并不能全做到心中有数，由于中央向下的拨款额是在讨价还价的谈判机制中确定的，往往有很大的随意性和不可预见性，它会诱使资金分配使用的设租、寻租行为，弱化政府支出预算约束，有失公共财力分配的公平、公正。

（五）公共产品必需分级提供的要求

地方性公共产品的存在，要求地方政府根据本辖区的企业和居民对公共品的需求量、结构、质量等，分级并主要通过各自的“税收——公共支出”机制加以提供。相对于采用其他方式和机制提供，这样处理更会更为公正合理、更为有效，也更为方便、更为可靠。换言之，地方税是用来分摊地方公共品生产的成本费用的一种最为有效的社会分配机制。

三、各级政府间的分税

（一）政府间分税的原则

不论联邦制国家，还是单一制国家，也不论是发展中国家，还是发达国家，即不论政治体制、国体结构和经济发展存在着多么大的差异，在实行分税制的市场经济国家中，政府间自决权、税源和税收划分的基本原则都是相同和相近的。这些原则主要包括：

1. 效率原则

从经济效率的角度讲，税收划分要尽量减少对资源优化配置的影响。从税收征管效率讲，按照划归哪一级政府可以更有效地征收为标准来确定税种的归属，即如果某种税由地方政府征收效率更高，更有利于及时足额地把税款征收入库，则就将这种税划归地方税，相反，应划归中央税。在财政管理体制的建立和完善方面，遵循效率原则，包括以下内容：一是分税制财政管理体制的收益较大化，充分调动中央和地方两积极性；二是保证中央政府对社会经济调控功能的统一发挥，保证中央财政收入，能够促进全国社会经济的发展；三是促进地方财政管理水平的提高和财政收支的平衡，应当兼顾省级和市（地）以下各级的利益，促进省级范围内社会资源的有效配置。

2. 公平原则

实行分税制，要使全国各地区间的税种结构、税基、税率大体上平衡，即各地居民的税负应平衡。

3. 法律原则

分税制财政管理体制，应通过法律形式公布和实施。没有法律的形式，会难以落到实处。既要维护财政管理体制的权威性和完整统一性，又要适当下放部分财政管理权限给省级、市（地）以下各级地方，省级以下地方各级在中央明确的授权范围内，依据严格的立法程序制定财政管理体制。除此之外，任何企业、单位、部门、个人都不得擅自决定财政管理体制的内容和办法。否则，财政管理就有可能出现混乱无序的现象。因此，必须遵循法律原则。

（二）我国分税制的基本内容

1. 中央与地方支出责任的划分

（1）中央政府的事权和财政支出。根据中央政府与地方政府事权的划分，中央财政主要承担国家安全、外交和中央国家机关运转所需经费，调整国民经济结构、协调地区发展、实施宏观调控所必需的支出以及由中央直接管理的事业发展支出。具体包括国防费，武警经费、外交和援外支出，中央级行政管理费，中央统管的基本建设投资，中央直属企业的技术改造和新产品试制费，地质勘探费，由中央财政安排的支农支出，由中央负担的国内外债务的还本付息支出，以及中央本级负担的公检法支出和文化、教育、卫生、科学等各项事业费支出。

（2）地方政府的事权和财政支出。地方财政主要承担本地区政权机关运转所需支出以及本地区经济、事业发展所需支出。具体包括地方行政管理费，公检法支出，部分武警经费，民兵事业费，地方统筹的基本建设投资，地方企业的技术改造和新产品试制经费，支农支出，城市维护和建设经费，地方文化、教育、卫生等各项事业费，价格补贴支出以及其他支出。

2. 中央与地方收入的划分

根据事权与财权相结合的原则，按税种划分中央与地方的收入。将维护国家权益、实施宏观调控所必需的税种划为中央税；将同经济发展直接相关的主要税种划为中央与地方共享税；将适合地方征管的税种划为地方税，并充实地方税税种，增加地方税收入。具体划分为中央固定收入、地方固定收入和中央与地方共享收入。

（1）中央固定收入。中央固定收入包括：关税，海关代征消费税和增值税，消费税，中央企业所得税，地方银行和外资银行及非银行金融企业所得税，铁道部门、各银行总行、各保险总公司等集中交纳的收入（包括增值税、所得税、利润和城市维护建设税），中央企业上交利润等。外贸企业出口退税，除1993年地方已经负担的20%部分列入地方上交中央基数外，以后发生的出口退税全部由中央财政负担。

（2）地方固定收入。地方固定收入包括：地方企业所得税（不含上述地方银行和外资银行及非银行金融企业所得税），地方企业上交利润，个人所得税，城镇土地使用税，固定资产投资方向调节税，城市维护建设税（不含铁道部门、各银行总行、各保险总公司集中交纳的部分），房产税，车船使用税，印花税，屠宰税，农牧业税，对农业特产收入征收的农业税（简称农业特产税），耕地占用税，契税，遗产和赠予税，土地增值税，国有土地有偿使用收入等。

（3）中央与地方共享收入。中央与地方共享收入包括增值税、资源税、证券交易税。增值税中央分享75%，地方分享25%。资源税按不同的资源品种划分，大部分资源税作为地方收入，海洋石油资源税作为中央收入。证券交易税，现为中央分享80%，地方分享20%。从2002年起企业所得税，中央与地方各分享50%，2003年中央分享60%，地方分享40%。

3. 中央财政对地方税收返还数额的确定

为了保持现有地方既得利益格局，逐步达到改革的目标，中央财政对地方税收返还数额以1993年为基期年核定。按照1993年地方实际收入以及税制改革和中央与地方收入划分情况，核定1993年中央从地方净上划的收入数额（即消费税+75%的增值税-中央下划收入）。1993年中央净上划收入，全额返还地方，保证现有地方既得财力，并以此作为以后中央对地方税收返还基数。1994年以后，税收返还额在1993年基数上逐年递增，递增率按全国增值税和消费税的平均增长率的1∶0.3系数确定，即上述两税全国平均每增长1%，中央财政对地方的税收返还增长0.3%。如若1994年以后中央净上划收入达不到1993年基数，则相应扣减税收返还数额。

复习思考题

1. 基本概念

税收管理体制　税收立法权　税收执法权　分税制

2. 问答题

（1）涉及外交关系的相关税收问题，税收权限属于哪一级政府或部门？

（2）工业生产利用废渣、废液、废气和其他废旧物品作主要原料生产的产品，按照税法规定纳税有困难的给予减税、免税照顾的决定权限属于哪一级政府或部门？

（3）政府间分税的原则主要有哪些？

（4）按照现行分税制规定，“外交和援外支出”属于中央，还是地方的事权和支出？为什么？

（5）各级政府间为什么分税？

（6）我国现行分税制，对中央与地方共享收入是怎样规定的？

3. 思考讨论题

（1）在分税制的办法中，将增值税设为中央与地方共享税，并按中央75%，地方25%的比例分配，这样做是为什么？有什么利弊？

（2）在分税制的办法中，确定了中央财政对地方财政的税收返还额的办法，具体办法是如何规定的？这样规定有什么好处？

（3）从我国现行分税制办法及目前政府职能和发展社会主义市场经济的客观要求考虑，下一步分税制应如何改革和完善。

第十一章 税款计算与缴纳实训

学习目标

本章主要演示和举例各主要税种的税款计算与缴纳。税款计算与缴纳，是提高动手能力，培养会操作的实用型人才的重要内容。本章将前述各种税的税收法规与纳税人实际情况相结合，通过实例的形式，讲解和分析税款的计算方法、规定，以及税务登记、税款的申报缴纳，包括税务登记表、税收申报表、税收专用缴款书的填写等内容。

通过本章学习，掌握增值税、营业税和企业所得税等主要税种应纳税额的计算，掌握一个工业企业、商业企业、建筑企业所缴纳的各种税税款的综合计算，以及税收的纳税申报与缴纳等业务。

第一节 主要税种的计算实训

一、增值税税款计算实训

（一）增值税税款计算实训一（一般纳税人应纳增值税款的计算）

一般情况下，增值税一般纳税人，其增值税应纳税款是根据当期销项税额扣除当期进项税额而计算得出的。

1. 增值税税款计算实训例题 1

某增值税一般纳税人，2019 年 7 月的销项税额为 27.67 万元，同期的进项税额为 19.97 万元，计算该企业 7 月应纳增值税税款。

注：如果当期的销项税额减去当期的进项税额是负数，即当期的销项税额小于当期的进项税额不足抵扣时，其的不足部分，可以结转下期继续抵扣。

2. 增值税税款计算实训例题 2

某增值税一般纳税人，在 2019 年 8 月，销售设备 2 台，取得产品销售收入 216820.00 元，填开增值税专用发票，其向购买方收取的增值税税额和相关内容见表 11－1 增值税专用发票。该月进项税额为 2641.63 元。计算该纳税人 8 月应纳的增值税款。

表 11-1

增值税专用发票

××省（市、区）增值税专用发票

开票日期：2019 年 8 月 25 日

No 23121131

<table>
<tr><td rowspan="2">购货单位</td><td>名称</td><td colspan="3">华东机械厂</td><td colspan="9">纳税人登记号</td><td colspan="10">210236547148857</td></tr>
<tr><td>地址
电话</td><td colspan="3">上海市虹桥区南洋路 126 号
021—56872488</td><td colspan="9">开户银行及账号</td><td colspan="10">中行上海市虹桥区分行
125547732126</td></tr>
<tr><td rowspan="2">商品或劳务名称</td><td rowspan="2">计量单位</td><td rowspan="2">数量</td><td rowspan="2">单价</td><td colspan="9">金额</td><td>税率</td><td colspan="9">税额</td></tr>
<tr><td></td><td>拾</td><td>万</td><td>千</td><td>百</td><td>十</td><td>元</td><td>角</td><td>分</td><td>（%）</td><td>百</td><td>拾</td><td>万</td><td>千</td><td>百</td><td>十</td><td>元</td><td>角</td><td>分</td></tr>
<tr><td>zx 型设备</td><td>台</td><td>2</td><td>108410</td><td>¥</td><td>2</td><td>1</td><td>6</td><td>8</td><td>2</td><td>0</td><td>0</td><td>0</td><td>13</td><td>¥</td><td>2</td><td>8</td><td>1</td><td>8</td><td>6</td><td>6</td><td>0</td><td></td></tr>
<tr><td></td><td></td><td></td><td></td><td></td><td></td><td></td><td></td><td></td><td></td><td></td><td></td><td></td><td></td><td></td><td></td><td></td><td></td><td></td><td></td><td></td><td></td><td></td></tr>
<tr><td></td><td></td><td></td><td></td><td></td><td></td><td></td><td></td><td></td><td></td><td></td><td></td><td></td><td></td><td></td><td></td><td></td><td></td><td></td><td></td><td></td><td></td><td></td></tr>
<tr><td></td><td></td><td></td><td></td><td></td><td></td><td></td><td></td><td></td><td></td><td></td><td></td><td></td><td></td><td></td><td></td><td></td><td></td><td></td><td></td><td></td><td></td><td></td></tr>
<tr><td></td><td></td><td></td><td></td><td></td><td></td><td></td><td></td><td></td><td></td><td></td><td></td><td></td><td></td><td></td><td></td><td></td><td></td><td></td><td></td><td></td><td></td><td></td></tr>
<tr><td></td><td></td><td></td><td></td><td></td><td></td><td></td><td></td><td></td><td></td><td></td><td></td><td></td><td></td><td></td><td></td><td></td><td></td><td></td><td></td><td></td><td></td><td></td></tr>
<tr><td>合计</td><td></td><td></td><td></td><td>¥</td><td>2</td><td>1</td><td>6</td><td>8</td><td>2</td><td>0</td><td>0</td><td>0</td><td></td><td></td><td>¥</td><td>2</td><td>8</td><td>1</td><td>8</td><td>6</td><td>6</td><td>0</td></tr>
<tr><td>价税合计（大写）</td><td colspan="22">※佰 贰拾肆万 伍仟 零佰 零拾 陆元 陆角 零分 ¥245006.60</td></tr>
<tr><td rowspan="2">销货单位</td><td>名称</td><td colspan="3">山东 zx 设备厂</td><td colspan="9">纳税人登记号</td><td colspan="10">370101254112683</td></tr>
<tr><td>地址
电话</td><td colspan="3">山东济南市天桥区路 23 号
0531—5627788</td><td colspan="9">开户银行及账号</td><td colspan="10">建行山东济南市天桥区分理处
26657847263</td></tr>
</table>

收款人：王建刚　　复核：李成章　　制单人：张自明　　开票单位（未盖章无效）：山东 zx 设备厂章

注：该企业设备的增值税率为13%。

分析：企业销项税额是销售货物或者提供应税劳务，按照销售额和规定的税率计算并向购买方收取的增值税税额，销项税额 = 销售额 × 税率，这里所用的销售额是不含增值税销售税额的，税率是销售的货物所适用的增值税率。在企业有关人员填开增值税专用发票时，应按照上述的公式计算销项税额。增值税款按销项税额减进项税额计算。

3. 增值税税款计算实训例题3

某增值税一般纳税人，在2019年7月，销售产品的销售收入额2000000.00元，填开增值税专用发票记载的增值税款为260000元，该月进项税额涉及的相关资料为：

（1）购进生产用原料的免税农业产品，买价210600元；

（2）购进汽车一部250000元，增值税专用发票记载增值税税额为42500元；

（3）购进辅助材料300000万元，增值税专用发票注明增值税税额为51000元；

（4）支付生产用电费58000元，增值税专用发票注明税额9860元；

（5）支付的水费90000元，增值税专用发票注明税额15300元，其中生活用水30000元。

计算该纳税人7月应纳的增值税款。

注：该企业的增值税率为13%。

分析：该企业属于增值税一般纳税人，其计算增值税税款的销项税额比较容易确定，即增值税专用发票上所记载的税额，但是其进项税额比较复杂，根据情况按照增值税规定，首先确定哪些可作为进项税额的内容；其次具体计算进项税额。最后计算该企业应纳的增值税额。在所列资料中，根据增值税相关规定：

（1）购进生产用原料的免税农业产品，应按10%的扣除率计算其进项税额；

（2）购进汽车一部，其进项税额虽然已实际支付，但属于购买固定资产，其进项税额可以抵扣；

（3）购进辅助材料的进项税额，可根据合法的专用发票上记载的税额扣除；

（4）支付生产用电费的进项税额，可根据合法的专用发票上记载的税额扣除；

（5）支付的水费的进项税额，应根据增值税专用发票注明税额的生产与生活所用水费的比例，进行计算和分摊，用于生产的水费其进项税额可扣除，而用于生活的水费的进项税额不能抵扣。

4. 增值税税款计算实训例题4

某市造纸厂，为增值税一般纳税人，2019年6月的购销情况如下：

①填开增值税专用发票销售应税货物，销售收入2879000元；

②填开一般发票销售应税货物，销售收入42120元；

③购进生产用原料的免税农业产品，买价620700元；

④购进汽车一部270000元，增值税专用发票记载税额45900元；

⑤购进辅助材料128000万元，增值税专用发票注明税额21760元，为支付购进辅助材料的运费2000元，装卸费300元，保险费260元，已取得运输发票；

⑥支付电费25000元，增值税专用发票注明税额4250元，其中生活用电费5000元；

⑦支付生产用水费70000元，增值税专用发票注明税额4200元。

要求：计算该厂6月份应纳增值税税额。

注：该企业的增值税率为 13%。

简单分析：该企业属于增值税一般纳税人，销售产品采用填开增值税专用发票和一般发票两种形式，采用一般发票的销售应按照规定计算不含税的销售额，然后计算销项税额。进项税额要根据情况确定是否可以抵扣，并计算可抵扣的进项税额的金额。在计算进项税额时，运输费用的扣除税额，按照规定只准许扣除运费的税额，并且是按运费金额和7%的扣除率计算。最后计算应纳税款。

5. 增值税税款计算实训例题 5

某摩托车厂（属增值税一般纳税人），2019 年 5 月有关情况如下：

（1）销售摩托车收入共 126.79 万元，其中销售给个人 5 辆，收入 5.382 万元（开具一般发票），其他均开具增值税专用发票；

（2）外购摩托车 66 辆，买价为 34.32 万元，专用发票注明增值税额 5.8344 万元，支付的运杂费 5900 元，其中运费 3900 元，建设基金 1000 元，保险费 600 元，装卸费 400 元，已取得运费发票；

（3）本月生产领用摩托车 61 辆，买价为 31.72 万元；

（4）其他进项税额：支付生产用电费扣除税额为 1.6 万元（专用发票合法有效），经核定其进项税为 1.78 万元。

要求：计算该摩托车厂 5 月份应纳增值税和消费税。

注：该企业的增值税率为 13%，消费税税率 10%。

分析：该企业为增值税一般纳税人，销售摩托车产品有两种情况，一是一般销售，开具增值税专用发票，二是销售摩托车给个人，按照增值税专用发票的规定，不得开具专用发票只能开具一般发票。因此会出现两种情况，开具专用发票的销售额不含增值税，而开具一般发票的销售收入却包括增值税额在价格内，应区别情况处理。本例还涉及消费税中，关于外购用于生产的原料已纳税的扣除问题，应根据消费税有关规定进行计算。

（二）增值税税款计算实训二（小规模纳税人应纳增值税款的计算）

增值税税款计算实训例题 6

某增值税小规模纳税人，2019 年 7 月应税销售额为 168000 元，均为填开一般发票销售货物，外购货物 26000 元。要求：计算该纳税人 2019 年 7 月年应纳增值税款。

注：该小规模纳税人的增值税征收率核定为 3%。

分析：增值税小规模纳税人应纳增值税款，按照简易办法计算。即应纳税款等于销售额乘以征收率（3%）。但是，小规模纳税人计算应纳增值税款的销售额，是指不含增值税的销售额。而通常情况下，小规模纳税人是价税混合收取的，即价税合一的，所以，对小规模纳税人，要将其含税销售收入额换算成不含税的销售额，然后才能计算应纳的增值税款。

（三）增值税税款计算实训三（进口货物应纳增值税款的计算）

增值税税款计算实训例题 7

某企业，从国外进口一批货物，该批货物的到岸价格为 500000 元（经海关审定的完税价格），计算其在进口时，应该纳的关税税款、消费税税款和增值税税款。

注：该货物的进口关税税率为100%，增值税税率为13%，消费税税率为30%。

分析：该企业从国外进口货物，在报关进口时，应向我国海关申报，并缴纳关税、增值税、消费税。

（1）关税税额是按照关税计税价格和适用税率计算，计税价格本例为到岸价格；

（2）消费税税额是按照组成计税价格和适用税率计算，组成计税价格是包括关税完税价格、关税和消费税（消费税是价内税）的金额，计算公式为：组成计税价格＝关税完税价格＋关税＋消费税，即组成计税价格＝关税完税价格×(1＋关税税率)÷(1－消费税税率)；

（3）增值税税额是按照组成计税价格和适用税率计算，计算增值税的组成计税价格与计算消费税的相同，即：组成计税价格＝关税完税价格＋关税＋消费税，或者为：组成计税价格＝(关税完税价格＋关税)÷(1－消费税税率)，或者：组成计税价格＝关税完税价格×(1＋关税税率)÷(1－消费税税率)。

参考答案

（一）增值税税款计算实训一（一般纳税人应纳增值税款的计算）

1. 增值税税款计算实训例题1

计算如下：

应纳增值税税款＝销项税额－进项税额＝27.67－19.97＝7.7（万元）

该企业7月应纳增值税税款为7.7万元。

2. 增值税税款计算实训例题2

计算如下：

增值税销项税额＝销售额×税率＝216820×13%＝28186.60（元）

应纳增值税税款＝28186.60－2641.63＝25544.97（元）

该纳税人8月应纳的增值税款为25544.97元。

3. 增值税税款计算实训例题3

具体计算如下：

（1）销项税额＝260000元

（2）进项税额

①购进生产用原料的免税农业产品的进项税额＝210600元×10%＝21000元；

②购进汽车一部的进项税额42500元，可抵扣；

③购进辅助材料的进项税额为51000元；

④支付生产用电费的进项税额为9860元；

⑤支付水费的进项税额中可以抵扣的是，生产用水费的进项税额部分，

$$可抵扣的进项税额=15300\times\frac{90000-30000}{90000}=10200（元）$$

⑥该企业进项税额＝21000＋42500＋51000＋9860＋10200＝134560（元）

（3）该企业应纳增值税税额＝260000－134560＝125440（元）

该纳税人7月应纳的增值税款为125440元。

4. 增值税税款计算实训例题4

计算如下：

①销项税额 $=2879000\times13\%+42120\div(1+13\%)\times13\%$

$=374270+4845.66=379115.66$（元）

②进项税额 $=620700\times10\%+45900+21760+2000\times7\%+\frac{25000-5000}{25000}\times4250+4200$

$=62070+45900+21760+140+3400+4200=137470$（元）

③应纳税额 $=379115.66-137470=241645.66$（元）

该厂6月份应纳增值税税额241645.66元。

5. 增值税税款计算实训例题5

计算如下：

（1）销售额 $=126.79-\frac{5.382}{1+13\%}\times13\%=126.79-0.619168=126.170832$（万元）

或：销售额 $=(126.79-5.382)+\frac{5.382}{1+13\%}=121.408+4.762832=126.170832$（万元）

（2）进项税额 $=5.8344+(0.39+0.1)\times7\%+1.6+1.78$

$=5.8344+0.0343+1.6+1.78=9.2487$（万元）

（3）应纳增值税额 $=126.170832\times13\%-9.2487$

$=16.402208-9.2487=7.153508$（万元）

（4）消费税抵扣税额 $=31.72\times10\%=3.172$（万元）

（5）应纳消费税额 $=126.170832\times10\%-3.172=9.44508$（万元）

该摩托车厂5月份应纳增值税款为7.153508万元，消费税款为9.44508万元。

（二）增值税税款计算实训二（小规模纳税人应纳增值税款的计算）

增值税税款计算实训例题6

计算如下：

（1）销售额 $=\frac{168000}{1+3\%}=163106.80$（元）

（2）应纳税额 = 销售额 × 征收率 $=163106.80\times3\%=4893.20$（元）

该纳税人2009年应纳增值税款4893.20元。

（三）增值税税款计算实训三（进口货物应纳增值税款的计算）

增值税税款计算实训例题7

进口应纳税计算如下：

（1）应纳的关税计算。

应纳关税税款 $=500000\times100\%=500000$（元）

（2）应纳的消费税计算。

①组成计税价格 $=500000\times(1+100\%)\div(1-30\%)=1428571.43$（元）

②应纳消费税税款 $=1428571.43\times30\%=428571.43$（元）

（3）应纳的增值税计算。

①组成计税价格 $=500000\times(1+100\%)\div(1-30\%)=1428571.43$（元）

②应纳增值税款 $=1428571.43\times13\%=185714.29$（元）

该企业在进口时，应纳的关税为500000元；消费税为428571.43元；增值税为85714.29元。

二、企业所得税税款计算实训

（一）企业所得税税款计算实训例题1

某企业，2018年度，企业会计利润7667万元。其中，工薪总额3000万元，职工福利费431万元，职工工会经费63.23万元，职工教育经费77.67万元；“营业外支出”中列支罚款19.6万元；“营业外收入”中列国债利息收入2万元。计算该2009年企业应纳企业所得税额。

注：本企业为工业企业，全年职工平均人数1200人，资产60000万元。

分析：该企业情况比较复杂，在给定的资料中，存在职工福利费、职工工会经费和职工教育经费可能多提取列支问题；在“营业外支出”中列支罚款问题等；按照规定国债利息收入不征收企业所得税，而企业已列“营业外收入”中，所以应调整减少应税所得额。

综合分析，调整增加应税所得额的项目是：多列支的职工福利费、职工工会经费和职工教育经费、在“营业外支出”中列支的罚款；调整减少应税所得额的项目是：在“营业外收入”中列支的国债利息收入。调整之后，根据计算确定的企业应税所得额和规定的税率，最后，计算该企业应缴企业所得税额。

（二）企业所得税税款计算实训例题2

某工业企业，2018年的有关资料如下：

（1）利润总额3700000元；

（2）上一年度尚未弥补的亏损110000元（按规定经批准可准予在企业所得税前弥补）；

（3）未按期缴纳税金，支付滞纳金和罚款8500元，已列营业外支出；

（4）购买国库券的利息收入14500元，已计入投资收益中；

（5）支付非公益性捐赠，已列支出20000元；

（6）该企业本年度计入成本的工薪总额为1780000元，企业当年实际提列的职工福利费、工会经费、职工教育经费，分别为325000元、36000元、46000元；

（7）罚款收入2800元，未入账；

（8）该企业年内已预缴所得税920000元。

要求：计算该企业所得税汇缴时，2018年度应纳企业所得税税额和应补（退）的企业所得税税额。

分析：该企业为一独立核算的集体企业，其年度利润额已知，但是列支的相关费用经审核后须作不同的处理：

（1）上一年度尚未弥补的亏损110000元，经批准可以弥补；

（2）未按期缴纳税金，已列营业外支出的滞纳金和罚款8500元，应扣除；

（3）购买国库券的利息收入14500元，已计入投资收益，按规定应不征收企业所得税；

（4）支付非公益性捐赠，按规定不得列支，应扣除20000元；

（5）全年计入成本的超过标准的职工福利费、工会经费、职工教育经费列支的部分，应调增所得额；

（6）罚款收入2800元，应入账，并入企业所得额计征所得税。

参考答案

（一）企业所得税税款计算实训例题1

计算如下：

1. 纳税调增项目金额

（1）多提取列支的职工福利费、职工工会经费和职工教育经费

=（431－3000×14%）+（63.23－3000×2%）+（77.67－3000×2.5%）

=11+3.23+2.67

=16.9（万元）

（企业所得税相关规定：企业发生的职工福利费支出，不超过工资薪金总额14%的部分准予扣除；企业拨缴的工会经费，不超过工资薪金总额2%的部分准予扣除；除国务院财政、税务主管部门另有规定外，企业发生的职工教育经费支出，不超过工资薪金总额2.5%的部分准予扣除，超过部分，准予在以后纳税年度结转扣除。）

（2）在“营业外支出”中列支的罚款=19.6万元

（3）纳税调增项目金额合计=16.9+19.6=36.5（万元）

2. 纳税调减项目的金额

在“营业外收入”中列支的国债利息收入=2万元

3. 企业全年应纳税所得额

应纳税所得额=企业会计利润+纳税调增项目的金额－纳税调减项目的金额

=7667+36.5－2=7701.5（万元）

4. 应纳税额=7701.5×25%=1925.375（万元）

该2018年企业应纳企业所得税额为1926.375万元。

（二）企业所得税税款计算实训例题2

计算如下：

1. 调增所得额项目

（1）营业外中列支的罚款=8500元；

（2）非公益性捐款=20000元；

（3）罚款收入应入账=2800元；

（4）多列支的职工福利费、工会经费、教育经费应调增利润：

①多列支的职工福利费=325000－1780000×14%=325000－249200=75800（元）

②多列支的工会经费=36000－1780000×2%=36000－35600=400（元）

③多列支的职工教育经费=46000－1780000×2.5%=46000－44500=1500（元）

④多列支的职工福利费、工会经费、教育经费应调增利润=75800+400+1500=77700（元）

（5）调增所得额项目合计金额=8500+20000+2800+77700=109000（元）

2. 调减所得额项目

（1）弥补亏损 = 110000 元；

（2）购买国库券的利息收入 = 14500 元；

（3）调增所得额项目合计金额 = 110000 + 14500 = 124500（元）

3. 全年应税所得额 = 3700000 + 77700 − 124500 = 3653200（元）

4. 全年应纳税额 = 3653200 × 25% = 913300（元）

5. 年终汇算清缴应补税额 = 913300 − 920000 = −6700（元）

该企业所得税汇缴时，2018 年度应纳企业所得税税额为 913300 元，应退的企业所得税税额为 6700 元。

第二节　税款计算综合实训

一、工业企业税款计算综合实训

（一）资料

某在县城的国有工业企业，2019 年有关情况和资料如下：

（1）实现销售额 2700 万元（不含增值税）；

（2）外购生产用材料的专用发票中记载的增值税额为 10.359 万元，外购材料的运费 3000 元（已取得运输发票），外购生产作为原料用的免税农业产品收购价 26 万元（已开收购农产品发票）；

（3）产品销售成本 672 万元，产品销售费用 5.33 万元，管理费用和财务费用为 16.727 万元，营业外收入 8.79 万元，营业外支出 2.81 万元；

（4）超标准列支业务招待费 3.07 万元，已列管理费用；

（5）全年实际发放工资 60.276 万元，提列的职工福利费、工会经费和职工教育经费分别是 9.27 万元、2.55 万元、2.01 万元；

（6）已计入投资收益的购买国库券的利息 2.26 万元；

（7）被违法经营的罚款 2 万元，已计入营业外支出中；

（8）对本企业职工的违纪罚款收入 0.5 万元，未计入有关账户；

（9）为生产经营的需要，以融资租赁方式租入的机器设备，支付租赁费 3.76 万元，已在管理费用中直接扣除；

（10）年内各期企业已预缴所得税 110.3 万元。

注：该企业适用的增值税税率为 13%，该企业不缴纳消费税和营业税。

（二）要求

（1）计算该企业应纳税销售税金费（增值税、城市维护建设税和教育费附加）；

（2）计算该企业应税所得额；

（3）计算该企业应纳企业所得税额；

（4）计算该企业年终汇缴应补（退）的企业所得税额。

（三）分析

本例是综合性税额计算。应按照企业核算的顺序和相关税收的规定，分步分别进行计算。

第一步，计算销售税金，包括增值税、消费税和营业税（本例企业不缴纳消费税和营业税），以及按此三税计算征收的城市维护建设税和教育费附加；

第二步，计算企业的利润额，按照财务会计制度的规定，计算出企业本年度收入总额扣除成本、费用和销售税金及营业外支出后的利润来；

第三步，按照企业所得税的规定，对企业已经在相关财务收支内容中列支的收入、成本、费用等，进行分项分析，并按税法规定允许应在所得税前列支的范围和标准，然后计算应调整所得额的项目及金额；

第四步，计算企业全年的应税所得额，并据此确定企业所得税适用税率；

第五步，计算全年应纳所得税额；

第六步，计算年终汇算清缴企业应补（退）的所得税额。

二、商业企业税款计算综合实训

（一）资料

某在城市的商业大楼，属于增值税一般纳税人。

2019年6月，有关情况如下：

（1）销售额收入额为3864917.36元（均未填开增值发票），增值税的进项税额为225746.25元。将价值25600元（进价）的购进生活用品，作为福利分给本企业职工个人。

（2）经营用大楼，房产原值500万元，仓库两处，房产原值110万元，职工宿舍楼两幢，房产原值356万元，经营用大楼中有房产原值20万元部分用于出租，本季度的租金收入为3.26万元。

（3）经营用车辆，载货汽车三辆，分别为自重吨位6吨一辆、4吨二辆，小轿车两辆。

（4）签订购销合同，金额80000元，房屋租赁合同金额62500元。

（5）本月经营利润312568.16元，投资收益62378.22元，营业外收入560元，营业外支出18641.36元。

计算经营利润时，已扣城市维护建设税额为7420元，应纳教育费附加为3180元；房产税额和车船税额没有在费用中计算扣除；已扣印花税额为80元；营业外支出中列支因违法经营被工商机关的罚款80000元。

注：增值税适用税率为13%。经主管税务机关核定房产税实行按年征收、分季缴纳的方法，房产原值一次扣除率为30%；车船税实行按年征收、分季缴纳的方法，载货汽

车固定税额每年90/自重吨位，小轿车每年120元/辆。

（二）要求

（1）计算6月应纳增值税及相关税费；

（2）计算第2季度应纳房产税额；

（3）计算第2季度应纳车船税额；

（4）计算应纳印花税额；

（5）计算应代扣的个人所得税额；

（6）计算6月应纳企业所得税额。

参考答案

一、工业企业税款计算综合实训

1. 计算销售税金和教育费附加

（1）应纳增值税额 = 2700 × 13% −（10.359 + 0.3 × 7% + 26 × 10%）= 351.00 − 12.98
= 338.02（万元）

（2）应纳城市维护建设税额 = 338.02 × 5% = 16.901（万元）

（3）应纳教育费附加金额 = 338.02 × 3% = 10.1406（万元）

（4）在所得税前准予扣除的销售税金和附加合计金额 = 16.901 + 10.1406
= 27.0416（万元）

2. 计算企业全年利润总额

企业全年利润额 = 销售收入额 − 产品销售成本 − 产品销售费用 − 产品销售税金及附加 − 管理费用和财务费用 + 营业外收入 − 营业外支出
= 2700 − 672 − 5.33 − 27.0416 − 16.727 + 8.79 − 2.81
= 1967.3014（万元）

3. 计算所得税调整项目金额

（1）调增项目的金额。

①超标准列支业务招待费 = 3.07万元

②超标准列支的职工福利费 = 9.27 − 60.276 × 14% = 0.83136（万元）

③超标准列支的工会经费 = 2.55 − 60.276 × 2% = 1.34448（万元）

④超标准列支的职工教育经费 = 2.01 − 60.276 × 2.5% = 0.5031（万元）

⑤已计入营业外支出的被违法经营的罚款 = 2万元

⑥未计入有关账户的对本企业职工的违纪罚款收入 = 0.5万元

⑦已计入管理费用的融资租赁支付的租赁费 = 3.76万元

⑧调整增加项目的会计金额 = 3.07 + 0.83136 + 1.34448 + 0.5031 + 2 + 0.5 + 3.76
= 12.00894（万元）

（2）调减项目的金额。

已计入投资收益的购买国库券的利息 = 2.26万元

4. 计算全年应税所得额

全年应税所得额 = 1967.3014 + 12.00894 − 2.26 = 1977.05034（万元）

5. 计算全年应纳所得税额

全年应纳税额 = 1977.05034 × 25% = 494.262585（万元）

6. 计算年终汇算清缴应补（退）税额

年终汇算清缴应补所得税额 = 494.262585 − 110.3 = 383.962585（万元）

该企业应纳增值税额为 338.02 万元、城市维护建设税额为 16.901 万元、教育费附加金额为 10.1406 万元；该企业全年应税所得额为 1977.05034 万元；该企业全年应纳企业所得税额为 494.262585 万元；该企业年终汇缴应补缴的企业所得税额为 383.962585 万元。

二、商业企业税款计算综合实训

1. 计算应纳销售税金和教育费附加

（1）不含税销售额 = 3864917.36 ÷ (1 + 13%) = 3420280.85（元）

（2）进项税额 = 225746.25 − 25600 × 13% = 2225746.25 − 3328 = 222418.25（元）

（3）应纳增值税额 = 3420280.85 × 13% − 222418.25 = 222218.26（元）

（4）应纳城市维护建设税额 = 222218.26 × 7% = 15555.28（元）

（5）应纳教育费附加 = 222218.26 × 3% = 6666.55（元）

2. 计算第 2 季度应纳房产税额

（1）计税房产原值 = (500 − 20 + 110) × (1 − 30%) = 590 × 70% = 413（万元）

（2）自已经营用房产应纳房产税额 = 423 × 1.2% ÷ 4 = 4.956 ÷ 4 = 1.239（万元）

（3）出租房产应纳房产税额 = 3.26 × 12% = 0.3912（万元）

（4）应纳房产税额合计 = 1.239 + 0.3912 = 1.6302（万元）

3. 计算第 2 季度应纳车船税额

（1）载货汽车应纳车船税额 = (6 × 90 + 4 × 90 + 4 × 90) ÷ 4 = (540 + 360 + 360) ÷ 4
= 315（元）

（2）小轿车应纳车船税额 = (1 × 120 + 1 × 120) ÷ 4 = 240 ÷ 4 = 60（元）

（3）应纳车船税额合计 = 315 + 60 = 375（元）

4. 计算应纳印花税额

（1）购销合同应纳印花税额 = 80000 × 3‱ = 24（元）

（2）房屋租赁合同应纳印花税额 = 62500 × ‰ = 62.5（元）

（3）应纳印花税额合计 = 24 + 62.5 = 86.5（元）

5. 计算应纳企业所得税额

（1）利润总额 = 312568.16 + 62378.22 + 560 − 18641.36 = 356865.02（元）

（2）应税所得额 = 利润总额 + 调增项目金额 − 调减项目金额
= 356865.02 − (15555.28 − 7420) − (6666.55 − 3180) − 16302 ÷ 3 − 375 ÷ 3 − (86.5 − 80) + 80000
= 356865.02 − 8135.28 − 3486.55 − 658.62 − 5434 − 125 − 6.5 + 80000
= 356865.02 − 17845.95 + 80000 = 419019.07（元）

（3）应纳企业所得税额 = 419019.07 × 25% = 104754.77（元）

该商业企业，2018 年 6 月应纳增值税额为 222218.26 元，应纳城市维护建设税额为 15555.28 元，应纳教育费附加为 6666.55 元；第 2 季度应纳房产税额为 16302 元；第 2 季度应纳车船使用税额为375元；应纳印花税额为86.5元；9月应纳企业所得税额为104754.77元。

第三节　税务管理和税款缴纳实训

一、税务登记实训

税务登记包括开业登记、变更登记和注销登记三种情况，关于相关的税收管理规定在第九章已作了介绍，本章主要从实际操作的方面来介绍税务登记的实务。

开业登记的手续：纳税人在办理营业之执照之后（30日内），书面向主管税务机关，提出税务登记的要求，经主管税务局机关审核后，发给《税务登记表》一式三份，由纳税人认真、如实填写，交主管税务机关审核同意后，上报上一级税务机关，由县级以上的税务机关审查核准，批准登记，发给税务登记证件。

按照税务管理的要求，每年对税务登记验证一次，每三年重新登记换证。以下给出的例题，按照税务机关的要求，需要企业填写《税务登记表》，办理重新登记。下面以实例形式加以说明税务登记、《税务登记表》的填写及税款缴纳等问题。

（一）税务登记相关资料

单位名称：××省××市啤酒厂

主管税务机关：××省××市国税局市北区局王府街分局

××省××市地税局市北区局王府街分局

以下是该市啤酒厂的有关情况及资料：

（1）××省××市啤酒厂位于××省××市市北区王府街66号，法人代表（厂长）是黄同兴，财务负责人（财务科长）是李才干，办税人员是张力，全厂职工共881人；

（2）××省××市工商行政部门发给的“企业法人营业执照”，编号是8896127－4，执照的领发日期是1990年10月10日；

（3）企业电话88997766（厂部办公室），企业属国有工业企业，实行独资形式，核算方式为独立核算；

（4）企业投资总额是6000万元，注册资金是6000万元；

（5）经营范围：啤酒、啤酒花，经营方式是自产自销，经营期限是20年（从领取营业执照之日起）；

（6）开户银行和账号分别是：

①农业银行××省××市市北区分行，账号785588996565326；

②建设银行××省××市市北区分行，账号7788994514125456。

（7）设有分厂二个，××省××市啤酒厂一分厂，位于××省××市×县县城，厂长是张四通；××省××市啤酒厂二分厂，位于××省××市市南区，厂长是刘五彩；

（8）2012年度和2013年度的销售收入分别是，2012年度，3600万元，2013年4100

万元，账证健全；

（9）报送《税务登记表》时的附送件有：营业执照、银行账号证明、企业章程等；

（10）1990 年 11 月 8 日，经税务机关审核，发给的税务登记证，字号是国税 ×省字 370900122210011，纳税人的档案编号是 10011。

（二）填写《税务登记表》实训

要求：

根据以上资料，假定到了每三年重新登记换证时间，20× ×年 1 月 10 日，需要填写《税务登记表》。

填表说明、要求和参考答案

表 11－2　　　《税务登记表》

编号：10011

税　务　登　记　表

纳税人名称　× ×省× ×市啤酒厂

经 营 地 点　× ×省× ×市市北区王府街 66 号

税务登记

证件号字　国税× 省字 370900122210011 号

× ×省国税局制

（《税务登记表》封面）

税务登记表填写说明

一、本表一式三份，经主管税务机关审核、县级税务机关批准予登记后，留存税务机关二份，退给纳税人一份。

二、本表必须用钢笔或毛笔填写，要字迹清楚，内容真实。

三、本表中的有关栏目，按以下要求填写：

（1）纳税人名称，填写企业全称或业户字号，无字号的填写业户姓名，并要与工商登记或主管部门批准的名称一致。

（2）核定增值税纳税人类型：按照国家税务总局确定的标准，填写“一般纳税人”或“小规模纳税人”。

（3）经营地点：填写从事生产经营活动的详细通讯地址。

（4）地址及住所：填写企业主要办事机构或业户经营居住地的详细通讯地址。

（5）经济性质：指纳税人的所有制性质，按新的经济类型划分填写。如：国有经济、集体经济、私营经济、联营经济、股份制经济等。

（6）经营范围：指纳税人在经营活动中，国家允许生产经营的商品类别、服务项目。按工商登记的生产经营范围填写。

（7）经营方式：指纳税人在经营活动中，采取的生产、加工、制造、施工、批发、零售、服务、咨询、开发等具体方式，按工商登记的内容填写。

（8）行业：按纳税人从事生产经营所属的行业分类填写。如：工业、商业、物资供销业等，要与税务登记代码中的行业分类一致。

（9）经营期限：填写企业组织章程、协议、合同所规定的经营期限。

（10）从业人数：填写本企业或业户从事生产经营活动的全部人员（包括合同工、临时工）总数。

（11）注册资金：填写设立企业的法定资本金。

（12）法定代表人：填写依据法律或者企业法人组织章程规定，代表企业法人行使职权的负责人。

（13）附送件：填写纳税人提供的证件、资料。如：营业执照、有关合同、章程、协议书、银行账号证明、经营场所证明，以及税务机关要求提供的其他有关证件资料。

（14）变更和注销登记、税务登记验证记录：由主管税务机关根据实际情况及时填写。

纳税人名称	××省××市啤酒厂		
经营地点	××省××市市北区王府街66号		
法定代表人 或负责人	李才干	电　话	88997766
经济性质	国有企业	所属行业	工业
企业形式	独资形式	核算方式	独立核算
财务负责人	黄同兴	办税人员	张力
投资总额（万元）	6000	从业人数	881
注册资金（万元）	6000		
经营范围 和 经营方式	经营范围：啤酒、啤酒花 经营方式：自产自销		
经营期限	自1990年10月10日至2016年01月10日		
开户银行	农业银行××省××市市北区分行	建设银行××省××市市北区分行	
账　号	785588996565326	7788994514125456	
营业执照 情　况	种　　类	企业法人营业执照	
	执　照　号	8896127—4	
	领执照日期	1990年10月10日	

（《税务登记表》第一页）

续表

<table>
<tr><td colspan="4">以下内容由办理税务登记证的企业填写</td></tr>
<tr><td rowspan="20">所属非独立核算的分支机构情况</td><td>名　称</td><td>地　址</td><td>负责人</td></tr>
<tr><td>××省××市啤酒厂一分厂</td><td>××省××市×县县城</td><td>张四通</td></tr>
<tr><td>××省××市啤酒厂二分厂</td><td>××省××市市南区</td><td>刘五彩</td></tr>
<tr><td></td><td></td><td></td></tr>
<tr><td></td><td></td><td></td></tr>
<tr><td></td><td></td><td></td></tr>
<tr><td></td><td></td><td></td></tr>
<tr><td></td><td></td><td></td></tr>
<tr><td></td><td></td><td></td></tr>
<tr><td></td><td></td><td></td></tr>
<tr><td></td><td></td><td></td></tr>
<tr><td></td><td></td><td></td></tr>
<tr><td></td><td></td><td></td></tr>
<tr><td></td><td></td><td></td></tr>
<tr><td></td><td></td><td></td></tr>
<tr><td></td><td></td><td></td></tr>
<tr><td></td><td></td><td></td></tr>
<tr><td></td><td></td><td></td></tr>
<tr><td></td><td></td><td></td></tr>
<tr><td></td><td></td><td></td></tr>
<tr><td colspan="4">以下内容由办理注册税务登记证的企业填写</td></tr>
<tr><td rowspan="5">总机构情况</td><td>名　称</td><td colspan="2"></td></tr>
<tr><td>地　址</td><td colspan="2"></td></tr>
<tr><td>法定代表人</td><td colspan="2"></td></tr>
<tr><td>营业执照号</td><td colspan="2"></td></tr>
<tr><td>税务登记号</td><td colspan="2">国税　省字　　　号</td></tr>
</table>

（《税务登记表》第二页）

续表

<table>
<tr><td colspan="6">以下内容由个体工商户填写</td></tr>
<tr><td>姓　　名</td><td></td><td>性别</td><td></td><td>年龄</td><td></td></tr>
<tr><td>身份证号码</td><td colspan="5"></td></tr>
<tr><td>现　住　所</td><td colspan="5"></td></tr>
<tr><td>户　籍　地</td><td colspan="5"></td></tr>
<tr><td colspan="6">以下内容由增值税纳税人填写</td></tr>
<tr><td rowspan="2">销售收入</td><td colspan="5">2012 年度　3600 万元</td></tr>
<tr><td colspan="5">2013 年度　4100 万元</td></tr>
<tr><td>账证健全情况</td><td colspan="5">账证健全</td></tr>
<tr><td>附送件</td><td colspan="5">(1) 营业执照
(2) 银行账号证明
(3) 企业章程
(4) 其他资料</td></tr>
<tr><td>填报单位或业户盖章</td><td colspan="5">××省××市啤酒厂（盖章）

填表日期　20××年 01 月 10 日</td></tr>
</table>

（《税务登记表》第三页）

续表

<table>
<tr><td colspan="5">以下内容由税务机关填写</td></tr>
<tr><td>核定增值税
纳税人情况</td><td colspan="4">增值税一般纳税人</td></tr>
<tr><td>税务人员
审核意见</td><td colspan="4">签名（盖章）王一民
20××年 01 月 11 日</td></tr>
<tr><td>主管税务
机关意见</td><td colspan="4">（××省××市国税局市北区局王府街分局）
盖　章
20××年 01 月 12 日</td></tr>
<tr><td>发证税务
机关意见</td><td colspan="4">（××省××市国税局市北区局）
盖　章
20××年 02 月 10 日</td></tr>
<tr><td rowspan="2">税务登记
证件情况</td><td>种类</td><td>税务登记证</td><td>发证日期</td><td>1990 年 11 月 08 日</td></tr>
<tr><td>字号</td><td colspan="3">国税×省字 370900122210011 号</td></tr>
</table>

（《税务登记表》第四页）

续表

<table>
<tr><td rowspan="2">变更或注销税务登记情况</td><td colspan="3">变 更 内 容 或 注 销 原 因</td></tr>
<tr><td colspan="3"></td></tr>
<tr><td>备注</td><td colspan="3"></td></tr>
<tr><td>税务登记验证记录</td><td>年已验
验证税务机关（章）
年 月 日</td><td>年已验
验证税务机关（章）
年 月 日</td><td>年已验
验证税务机关（章）
年 月 日</td></tr>
</table>

（《税务登记表》第五页）

二、纳税申报实训

（一）纳税申报资料

按照现行税收管理规定和征管分工，企业应该缴纳的增值税、消费税，包括城市维护建设税和教育费附加，向××省××市国税局市北区局王府街分局办理纳税申报；应该缴纳的房产税、车船使用税、城镇土地使用税和企业所得税，向××省××市地税局市北区局王府街分局办理纳税申报。

20××年3月，××省××市啤酒厂，有关纳税申报资料如下：

1. 增值税纳税申报资料

（1）本月啤酒销售收入（不含增值税额）5812087.70元；

（2）购进生产用原料等，取得的增值税专用发票上注明增值税额为537679.22元，其中将一部分购进原材料用于基建方面，其进项税额为16709.40元，本月外购免税农产品，收购价为445415.60元。

2. 消费税纳税申报资料

本月销售啤酒3145.75吨，主管税务机关根据消费税有关规定，确定的税额为每吨220元。

3. 房产税纳税申报资料

办公楼、车间、厂房等房产的原值13067294.47元，其中一部分房产出租，其出租房产的原值为120365元，出租房产的年租金收入为16000元。

4. 车船税纳税申报资料

企业有东风大货车6辆，自重吨位都是5吨，车船使用税的年税额为42元/自重吨位；小轿车3部分，年税额为108元/辆；客车一部，年税额为204元/辆。

5. 城镇土地使用税纳税申报资料

企业占地面积6700平方米，其中幼儿园用地200平方米，城镇土地使用税年税额为1元/平方米。

6. 企业所得税纳税申报资料

本月销售收入5812087.70元，销售成本3902523.08元，销售费用409702.48元，销售税金及附加805525.86元；管理费用285023.98元，财务费用162426.91元；营业外支出32750.00元（注：企业所得税率为25%）。

（二）填写《纳税申报表》

1.《增值税纳税申报表》填写实训

要求：

根据以上资料，为××省××市啤酒厂填写20××年3月的《增值税纳税申报表》（见表11-3、表11-4），申报日期为20××年4月9日。

表 11 - 3 《增值税纳税申报表》（一般纳税人适用）

增值税纳税申报表（适用于增值税一般纳税人）

根据国家税收法律法规及增值税相关规定制定本表。纳税人不论有无销售额，均应按税务机关核定的纳税期限填写本表，并向当地税务机关申报。

税款所属时间：自 20 × × 年 3 月 1 日至 20 × × 年 3 月 31 日　填表日期：20 × × 年 4 月 9 日　金额单位：元至角分

纳税人识别号	3 7 0 9 0 0 1 2 2 2 1 0 0 1 1				所属行业：工业
纳税人名称	× × 省 × × 市啤酒厂（公章）	法定代表人姓名	李才干	注册地址：× × 省 × × 市市北区	营业地址：× × 省 × × 市市北区王府街 66 号
开户银行及账号	农业银行 × × 省 × × 市市北区分行 785588996565326	企业登记注册类型：工业			电话号码：88997766

项目		栏次	一般项目		即征即退项目	
			本月数	本年累计	本月数	本年累计
销售额	（一）按适用税率计税销售额	1	5812087.70			
	其中：应税货物销售额	2	5812087.70			
	应税劳务销售额	3				
	纳税检查调整的销售额	4				
	（二）按简易办法计税销售额	5				
	其中：纳税检查调整的销售额	6				
	（三）免、抵、退办法出口销售额	7			—	—
	（四）免税销售额	8			—	—
	其中：免税货物销售额	9			—	—
	免税劳务销售额	10			—	—
税款计算	销项税额	11	988054.91			
	进项税额	12	565511.38			
	上期留抵税额	13		—		—
	进项税额转出	14				
	免、抵、退应退税额	15			—	—
	按适用税率计算的纳税检查应补缴税额	16			—	—
	应抵扣税额合计	17 = 12 + 13 - 14 - 15 + 16		—		—
	实际抵扣税额	18（如 17 < 11，则为 17，否则为 11）				
	应纳税额	19 = 11 - 18	422543.53			
	期末留抵税额	20 = 17 - 18		—		—
	简易征收办法计算的应纳税额	21				
	按简易征收办法计算的纳税检查应补缴税额	22			—	—
	应纳税额减征额	23				
	应纳税额合计	24 = 19 + 21 - 23	422543.53			

续表

项目		栏次	一般项目		即征即退项目	
			本月数	本年累计	本月数	本年累计
税款缴纳	期初未缴税额（多缴为负数）	25				
	实收出口开具专用缴款书退税额	26			—	—
	本期已缴税额	27 = 28 + 29 + 30 + 31		—		—
	①分次预缴税额	28		—	—	—
	②出口开具专用缴款书预缴税额	29				
	③本期缴纳上期应纳税额	30				
	④本期缴纳欠缴税额	31				
	期末未缴税额（多缴为负数）	32 = 24 + 25 + 26 - 27				
	其中：欠缴税额（≥0）	33 = 25 + 26 - 27		—		—
	本期应补（退）税额	34 = 24 - 28 - 29	422543.53	—		—
	即征即退实际退税额	35	—	—		
	期初未缴查补税额	36			—	—
	本期入库查补税额	37			—	—
	期末未缴查补税额	38 = 16 + 22 + 36 - 37			—	—
授权说明	如果你已委托代理人申报，请填写下列资料： 为代理一切税务事宜，现授权 （地址）　　为本纳税人的代理申报人，任何与本申报表有关的往来文件，都可寄予此人。 授权人签字		申报人声明	本纳税申报表是根据国家税收法律法规及相关规定填报的，我确定它是真实的、可靠的、完整的。 声明人签字：		

主管税务机关　　　　接收人：　　　　接收日期：

《增值税纳税申报表（一般纳税人适用）》及其附列资料填写说明

本纳税申报表及其附列资料填写说明（以下简称本表及填写说明）适用于增值税一般纳税人（以下简称纳税人）。

1. 名词解释

（1）本表及填写说明所称“货物”，是指增值税的应税货物。

（2）本表及填写说明所称“劳务”，是指增值税的应税加工、修理、修配劳务。

（3）本表及填写说明所称“服务、不动产和无形资产”，是指销售服务、不动产和无形资产。

（4）本表及填写说明所称“按适用税率计税”“按适用税率计算”和“一般计税方法”，均指按“应纳税额 = 当期销项税额 - 当期进项税额”公式计算增值税应纳税额的计税方法。

（5）本表及填写说明所称“按简易办法计税”“按简易征收办法计算”和“简易计税方法”，均指按“应纳税额 = 销售额 × 征收率”公式计算增值税应纳税额的计税方法。

（6）本表及填写说明所称“扣除项目”，是指纳税人销售服务、不动产和无形资产，在确定销售额时，按照有关规定允许其从取得的全部价款和价外费用中扣除价款的项目。

2.《增值税纳税申报表（一般纳税人适用）》填写说明

（1）“税款所属时间”：指纳税人申报的增值税应纳税额的所属时间，应填写具体的起止年、月、日。

（2）“填表日期”：指纳税人填写本表的具体日期。

（3）“纳税人识别号”：填写纳税人的税务登记证件号码（统一社会信用代码）。

（4）“所属行业”：按照国民经济行业分类与代码中的小类行业填写。

（5）“纳税人名称”：填写纳税人单位名称全称。

（6）“法定代表人姓名”：填写纳税人法定代表人的姓名。

（7）“注册地址”：填写纳税人税务登记证件所注明的详细地址。

（8）“生产经营地址”：填写纳税人实际生产经营地的详细地址。

（9）“开户银行及账号”：填写纳税人开户银行的名称和纳税人在该银行的结算账户号码。

（10）“登记注册类型”：按纳税人税务登记证件的栏目内容填写。

（11）“电话号码”：填写可联系到纳税人的常用电话号码。

（12）“即征即退项目”列：填写纳税人按规定享受增值税即征即退政策的货物、劳务和服务、不动产、无形资产的征（退）税数据。

（13）“一般项目”列：填写除享受增值税即征即退政策以外的货物、劳务和服务、不动产、无形资产的征（免）税数据。

（14）“本年累计”列：一般填写本年度内各月“本月数”之和。其中，第13、20、25、32、36、38栏及第18栏“实际抵扣税额”“一般项目”列的“本年累计”分别按本填写说明第（27）（34）（39）（46）（50）（52）（32）条要求填写。

（15）第1栏“（一）按适用税率计税销售额”：填写纳税人本期按一般计税方法计算缴纳增值税的销售额，包含：在财务上不作销售但按税法规定应缴纳增值税的视同销售和价外费用的销售额；外贸企业作价销售进料加工复出口货物的销售额；税务、财政、审计部门检查后按一般计税方法计算调整的销售额。

营业税改征增值税的纳税人，服务、不动产和无形资产有扣除项目的，本栏应填写扣除之前的不含税销售额。

本栏“一般项目”列“本月数”=《附列资料（一）》第9列第1至5行之和-第9列第6、7行之和；

本栏“即征即退项目”列“本月数”=《附列资料（一）》第9列第6、7行之和。

（16）第2栏“其中：应税货物销售额”：填写纳税人本期按适用税率计算增值税的应税货物的销售额。包含在财务上不作销售但按税法规定应缴纳增值税的视同销售货物和价外费用销售额，以及外贸企业作价销售进料加工复出口货物的销售额。

（17）第3栏“应税劳务销售额”：填写纳税人本期按适用税率计算增值税的应税劳务的销售额。

（18）第4栏“纳税检查调整的销售额”：填写纳税人因税务、财政、审计部门检查，并按一般计税方法在本期计算调整的销售额。但享受增值税即征即退政策的货物、劳务和服务、不动产、无形资产，经纳税检查属于偷税的，不填入“即征即退项目”列，而应填入“一般项目”列。

营业税改征增值税的纳税人，服务、不动产和无形资产有扣除项目的，本栏应填写扣除之前的不含税销售额。

本栏“一般项目”列“本月数”=《附列资料（一）》第7列第1至5行之和。

（19）第5栏“按简易办法计税销售额”：填写纳税人本期按简易计税方法计算增值税的销售额。包含纳税检查调整按简易计税方法计算增值税的销售额。

营业税改征增值税的纳税人，服务、不动产和无形资产有扣除项目的，本栏应填写扣除之前的不含税销售额；服务、不动产和无形资产按规定汇总计算缴纳增值税的分支机构，其当期按预征率计算缴纳增值税的销售额也填入本栏。

本栏“一般项目”列“本月数”≥《附列资料（一）》第9列第8至13b行之和－第9列第14、15行之和；

本栏“即征即退项目”列“本月数”≥《附列资料（一）》第9列第14、15行之和。

（20）第6栏“其中：纳税检查调整的销售额”：填写纳税人因税务、财政、审计部门检查，并按简易计税方法在本期计算调整的销售额。但享受增值税即征即退政策的货物、劳务和服务、不动产、无形资产，经纳税检查属于偷税的，不填入“即征即退项目”列，而应填入“一般项目”列。

营业税改征增值税的纳税人，服务、不动产和无形资产有扣除项目的，本栏应填写扣除之前的不含税销售额。

（21）第7栏“免、抵、退办法出口销售额”：填写纳税人本期适用免、抵、退税办法的出口货物、劳务和服务、无形资产的销售额。

营业税改征增值税的纳税人，服务、无形资产有扣除项目的，本栏应填写扣除之前的销售额。

本栏“一般项目”列“本月数”＝《附列资料（一）》第9列第16、17行之和。

（22）第8栏“免税销售额”：填写纳税人本期按照税法规定免征增值税的销售额和适用零税率的销售额，但零税率的销售额中不包括适用免、抵、退税办法的销售额。

营业税改征增值税的纳税人，服务、不动产和无形资产有扣除项目的，本栏应填写扣除之前的免税销售额。

本栏“一般项目”列“本月数”＝《附列资料（一）》第9列第18、19行之和。

（23）第9栏“其中：免税货物销售额”：填写纳税人本期按照税法规定免征增值税的货物销售额及适用零税率的货物销售额，但零税率的销售额中不包括适用免、抵、退税办法出口货物的销售额。

（24）第10栏“免税劳务销售额”：填写纳税人本期按照税法规定免征增值税的劳务销售额及适用零税率的劳务销售额，但零税率的销售额中不包括适用免、抵、退税办法的劳务的销售额。

（25）第11栏“销项税额”：填写纳税人本期按一般计税方法计税的货物、劳务和服务、不动产、无形资产的销项税额。

营业税改征增值税的纳税人，服务、不动产和无形资产有扣除项目的，本栏应填写扣除之后的销项税额。

本栏“一般项目”列“本月数”＝《附列资料（一）》（第10列第1、3行之和－第10列第6行）＋（第14列第2、4、5行之和－第14列第7行）；

本栏“即征即退项目”列“本月数”＝《附列资料（一）》第10列第6行＋第14列第7行。

（26）第12栏“进项税额”：填写纳税人本期申报抵扣的进项税额。

本栏“一般项目”列“本月数”＋“即征即退项目”列“本月数”＝《附列资料（二）》第12栏“税额”。

（27）第13栏“上期留抵税额”：“本月数”按上一税款所属期申报表第20栏“期末留抵税额”“本月数”填写。本栏“一般项目”列“本年累计”不填写。

（28）第14栏“进项税额转出”：填写纳税人已经抵扣，但按税法规定本期应转出的进项税额。

本栏“一般项目”列“本月数”＋“即征即退项目”列“本月数”＝《附列资料（二）》第13栏“税额”。

（29）第15栏“免、抵、退应退税额”：反映税务机关退税部门按照出口货物、劳务和服务、无形资产免、抵、退办法审批的增值税应退税额。

（30）第16栏“按适用税率计算的纳税检查应补缴税额”：填写税务、财政、审计部门检查，按一般计税方法计算的纳税检查应补缴的增值税税额。

本栏“一般项目”列“本月数”≤《附列资料（一）》第8列第1至5行之和＋《附列资料

(二)》第19栏。

(31) 第17栏“应抵扣税额合计”：填写纳税人本期应抵扣进项税额的合计数。按表中所列公式计算填写。

(32) 第18栏“实际抵扣税额”：“本月数”按表中所列公式计算填写。本栏“一般项目”列“本年累计”不填写。

(33) 第19栏“应纳税额”：反映纳税人本期按一般计税方法计算并应缴纳的增值税额。

①适用加计抵减政策的纳税人，按以下公式填写。

本栏“一般项目”列“本月数”=第11栏“销项税额”“一般项目”列“本月数”-第18栏“实际抵扣税额”“一般项目”列“本月数”-“实际抵减额”；

本栏“即征即退项目”列“本月数”=第11栏“销项税额”“即征即退项目”列“本月数”-第18栏“实际抵扣税额”“即征即退项目”列“本月数”-“实际抵减额”。

适用加计抵减政策的纳税人是指，按照规定计提加计抵减额，并可从本期适用一般计税方法计算的应纳税额中抵减的纳税人（下同）。“实际抵减额”是指按照规定可从本期适用一般计税方法计算的应纳税额中抵减的加计抵减额，分别对应《附列资料（四）》第6行“一般项目加计抵减额计算”、第7行“即征即退项目加计抵减额计算”的“本期实际抵减额”列。

②其他纳税人按表中所列公式填写。

(34) 第20栏“期末留抵税额”：“本月数”按表中所列公式填写。本栏“一般项目”列“本年累计”不填写。

(35) 第21栏“简易计税办法计算的应纳税额”：反映纳税人本期按简易计税方法计算并应缴纳的增值税额，但不包括按简易计税方法计算的纳税检查应补缴税额。按以下公式计算填写：

本栏“一般项目”列“本月数”=《附列资料（一）》（第10列第8、9a、10、11行之和-第10列第14行）+（第14列第9b、12、13a、13b行之和-第14列第15行）；

本栏“即征即退项目”列“本月数”=《附列资料（一）》第10列第14行+第14列第15行。

营业税改征增值税的纳税人，服务、不动产和无形资产按规定汇总计算缴纳增值税的分支机构，应将预征增值税额填入本栏。预征增值税额=应预征增值税的销售额×预征率。

(36) 第22栏“按简易计税办法计算的纳税检查应补缴税额”：填写纳税人本期因税务、财政、审计部门检查并按简易计税方法计算的纳税检查应补缴税额。

(37) 第23栏“应纳税额减征额”：填写纳税人本期按照税法规定减征的增值税应纳税额。包含按照规定可在增值税应纳税额中全额抵减的增值税税控系统专用设备费用以及技术维护费。

当本期减征额小于或等于第19栏“应纳税额”与第21栏“简易计税办法计算的应纳税额”之和时，按本期减征额实际填写；当本期减征额大于第19栏“应纳税额”与第21栏“简易计税办法计算的应纳税额”之和时，按本期第19栏与第21栏之和填写。本期减征额不足抵减部分结转下期继续抵减。

(38) 第24栏“应纳税额合计”：反映纳税人本期应缴增值税的合计数。按表中所列公式计算填写。

(39) 第25栏“期初未缴税额（多缴为负数）”：“本月数”按上一税款所属期申报表第32栏“期末未缴税额（多缴为负数）”“本月数”填写。“本年累计”按上年度最后一个税款所属期申报表第32栏“期末未缴税额（多缴为负数）”“本年累计”填写。

(40) 第26栏“实收出口开具专用缴款书退税额”：本栏不填写。

(41) 第27栏“本期已缴税额”：反映纳税人本期实际缴纳的增值税额，但不包括本期入库的查补税款。按表中所列公式计算填写。

(42) 第28栏“①分次预缴税额”：填写纳税人本期已缴纳的准予在本期增值税应纳税额中抵减的税额。

营业税改征增值税的纳税人，分以下几种情况填写：

①服务、不动产和无形资产按规定汇总计算缴纳增值税的总机构，其可以从本期增值税应纳税额中

抵减的分支机构已缴纳的税款，按当期实际可抵减数填入本栏，不足抵减部分结转下期继续抵减。

②销售建筑服务并按规定预缴增值税的纳税人，其可以从本期增值税应纳税额中抵减的已缴纳的税款，按当期实际可抵减数填入本栏，不足抵减部分结转下期继续抵减。

③销售不动产并按规定预缴增值税的纳税人，其可以从本期增值税应纳税额中抵减的已缴纳的税款，按当期实际可抵减数填入本栏，不足抵减部分结转下期继续抵减。

④出租不动产并按规定预缴增值税的纳税人，其可以从本期增值税应纳税额中抵减的已缴纳的税款，按当期实际可抵减数填入本栏，不足抵减部分结转下期继续抵减。

（43）第29栏“②出口开具专用缴款书预缴税额”：本栏不填写。

（44）第30栏“③本期缴纳上期应纳税额”：填写纳税人本期缴纳上一税款所属期应缴未缴的增值税额。

（45）第31栏“④本期缴纳欠缴税额”：反映纳税人本期实际缴纳和留抵税额抵减的增值税欠税额，但不包括缴纳入库的查补增值税额。

（46）第32栏“期末未缴税额（多缴为负数）”：“本月数”反映纳税人本期期末应缴未缴的增值税额，但不包括纳税检查应缴未缴的税额。按表中所列公式计算填写。“本年累计”与“本月数”相同。

（47）第33栏“其中：欠缴税额（≥0）”：反映纳税人按照税法规定已形成欠税的增值税额。按表中所列公式计算填写。

（48）第34栏“本期应补（退）税额”：反映纳税人本期应纳税额中应补缴或应退回的数额。按表中所列公式计算填写。

（49）第35栏“即征即退实际退税额”：反映纳税人本期因符合增值税即征即退政策规定，而实际收到的税务机关退回的增值税额。

（50）第36栏“期初未缴查补税额”：“本月数”按上一税款所属期申报表第38栏“期末未缴查补税额”“本月数”填写。“本年累计”按上年度最后一个税款所属期申报表第38栏“期末未缴查补税额”“本年累计”填写。

（51）第37栏“本期入库查补税额”：反映纳税人本期因税务、财政、审计部门检查而实际入库的增值税额，包括按一般计税方法计算并实际缴纳的查补增值税额和按简易计税方法计算并实际缴纳的查补增值税额。

（52）第38栏“期末未缴查补税额”：“本月数”反映纳税人接受纳税检查后应在本期期末缴纳而未缴纳的查补增值税额。按表中所列公式计算填写，“本年累计”与“本月数”相同。

表 11－4 《增值税纳税申报表》(小规模纳税人适用)

增值税纳税申报表（适用小规模纳税人）

纳税人识别号：

纳税人名称（公章）： 金额单位：元（列至角分）

税款所属期： 年 月 日至 年 月 日 填表日期： 年 月 日

	项 目	栏次	本期数	本年累计
一、计税依据	（一）应征增值税货物及劳务不含税销售额	1		
	其中：税务机关代开的增值税专用发不含税销售额	2		
	税控器具开具的普通发票不含税销售额	3		
	（二）销售使用过的应税固定资产不含税销售额	4	—	—
	其中：税控器具开具的普通发票不含税销售额	5	—	—
	（三）免税货物及劳务销售额	6		
	其中：税控器具开具的普通发票销售额	7		
	（四）出口免税货物销售额	8		
	其中：税控器具开具的普通发票销售额	9		
二、税款计算	本期应纳税额	10		
	本期应纳税额减征额	11		
	应纳税额合计	12 = 10 － 11		
	本期预缴税额	13		—
	本期应补（退）税额	14 = 12 － 13		—

纳税人或代理人声明： 此纳税申报表是根据国家税收法律的规定填报的，我确定它是真实的、可靠的、完整的。	如纳税人填报，由纳税人填写以下各栏： 办税人员（签章）： 财务负责人（签章）： 法定代表人（签章）： 联系电话： 如委托代理人填报，由代理人填写以下各栏： 代理人名称： 经办人（签章）： 联系电话： 代理人（公章）：

受理人： 受理日期： 年 月 日 受理税务机关（签章）：

《增值税纳税申报表（适用于小规模纳税人）》填表说明

1. 本申报表适用于增值税小规模纳税人（以下简称纳税人）填报。

2. 具体项目填写说明：

（1）本表“税款所属期”是指纳税人申报的增值税应纳税额的所属时间，应填写具体的起止年、月、日。

（2）本表“纳税人识别号”栏，填写税务机关为纳税人确定的识别号，即：税务登记证号码。

（3）本表“纳税人名称”栏，填写纳税人单位名称全称，不得填写简称。

（4）本表第1项“应征增值税货物及劳务不含税销售额”栏数据，填写应征增值税货物及劳务的不含税销售额，包含通过税务机关窗口代开的以及纳税人通过税控器具开具的应征增值税货物及劳务的不含税销售额；不包含销售自己使用过的应税固定资产和旧货不含税销售额、免税货物及劳务销售额、出口免税货物销售额、稽查查补销售额。

（5）本表第2项“税务机关代开的增值税专用发票不含税销售额”栏数据，填写税务机关代开的增值税专用发票的不含税销售额合计。

（6）本表第3项“税控器具开具的普通发票不含税销售额”栏数据，填写纳税人通过税控器具开具的应征增值税货物及劳务的普通发票换算的不含税销售额。

（7）本表第4项“销售使用过的应税固定资产不含税销售额”栏数据，填写纳税人销售自己使用过的固定资产和旧货按3%征收率换算的不含税销售额，按下列公式确定不含税销售额和应纳税额：

不含税销售额 = 含税销售额/（1 + 3%）

应纳税额 = 不含税销售额 × 2%。

（8）本表第5项“税控器具开具的普通发票不含税销售额”栏数据，填写纳税人销售自己使用过的固定资产和旧货时，通过税控器具开具的普通发票不含税销售额。

（9）本表第6项“免税货物及劳务销售额”栏数据，填写销售免征增值税货物及劳务的销售额。

（10）本表第7项“税控器具开具的普通发票销售额”栏数据，填写纳税人销售免税货物及劳务时，通过税控器具开具的普通发票金额。

（11）本表第8项“出口免税货物销售额”栏数据，填写出口免税货物的销售额。

（12）本表第9项“税控器具开具的普通发票销售额”栏数据，填写通过税控器具开具的出口免税货物的普通发票金额。

（13）本表第10项“本期应纳税额”栏数据，填写本期按征收率计算缴纳的应纳增值税税额。

（14）本表第11项“本期应纳税额减征额”栏数据，填写根据相关的增值税优惠政策计算的应纳增值税税额减征额。

（15）本表第13项“本期预缴税额”栏数据，填写纳税人本期预缴的增值税额，但不包括稽查补缴的应纳增值税额。

注：

《国家税务局总局关于小规模纳税人免征增值税政策有关征管问题的公告》（国家税务总局公告2019年第4号）规定，适用增值税差额征税政策的小规模纳税人，以差额后的销售额确定是否可以享受本公告规定的免征增值税政策。《增值税纳税申报表（小规模纳税人适用）》中的“免税销售额”相关栏次，填写差额后的销售额。

2.《消费税纳税申报表》填写实训

要求：

根据以上资料，为××省××市啤酒厂填写20××年3月的《消费税纳税申报表》，申报日期为20××年4月9日。见表11－5《消费税纳税申报表》。

表 11－5

《消费税纳税申报表》

酒及酒精消费税纳税申报表

税款所属期：20××年3月1日 至20××年3月31日

纳税人名称（公章）：　　纳税人识别号：3 7 0 9 0 0 1 2 2 2 1 0 0 1 1

××省××市啤酒厂（公章）

填表日期：20××年4月9日　　金额单位：元（列至角分）

项目 应税消费品名称	适用税率		销售数量	销售额	应纳税额
	定额税率	比例税率			
粮食白酒	0.5元/斤	20%			
薯类白酒	0.5元/斤	20%			
啤酒	250元/吨	—			
啤酒	220元/吨	—	3145.75	5812087.70	692065
黄酒	240元/吨	—			
其他酒	—	10%			
酒精	—	5%			
合计	—	—	—	—	692065

本期准予抵减税额：	声明 此纳税申报表是根据国家税收法律的规定填报的，我确定它是真实的、可靠的、完整的。 经办人（签章）： 财务负责人（签章）： 联系电话：
本期减（免）税额：	
期初未缴税额：	
本期缴纳前期应纳税额：	（如果你已委托代理人申报，请填写） 授权声明 为代理一切税务事宜，现授权＿＿＿＿＿＿＿＿（地址）＿＿＿＿＿＿＿＿为本纳税人的代理申报人，任何与本申报表有关的往来文件，都可寄予此人。 授权人签章：
本期预缴税额：	
本期应补（退）税额：692065	
期末未缴税额：	

以下由税务机关填写

受理人（签章）：　　受理日期：　年　月　日　　受理税务机关（章）：

《酒及酒精消费税纳税申报表》填表说明

1. 本表仅限酒及酒精消费税纳税人使用。

2. 本表“销售数量”为《中华人民共和国消费税暂行条例》、《中华人民共和国消费税暂行条例实施细则》及其他法规、规章规定的当期应申报缴纳消费税的酒及酒精销售（不含出口免税）数量。计量单位：粮食白酒和薯类白酒为斤（如果实际销售商品按照体积标注计量单位，应按500毫升为1斤换算），啤酒、黄酒、其他酒和酒精为吨。

3. 本表“销售额”为《中华人民共和国消费税暂行条例》、《中华人民共和国消费税暂行条例实施细则》及其他法规、规章规定的当期应申报缴纳消费税的酒及酒精销售（不含出口免税）收入。

4. 根据《中华人民共和国消费税暂行条例》和《财政部 国家税务总局关于调整酒类产品消费税政策的通知》（财税［2001］84号）的规定，本表“应纳税额”计算公式如下：

（1）粮食白酒、薯类白酒

应纳税额 = 销售数量 × 定额税率 + 销售额 × 比例税率

（2）啤酒、黄酒

应纳税额 = 销售数量 × 定额税率

（3）其他酒、酒精

应纳税额 = 销售额 × 比例税率

5. 本表“本期准予抵减税额”按本表附件一的本期准予抵减税款合计金额填写。

6. 本表“本期减（免）税额”不含出口退（免）税额。

7. 本表“期初未缴税额”填写本期期初累计应缴未缴的消费税额，多缴为负数。其数值等于上期“期末未缴税额”。

8. 本表“本期缴纳前期应纳税额”填写本期实际缴纳入库的前期消费税额。

9. 本表“本期预缴税额”填写纳税申报前已预先缴纳入库的本期消费税额。

10. 本表“本期应补（退）税额”计算公式如下，多缴为负数：

本期应补（退）税额 = 应纳税额（合计栏金额） - 本期准予抵减税额 - 本期减（免）税额 - 本期预缴税额

11. 本表“期末未缴税额”计算公式如下，多缴为负数：

期末未缴税额 = 期初未缴税额 + 本期应补（退）税额 - 本期缴纳前期应纳税额

12. 本表为A4竖式，所有数字小数点后保留两位。一式二份，一份纳税人留存，一份税务机关留存。

3.《房产税纳税申报表》填写实训

要求：

根据以上资料，为××省××市啤酒厂填写20××年第1季度的《房产税纳税申报表》，申报日期为20××年4月9日。见表11-6《房产税纳税申报表》。

4.《车船税纳税申报表》填写实训

要求：

根据以上资料，为××省××市啤酒厂填写20××年第1季度的《车船使用税纳税申报表》，申报日期为20××年4月9日。见表11-7《车船使用税纳税申报表》。

5.《城镇土地使用税纳税申报表》填写实训

要求：

根据以上资料，为××省××市啤酒厂填写20××年第1季度的《城镇土地使用税纳税申报表》，申报日期为20××年4月9日。见表11-8：《城镇土地使用税纳税申报表》。

6.《企业所得税纳税申报表》填写实训

要求：

根据以上资料，为××省××市啤酒厂填写20××年3月的《企业所得税月（季）度预缴纳税申报表（A类）》，申报日期为20××年4月9日。见表11-9：《企业所得税月（季）度预缴纳税申报表（A类）》。

年终企业缴纳全年所得税时，填写企业所得税年度纳税申报表。年度申报见表11-10：《企业所得税年度纳税申报表（A类）》及所附企业所得税年度纳税申报表（A类）》填报说明。

表 11－6

《房产税纳税申报表》

房产税纳税申报表

税款所属期限：自 20××年1月1日至 20××年3月31日

纳税人名称：（公章）××省××市啤酒厂

纳税人识别号：370900122210011

填表日期：20××年4月9日

金额单位：元（列至角分）

项目	从价计税的房产原值	税率	本期应纳税额	本期已缴税额	本期应补（退）税额
从价计税的房产	1	2	3	4	5＝3－4
	9062850.63	1.2%	108754.21		108754.21
小计		—	108754.21		108754.21
项目	本期租金收入	税率	本期应纳税额	本期已缴税额	本期应补（退）税额
从租计税的房产	1	2	3＝1×2	4	5＝3－4
	16000	12%	1920		1920
小计		—	1920		1920
合计	—	—			110674.21

纳税人或代理人声明：此纳税申报表是根据国家税收法律的规定填报的，我确信它是真实的、可靠的、完整的。	如纳税人填报，由纳税人填写以下各栏		如委托代理人填报，由代理人填写以下各栏		
	经办人（签章）		代理人名称		代理人（公章）
	会计主管（签章）		经办人（签章）		
	法定代表人（签章）		联系电话		

以下由税务机关填写

受理人　　受理日期　　受理税务机关（签章）

表 11-7

《车船使用税纳税申报表》

车船税纳税申报表

税款所属期限：自 20××年1月1日至 20××年3月31日

纳税人名称：（公章）××省××市啤酒厂　　纳税人识别号：370900122210011

填表日期： 20××年4月9日　　金额单位：元（列至角分）

车船类别		计税单位	税额标准	数量	吨位	本期应纳税额	本期已缴税额	本期应补（退）税额
载客汽车	乘坐人数大于或等于20人	每辆	204	1		51		51
	乘坐人数大于9人小于20人	每辆						
	乘坐人数小于或等于9人	每辆	108	3		81		81
	发动机气缸总排气量小于等于1升	每辆						
载货汽车（包括半挂牵引车、挂车）		按自重每吨	42	6	5	315		315
三轮汽车		按自重每吨						
低速货车		按自重每吨						
摩托车		每辆						
专项作业车		按自重每吨						
轮式专用机械车		按自重每吨						
小计			—	9		447		447
船舶	净吨位小于或等于200吨	每吨	3元					
	净吨位201吨至2000吨	每吨	4元					
	净吨位2001吨至10000吨	每吨	5元					
	净吨位10001吨及其以上	每吨	6元					
	小计		—					
合计						447		447

纳税人或代理人声明：此纳税申报表是根据国家税收法律的规定填报的，我确信它是真实的、可靠的、完整的。	如纳税人填报，由纳税人填写以下各栏		
	经办人（签章）	会计主管（签章）	法定代表人（签章）
	如委托代理人填报，由代理人填写以下各栏		
	代理人名称		代理人（公章）
	经办人（签章）		
	联系电话		

以下由税务机关填写

受理人　　受理日期　　受理税务机关（签章）

表 11－8

《城镇土地使用税纳税申报表》

城镇土地使用税纳税申报表

税款所属期限：自 20××年1月1日至 20××年3月31日

纳税人名称：（公章）××省××市啤酒厂　　纳税人识别号：370900122210011

填表日期： 20××年4月6日　　金额单位：元（列至角分）

土地等级	应税面积	单位税额	本期应纳税额	本期已缴税额	本期应补（退）税额
1	2	3	4	5	6＝4－5
	6500	1	1625		1625
合计		—	1625		1625

<table>
<tr><td rowspan="6">纳税人或代理人声明：
此纳税申报表是根据国家税收法律的规定填报的，我确信它是真实的、可靠的、完整的。</td><td colspan="6">如纳税人填报，由纳税人填写以下各栏</td></tr>
<tr><td>经办人（签章）</td><td></td><td>会计主管（签章）</td><td></td><td>法定代表人（签章）</td><td></td></tr>
<tr><td colspan="6">如委托代理人填报，由代理人填写以下各栏</td></tr>
<tr><td>代理人名称</td><td colspan="3"></td><td colspan="2" rowspan="3">代理人（公章）</td></tr>
<tr><td>经办人（签章）</td><td colspan="3"></td></tr>
<tr><td>联系电话</td><td colspan="3"></td></tr>
</table>

以下由税务机关填写

受理人　　受理日期　　受理税务机关（签章）

表 11－9　　　《企业所得税月（季）度预缴纳税申报表（A类）》

中华人民共和国企业所得税月（季）度预缴纳税申报表（A类）

税款所属期间：20××年3月1日至20××年3月31日

纳税人识别号：370900122210011

纳税人名称：××省××市啤酒厂　　　　　　　　　　　　　金额单位：人民币元（列至角分）

<table>
<tr><th>行次</th><th colspan="2">项　目</th><th>本期金额</th><th>累计金额</th></tr>
<tr><td>1</td><td colspan="4">一、据实预缴</td></tr>
<tr><td>2</td><td colspan="2">营业收入</td><td>5812087.70</td><td></td></tr>
<tr><td>3</td><td colspan="2">营业成本</td><td></td><td></td></tr>
<tr><td>4</td><td colspan="2">利润总额</td><td>216125.39</td><td></td></tr>
<tr><td>5</td><td colspan="2">税率（25%）</td><td>25%</td><td></td></tr>
<tr><td>6</td><td colspan="2">应纳所得税额（4行×5行）</td><td>54031.35</td><td></td></tr>
<tr><td>7</td><td colspan="2">减免所得税额</td><td></td><td></td></tr>
<tr><td>8</td><td colspan="2">实际已缴所得税额</td><td>—</td><td></td></tr>
<tr><td>9</td><td colspan="2">应补（退）的所得税额（6行－7行－8行）</td><td>54031.35</td><td></td></tr>
<tr><td>10</td><td colspan="4">二、按照上一纳税年度应纳税所得额的平均额预缴</td></tr>
<tr><td>11</td><td colspan="2">上一纳税年度应纳税所得额</td><td>—</td><td></td></tr>
<tr><td>12</td><td colspan="2">本月（季）应纳税所得额（11行÷12或11行÷4）</td><td></td><td></td></tr>
<tr><td>13</td><td colspan="2">税率（25%）</td><td>—</td><td>—</td></tr>
<tr><td>14</td><td colspan="2">本月（季）应纳所得税额（12行×13行）</td><td></td><td></td></tr>
<tr><td>15</td><td colspan="4">三、按照税务机关确定的其他方法预缴</td></tr>
<tr><td>16</td><td colspan="2">本月（季）确定预缴的所得税额</td><td></td><td></td></tr>
<tr><td>17</td><td colspan="4">总分机构纳税人</td></tr>
<tr><td>18</td><td rowspan="3">总机构</td><td>总机构应分摊的所得税额（9行或14行或16行×25%）</td><td></td><td></td></tr>
<tr><td>19</td><td>中央财政集中分配的所得税额（9行或14行或16行×25%）</td><td></td><td></td></tr>
<tr><td>20</td><td>分支机构分摊的所得税额（9行或14行或16行×50%）</td><td></td><td></td></tr>
<tr><td>21</td><td rowspan="2">分支机构</td><td>分配比例</td><td></td><td></td></tr>
<tr><td>22</td><td>分配的所得税额（20行×21行）</td><td></td><td></td></tr>
<tr><td colspan="5">谨声明：此纳税申报表是根据《中华人民共和国企业所得税法》、《中华人民共和国企业所得税法实施条例》和国家有关税收规定填报的，是真实的、可靠的、完整的。

法定代表人（签字）：　　20××年4月9日</td></tr>
<tr><td colspan="2">纳税人公章：

会计主管：

填表日期：　年　月　日</td><td colspan="2">代理申报中介机构公章：
经办人：
经办人执业证件号码：
代理申报日期：　年　月　日</td><td>主管税务机关受理专用章：

受理人：

受理日期：　年　月　日</td></tr>
</table>

国家税务总局监制

企业所得税月（季）度预缴纳税申报表（A类）填报说明

1. 本表适用于实行查账征收方式申报企业所得税的居民纳税人及在中国境内设立机构的非居民纳税人在月（季）度预缴企业所得税时使用。

2. 本表表头项目：

（1）“税款所属期间”：纳税人填写的“税款所属期间”为公历1月1日至所属月（季）度最后一日。

企业年度中间开业的纳税人填写的“税款所属期间”为当月（季）开始经营之日至所属季度的最后一日，自次月（季）度起按正常情况填报。

（2）“纳税人识别号”：填报税务机关核发的税务登记证号码（15位）。

（3）“纳税人名称”：填报税务登记证中的纳税人全称。

3. 各列的填报

（1）“据实预缴”的纳税人第2行－第9行：填报“本期金额”列，数据为所属月（季）度第一日至最后一日；填报“累计金额”列，数据为纳税人所属年度1月1日至所属季度（或月份）最后一日的累计数。纳税人当期应补（退）所得税额为“累计金额”列第9行“应补（退）所得税额”的数据。

（2）“按照上一纳税年度应纳税所得额平均额预缴”的纳税人第11行至14行及“按照税务机关确定的其他方法预缴”的纳税人第16行：填报表内第11行至第14行、第16行“本期金额”列，数据为所属月（季）度第一日至最后一日。

4. 各行的填报

本表结构分为两部分：

（1）第一部分为第1行至第16行，纳税人根据自身的预缴申报方式分别填报，包括非居民企业设立的分支机构：实行据实预缴的纳税人填报第2至9行；实行按上一年度应纳税所得额的月度或季度平均额预缴的纳税人填报第11至14行；实行经税务机关认可的其他方法预缴的纳税人填报第16行。

（2）第二部分为第17行至第22行，由实行汇总纳税的总机构在填报第一部分的基础上填报第18至20行；分支机构填报第20至22行。

5. 具体项目填报说明：

（1）第2行“营业收入”：填报会计制度核算的营业收入，事业单位、社会团体、民办非企业单位按其会计制度核算的收入填报。

（2）第3行“营业成本”：填报会计制度核算的营业成本，事业单位、社会团体、民办非企业单位按其会计制度核算的成本（费用）填报。

（3）第4行“利润总额”：填报会计制度核算的利润总额，其中包括从事房地产开发企业可以在本行填写按本期取得预售收入计算出的预计利润等。事业单位、社会团体、民办非企业单位比照填报。

（4）第5行“税率（25%）”：按照《企业所得税法》第四条规定的25%税率计算应纳所得税额。

（5）第6行“应纳所得税额”：填报计算出的当期应纳所得税额。第6行＝第4行×第5行，且第6行≥0。

（6）第7行“减免所得税额”：填报当期实际享受的减免所得税额，包括享受减免税优惠过渡期的税收优惠、小型微利企业优惠、高新技术企业优惠及经税务机关审批或备案的其他减免税优惠。第7行≤第6行。

（7）第8行“实际已预缴的所得税额”：填报累计已预缴的企业所得税税额，“本期金额”列不填。

（8）第9行“应补（退）所得税额”：填报按照税法规定计算的本次应补（退）预缴所得税额。第9行＝第6行－第7行－第8行，且第9行<0时，填0，“本期金额”列不填。

（9）第11行“上一纳税年度应纳税所得额”：填报上一纳税年度申报的应纳税所得额。本行不包括纳税人的境外所得。

（10）第12行“本月（季）应纳税所得额”：填报纳税人依据上一纳税年度申报的应纳税所得额计算的当期应纳税所得额。

按季预缴企业：第12行＝第11行×1/4

按月预缴企业：第12行＝第11行×1/12

（11）第13行“税率（25%）”：按照《企业所得税法》第四条规定的25%税率计算应纳所得税额。

（12）第14行“本月（季）应纳所得税额”：填报计算的本月（季）应纳所得税额。第14行＝第12行×第13行

（13）第16行“本月（季）确定预缴的所得税额”：填报依据税务机关认定的应纳税所得额计算出的本月（季）应缴纳所得税额。

（14）第18行“总机构应分摊的所得税额”：填报汇总纳税总机构以本表第一部分（第1－16行）本月或本季预缴所得税额为基数，按总机构应分摊的预缴比例计算出的本期预缴所得税额。

①据实预缴的汇总纳税企业总机构：

第9行×总机构应分摊的预缴比例25%

②按上一纳税年度应纳税所得额的月度或季度平均额预缴的汇总纳税企业总机构：

第14行×总机构应分摊的预缴比例25%

③经税务机关认可的其他方法预缴的汇总纳税企业总机构：

第16行×总机构应分摊的预缴比例25%

（15）第19行“中央财政集中分配税款的所得税额”：填报汇总纳税总机构以本表第一部分（第1－16行）本月或本季预缴所得税额为基数，按中央财政集中分配税款的预缴比例计算出的本期预缴所得税额。

①据实预缴的汇总纳税企业总机构：

第9行×中央财政集中分配税款的预缴比例25%

②按上一纳税年度应纳税所得额的月度或季度平均额预缴的汇总纳税企业总机构：

第14行×中央财政集中分配税款的预缴比例25%

③经税务机关认可的其他方法预缴的汇总纳税企业总机构：

第16行×中央财政集中分配税款的预缴比例25%

（16）第20行“分支机构分摊的所得税额”：填报汇总纳税总机构以本表第一部分（第1－16行）本月或本季预缴所得税额为基数，按分支机构分摊的预缴比例计算出的本期预缴所得税额。

①据实预缴的汇总纳税企业总机构：

第9行×分支机构分摊的预缴比例50%

②按上一纳税年度应纳税所得额的月度或季度平均额预缴的汇总纳税企业总机构：

第14行×分支机构分摊的预缴比例50%

③经税务机关认可的其他方法预缴的汇总纳税企业总机构：

第16行×分支机构分摊的预缴比例50%

（分支机构本行填报总机构申报的第20行“分支机构分摊的所得税额”）

（17）第21行“分配比例”：填报汇总纳税分支机构依据《汇总纳税企业所得税分配表》中确定的分配比例。

（18）第22行“分配的所得税额”：填报汇总纳税分支机构依据当期总机构申报表中第20行“分支机构分摊的所得税额”×本表第21行“分配比例”的数额。

表 11－10　《企业所得税年度纳税申报表（A类）》

中华人民共和国企业所得税年度纳税申报表（A类）

税款所属期间：　　　年　　月　　日至　　　年　　月　　日

纳税人名称：

纳税人识别号：□□□□□□□□□□□□□□□□□□□□　　金额单位：元（列至角分）

类别	行次	项目	金额
利润总额计算	1	一、营业收入（填附表一）	
	2	减：营业成本（填附表二）	
	3	营业税金及附加	
	4	销售费用（填附表二）	
	5	管理费用（填附表二）	
	6	财务费用（填附表二）	
	7	资产减值损失	
	8	加：公允价值变动收益	
	9	投资收益	
	10	二、营业利润	
	11	加：营业外收入（填附表一）	
	12	减：营业外支出（填附表二）	
	13	三、利润总额（10＋11－12）	
应纳税所得额计算	14	加：纳税调整增加额（填附表三）	
	15	减：纳税调整减少额（填附表三）	
	16	其中：不征税收入	
	17	免税收入	
	18	减计收入	
	19	减、免税项目所得	
	20	加计扣除	
	21	抵扣应纳税所得额	
	22	加：境外应税所得弥补境内亏损	
	23	纳税调整后所得（13＋14－15＋22）	
	24	减：弥补以前年度亏损（填附表四）	
	25	应纳税所得额（23－24）	

续表

类别	行次	项目	金额
应纳税额计算	26	税率（25%）	
	27	应纳所得税额（25×26）	
	28	减：减免所得税额（填附表五）	
	29	减：抵免所得税额（填附表五）	
	30	应纳税额（27－28－29）	
	31	加：境外所得应纳所得税额（填附表六）	
	32	减：境外所得抵免所得税额（填附表六）	
	33	实际应纳所得税额（30＋31－32）	
	34	减：本年累计实际已预缴的所得税额	
	35	其中：汇总纳税的总机构分摊预缴的税额	
	36	汇总纳税的总机构财政调库预缴的税额	
	37	汇总纳税的总机构所属分支机构分摊的预缴税额	
	38	合并纳税（母子体制）成员企业就地预缴比例	
	39	合并纳税企业就地预缴的所得税额	
	40	本年应补（退）的所得税额（33－34）	
	41	以前年度多缴的所得税额在本年抵减额	
	42	以前年度应缴未缴在本年入库所得税额	

纳税人公章： 经办人： 申报日期：　　年　月　日	代理申报中介机构公章： 经办人及执业证件号码： 代理申报日期：　　年　月　日	主管税务机关受理专用章： 受理人： 受理日期：　年　月　日

《中华人民共和国企业所得税年度纳税申报表（A类）》填报说明

1. 适用范围

本表适用于实行查账征收企业所得税的居民纳税人（以下简称纳税人）填报。

2. 填报依据及内容

根据《中华人民共和国企业所得税法》及其实施条例、相关税收政策，以及国家统一会计制度（企业会计制度、企业会计准则、小企业会计制度、分行业会计制度、事业单位会计制度和民间非营利组织会计制度）的规定，填报计算纳税人利润总额、应纳税所得额、应纳税额和附列资料等有关项目。

3. 有关项目填报说明

（1）表头项目。

1）"税款所属期间"：正常经营的纳税人，填报公历当年1月1日至12月31日；纳税人年度中间开业的，填报实际生产经营之日的当月1日至同年12月31日；纳税人年度中间发生合并、分立、破产、停业等情况的，填报公历当年1月1日至实际停业或法院裁定并宣告破产之日的当月月末；纳税人年度中间开业且年度中间又发生合并、分立、破产、停业等情况的，填报实际生产经营之日的当月1日至实际停业或法院裁定并宣告破产之日的当月月末。

2）"纳税人识别号"：填报税务机关统一核发的税务登记证号码。

3）"纳税人名称"：填报税务登记证所载纳税人的全称。

（2）表体项目。本表是在纳税人会计利润总额的基础上，加减纳税调整额后计算出“纳税调整后所得”（应纳税所得额）。会计与税法的差异（包括收入类、扣除类、资产类等差异）通过纳税调整项目明细表（附表三）集中体现。

本表包括利润总额计算、应纳税所得额计算、应纳税额计算和附列资料四个部分。

1）“利润总额计算”中的项目，按照国家统一会计制度口径计算填报。实行企业会计准则的纳税人，其数据直接取自损益表；实行其他国家统一会计制度的纳税人，与本表不一致的项目，按照其利润表项目进行分析填报。

利润总额部分的收入、成本、费用明细项目，一般工商企业纳税人，通过附表一（1）《收入明细表》和附表二（1）《成本费用明细表》相应栏次填报；金融企业纳税人，通过附表一（2）《金融企业收入明细表》、附表二（2）《金融企业成本费用明细表》相应栏次填报；事业单位、社会团体、民办非企业单位、非营利组织等纳税人，通过附表一（3）《事业单位、社会团体、民办非企业单位收入项目明细表》和附表二（3）《事业单位、社会团体、民办非企业单位支出项目明细表》相应栏次填报。

2）“应纳税所得额计算”和“应纳税额计算”中的项目，除根据主表逻辑关系计算的外，通过附表相应栏次填报。

3）“附列资料”填报用于税源统计分析的上一纳税年度税款在本纳税年度抵减或入库金额。

（3）行次说明。

1）第1行“营业收入”：填报纳税人主要经营业务和其他经营业务取得的收入总额。本行根据“主营业务收入”和“其他业务收入”科目的数额计算填报。一般工商企业纳税人，通过附表一（1）《收入明细表》计算填报；金融企业纳税人，通过附表一（2）《金融企业收入明细表》计算填报；事业单位、社会团体、民办非企业单位、非营利组织等纳税人，通过附表一（3）《事业单位、社会团体、民办非企业单位收入明细表》计算填报。

2）第2行“营业成本”项目：填报纳税人主要经营业务和其他经营业务发生的成本总额。本行根据“主营业务成本”和“其他业务成本”科目的数额计算填报。一般工商企业纳税人，通过附表二（1）《成本费用明细表》计算填报；金融企业纳税人，通过附表二（2）《金融企业成本费用明细表》计算填报；事业单位、社会团体、民办非企业单位、非营利组织等纳税人，通过附表二（3）《事业单位、社会团体、民办非企业单位支出明细表》计算填报。

3）第3行“营业税金及附加”：填报纳税人经营活动发生的营业税、消费税、城市维护建设税、资源税、土地增值税和教育费附加等相关税费。本行根据“营业税金及附加”科目的数额计算填报。

4）第4行“销售费用”：填报纳税人在销售商品和材料、提供劳务的过程中发生的各种费用。本行根据“销售费用”科目的数额计算填报。

5）第5行“管理费用”：填报纳税人为组织和管理企业生产经营发生的管理费用。本行根据“管理费用”科目的数额计算填报。

6）第6行“财务费用”：填报纳税人为筹集生产经营所需资金等发生的筹资费用。本行根据“财务费用”科目的数额计算填报。

7）第7行“资产减值损失”：填报纳税人计提各项资产准备发生的减值损失。本行根据“资产减值损失”科目的数额计算填报。

8）第8行“公允价值变动收益”：填报纳税人交易性金融资产、交易性金融负债，以及采用公允价值模式计量的投资性房地产、衍生工具、套期保值业务等公允价值变动形成的应计入当期损益的利得或损失。本行根据“公允价值变动损益”科目的数额计算填报。

9）第9行“投资收益”：填报纳税人以各种方式对外投资确认所取得的收益或发生的损失。本行根据“投资收益”科目的数额计算填报。

10）第10行“营业利润”：填报纳税人当期的营业利润。根据上述项目计算填列。

11）第11行“营业外收入”：填报纳税人发生的与其经营活动无直接关系的各项收入。本行根据

“营业外收入”科目的数额计算填报。一般工商企业纳税人，通过附表一（1）《收入明细表》相关项目计算填报；金融企业纳税人，通过附表一（2）《金融企业收入明细表》相关项目计算填报；事业单位、社会团体、民办非企业单位、非营利组织等纳税人，通过附表一（3）《事业单位、社会团体、民办非企业单位收入明细表》计算填报。

12）第12行“营业外支出”：填报纳税人发生的与其经营活动无直接关系的各项支出。本行根据“营业外支出”科目的数额计算填报。一般工商企业纳税人，通过附表二（1）《成本费用明细表》相关项目计算填报；金融企业纳税人，通过附表二（2）《金融企业成本费用明细表》相关项目计算填报；事业单位、社会团体、民办非企业单位、非营利组织等纳税人，通过附表一（3）《事业单位、社会团体、民办非企业单位支出明细表》计算填报。

13）第13行“利润总额”：填报纳税人当期的利润总额。

14）第14行“纳税调整增加额”：填报纳税人会计处理与税收规定不一致，进行纳税调整增加的金额。本行通过附表三《纳税调整项目明细表》“调增金额”列计算填报。

15）第15行“纳税调整减少额”：填报纳税人会计处理与税收规定不一致，进行纳税调整减少的金额。本行通过附表三《纳税调整项目明细表》“调减金额”列计算填报。

16）第16行“不征税收入”：填报纳税人计入利润总额但属于税收规定不征税的财政拨款、依法收取并纳入财政管理的行政事业性收费、政府性基金以及国务院规定的其他不征税收入。本行通过附表一（3）《事业单位、社会团体、民办非企业单位收入明细表》计算填报。

17）第17行“免税收入”：填报纳税人计入利润总额但属于税收规定免税的收入或收益，包括国债利息收入；符合条件的居民企业之间的股息、红利等权益性投资收益；从居民企业取得与该机构、场所有实际联系的股息、红利等权益性投资收益；符合条件的非营利组织的收入。本行通过附表五《税收优惠明细表》第1行计算填报。

18）第18行“减计收入”：填报纳税人以《资源综合利用企业所得税优惠目录》规定的资源作为主要原材料，生产国家非限制和禁止并符合国家和行业相关标准的产品取得收入10%的数额。本行通过附表五《税收优惠明细表》第6行计算填报。

19）第19行“减、免税项目所得”：填报纳税人按照税收规定减征、免征企业所得税的所得额。本行通过附表五《税收优惠明细表》第14行计算填报。

20）第20行“加计扣除”：填报纳税人开发新技术、新产品、新工艺发生的研究开发费用，以及安置残疾人员及国家鼓励安置的其他就业人员所支付的工资，符合税收规定条件的准予按照支出额一定比例，在计算应纳税所得额时加计扣除的金额。本行通过附表五《税收优惠明细表》第9行计算填报。

21）第21行“抵扣应纳税所得额”：填报创业投资企业采取股权投资方式投资于未上市的中小高新技术企业2年以上的，可以按照其投资额的70%在股权持有满2年的当年抵扣该创业投资企业的应纳税所得额。当年不足抵扣的，可以在以后纳税年度结转抵扣。本行通过附表五《税收优惠明细表》第39行计算填报。

22）第22行“境外应税所得弥补境内亏损”：填报纳税人根据税收规定，境外所得可以弥补境内亏损的数额。

23）第23行“纳税调整后所得”：填报纳税人经过纳税调整计算后的所得额。

当本表第23行<0时，即为可结转以后年度弥补的亏损额；如本表第23行>0时，继续计算应纳税所得额。

24）第24行“弥补以前年度亏损”：填报纳税人按照税收规定可在税前弥补的以前年度亏损的数额。

本行通过附表四《企业所得税弥补亏损明细表》第6行第10列填报。但不得超过本表第23行“纳税调整后所得”。

25）第25行“应纳税所得额”：金额等于本表第23－24行。

本行不得为负数。本表第 23 行或者按照上述行次顺序计算结果本行为负数，本行金额填零。

26）第 26 行“税率”：填报税法规定的税率 25%。

27）第 27 行“应纳所得税额”：金额等于本表第 25×26 行。

28）第 28 行“减免所得税额”：填报纳税人按税收规定实际减免的企业所得税额，包括小型微利企业、国家需要重点扶持的高新技术企业、享受减免税优惠过渡政策的企业，其法定税率与实际执行税率的差额，以及其他享受企业所得税减免税的数额。本行通过附表五《税收优惠明细表》第 33 行计算填报。

29）第 29 行“抵免所得税额”：填报纳税人购置用于环境保护、节能节水、安全生产等专用设备的投资额，其设备投资额的 10% 可以从企业当年的应纳所得税额中抵免的金额；当年不足抵免的，可以在以后 5 个纳税年度结转抵免。本行通过附表五《税收优惠明细表》第 40 行计算填报。

30）第 30 行“应纳税额”：金额等于本表第 27－28－29 行。

31）第 31 行“境外所得应纳所得税额”：填报纳税人来源于中国境外的所得，按照企业所得税法及其实施条例以及相关税收规定计算的应纳所得税额。

32）第 32 行“境外所得抵免所得税额”：填报纳税人来源于中国境外所得依照中国境外税收法律以及相关规定应缴纳并实际缴纳的企业所得税性质的税款，准予抵免的数额。

企业已在境外缴纳的所得税额，小于抵免限额的，“境外所得抵免所得税额”按其在境外实际缴纳的所得税额填报；大于抵免限额的，按抵免限额填报，超过抵免限额的部分，可以在以后五个年度内，用每年度抵免限额抵免当年应抵税额后的余额进行抵补。

33）第 33 行“实际应纳所得税额”：填报纳税人当期的实际应纳所得税额。

34）第 34 行“本年累计实际已预缴的所得税额”：填报纳税人按照税收规定本纳税年度已在月（季）度累计预缴的所得税款。

35）第 35 行“汇总纳税的总机构分摊预缴的税额”：填报汇总纳税的总机构按照税收规定已在月（季）度在总机构所在地累计预缴的所得税款。

附报《中华人民共和国企业所得税汇总纳税分支机构企业所得税分配表》。

36）第 36 行“汇总纳税的总机构财政调库预缴的税额”：填报汇总纳税的总机构按照税收规定已在月（季）度在总机构所在地累计预缴在财政调节专户的所得税款。

附报《中华人民共和国企业所得税汇总纳税分支机构企业所得税分配表》。

37）第 37 行“汇总纳税的总机构所属分支机构分摊的预缴税额”：填报汇总纳税的分支机构已在月（季）度在分支机构所在地累计分摊预缴的所得税款。

附报《中华人民共和国企业所得税汇总纳税分支机构企业所得税分配表》。

38）第 38 行“合并纳税（母子体制）成员企业就地预缴比例”：填报经国务院批准的实行合并纳税（母子体制）的成员企业按照税收规定就地预缴税款的比例。

39）第 39 行“合并纳税企业就地预缴的所得税额”：填报合并纳税的成员企业已在月（季）度累计预缴的所得税款。

40）第 40 行“本年应补（退）的所得税额”：填报纳税人当期应补（退）的所得税额。

41）第 41 行“以前年度多缴的所得税在本年抵减额”：填报纳税人以前纳税年度汇算清缴多缴的税款尚未办理退税、并在本纳税年度抵缴的所得税额。

42）第 42 行“以前年度应缴未缴在本年入库所得额”：填报纳税人以前纳税年度损益调整税款、上一纳税年度第四季度预缴税款和汇算清缴的税款，在本纳税年度入库所得税额。

4. 表内及表间关系（略）

三、税款缴纳实训

根据××省××市啤酒厂20××年3月，有关纳税申报资料，经税务机关审核后，填写税收缴纳书，向主管税务机关缴纳各项税款。

按照现行税收管理和国、地税部门分工，××省××市啤酒厂应该缴纳的增值税、消费税，包括按照这两税征收的城市维护建设税和教育费附加，向××省××市国税局市北区局王府街分局申报缴纳；应该缴纳的房产税、车船使用税、城镇土地使用税和企业所得税，向××省××市地税局市北区局王府街分局申报缴纳。

（一）缴纳增值税、消费税（包括城市维护建设税和教育费附加）

向××省××市国税局市北区局王府街分局缴纳增值税、消费税（按照这两税应征的城市维护建设税和教育费附加）。

分别填写增值税、消费税、按照这两税应征的城市维护建设税和教育费附加的《税收缴款书》。附表11－11、表11－12、表11－13、表11－14。

1. 城市维护建设税

（1）按照实缴增值税额计算部分＝422543.53×7%＝29578.05（元）

（2）按照实缴消费税额计算部分＝692065.00×7%＝48444.55（元）

（3）应纳城市维护建设税合计＝29578.05＋48444.55＝78022.60（元）

2. 教育费附加

（1）按照实缴增值税额计算部分＝422543.53×3%＝12676.31（元）

（2）按照实缴消费税额计算部分＝692065.00×3%＝20761.95（元）

（3）应纳城市维护建设税合计＝12676.31＋20761.95＝33438.26（元）

（二）缴纳房产税、车船税、城镇土地使用税和企业所得税

向××省××市国地局市北区局王府街分局缴纳房产税、车船使用税、城镇土地使用税和企业所得税。

分别填写房产税、车船使用税、城镇土地使用税和企业所得税的《税收缴款书》。见表11－15、表11－16、表11－17、表11－18。

填表方法、参考答案

表 11－11

（税收专用缴款书——增值税）

中华人民共和国税收专用缴款书

隶属关系：市地属企业

经济类型：国有

填发日期：20××年4月9日

×省国（地）缴字 ××××××

征收机关：××省××市国税局市北区局王府街分局

缴款单位（人）	代　码	370900122210011	预算科目	款	2——增值税
	全　称	××省××市啤酒厂		项	1——一般增值税
	开户银行	农业银行××省××市市北区分行		级次	中央75% 地方25%
	账　号	785588996565326	收款国库		××省××市国库
税款所属时期	20××年3月　日		税款限缴日期		20××年4月10日

品目名称	课税数量	计税金额或销售收入	税率或单位税额	应纳税额	已缴或扣除额	实缴金额										
						亿	仟	百	拾	万	仟	百	十	元	角	分
销售货物		5812087.70	17%	5812087.70	565511.38				4	2	2	5	4	3	5	3
金额合计	（大写）※亿 ※仟 ※佰 肆拾 贰万 贰仟 伍佰 肆拾 叁元 伍角 叁分							¥	4	2	2	5	4	3	5	3

缴款单位（人） ××省××市啤酒厂（盖章） 经办人：张力（盖章）	税务机关 （盖章） 填票人（盖章）	上列款项已收妥并划转收款单位账户 国库（银行）盖章 年　月　日	备　注

逾期不缴按税法规定加收滞纳金

表 11－12

（税收专用缴款书——消费税）

中华人民共和国税收专用缴款书

隶属关系：市地属企业

经济类型：国有

填发日期：20××年4月9日

×省国（地）缴字　××××××

征收机关：××省××市国税局市北区局王府街分局

缴款单位（人）	代　码	370900122210011	预算科目	款	4——消费税
	全　称	××省××市啤酒厂		项	1———般消费税
	开户银行	农业银行××省××市市北区分行		级次	中央
	账　号	785588996565326	收款国库		××省××市国库

税款所属时期	20××年3月　日	税款限缴日期	20××年4月10日

品目名称	课税数量	计税金额或销售收入	税率或单位税额	应纳税额	已缴或扣除额	实缴金额										
						亿	仟	百	拾	万	仟	百	十	元	角	分
啤　酒	3145.75		220	692065.00					6	9	2	0	6	5	0	0
金额合计	（大写）※亿 ※仟 ※百 陆拾 玖万 贰仟 零佰 陆拾 伍元 零角 零分							¥	6	9	2	0	6	5	0	0

缴款单位（人） ××省××市啤酒厂（盖章） 经办人：张力（盖章）	税务机关 （盖章） 填票人（盖章）	上列款项已收妥并划转收款单位账户 国库（银行）盖章 年　月　日	备　注

逾期不缴按税法规定加收滞纳金

表 11－13

（税收专用缴款书——城市维护建设税）

中华人民共和国税收专用缴款书

隶属关系：市地属企业

经济类型：国有

填发日期：20××年4月9日

×省国（地）缴字　××××××

征收机关：××省××市国税局市北区局王府街分局

<table>
<tr><td rowspan="4">缴款单位（人）</td><td>代　码</td><td colspan="2">370900122210011</td><td rowspan="3">预算科目</td><td>款</td><td colspan="11">17——城市维护建设税</td></tr>
<tr><td>全　称</td><td colspan="2">××省××市啤酒厂</td><td>项</td><td colspan="11"></td></tr>
<tr><td>开户银行</td><td colspan="2">农业银行××省××市市北区分行</td><td>级次</td><td colspan="11">市级</td></tr>
<tr><td>账　号</td><td colspan="2">785588996565326</td><td colspan="2">收 款 国 库</td><td colspan="11">××省××市国库</td></tr>
<tr><td>税款所属时期</td><td colspan="3">20××年3月　日</td><td>税款限缴日期</td><td colspan="12">20××年4月10日</td></tr>
<tr><td rowspan="2">品目名称</td><td rowspan="2">课税数量</td><td rowspan="2">计税金额或销售收入</td><td rowspan="2">税率或单位税额</td><td rowspan="2">应纳税额</td><td rowspan="2">已缴或扣除额</td><td colspan="11">实缴金额</td></tr>
<tr><td>亿</td><td>仟</td><td>百</td><td>拾</td><td>万</td><td>仟</td><td>百</td><td>十</td><td>元</td><td>角</td><td>分</td></tr>
<tr><td>增值税</td><td></td><td>422543.53</td><td>7%</td><td>29578.05</td><td></td><td></td><td></td><td></td><td></td><td>2</td><td>9</td><td>5</td><td>7</td><td>8</td><td>0</td><td>5</td></tr>
<tr><td>消费税</td><td></td><td>692065.00</td><td>7%</td><td>48444.55</td><td></td><td></td><td></td><td></td><td></td><td>4</td><td>8</td><td>4</td><td>4</td><td>4</td><td>5</td><td>5</td></tr>
<tr><td>金额合计</td><td colspan="5">（大写）※亿 ※仟 ※佰 ※拾 柒万 捌仟 零佰 贰拾 贰元 陆角 零分</td><td></td><td></td><td></td><td>¥</td><td>7</td><td>8</td><td>0</td><td>2</td><td>2</td><td>6</td><td>0</td></tr>
<tr><td colspan="2">缴款单位（人）
××省××市啤酒厂（盖章）
经办人：张力（盖章）</td><td colspan="2">税务机关
（盖章）
填票人（盖章）</td><td colspan="7">上列款项已收妥并划转收款单位账户
国库（银行）盖章
年　月　日</td><td colspan="6">备　注</td></tr>
</table>

逾期不缴按税法规定加收滞纳金

表 11-14

（税收专用缴款书——教育费附加）

中华人民共和国税收专用缴款书

隶属关系：市地属企业　　填发日期：20××年4月9日　　×省国（地）缴字　××××××

经济类型：国有　　征收机关：××省××市国税局市北区局王府街分局

缴款单位（人）	代　码	370900122210011	预算科目 款	219——教育费附加收入
	全　称	××省××市啤酒厂	项	
	开户银行	农业银行××省××市市北区分行	级次	市级
	账　号	785588996565326	收款国库	××省××市国库
税款所属时期	20××年3月　日		税款限缴日期	20××年4月10日

品目名称	课税数量	计税金额或销售收入	税率或单位税额	应纳税额	已缴或扣除额	实缴金额 亿	仟	百	拾	万	仟	百	十	元	角	分
增值税		422543.53	3%	12676.31						1	2	6	7	6	3	1
消费税		692065.00	3%	20761.95						2	0	7	6	1	9	5
金额合计	（大写）※亿 ※仟 ※佰 ※拾 叁万 叁仟 肆佰 叁拾 捌元 贰角 陆分								¥	3	3	4	3	8	2	6

缴款单位（人） ××省××市啤酒厂（盖章） 经办人：张力（盖章）	税务机关 （盖章） 填票人（盖章）	上列款项已收妥并划转收款单位账户 国库（银行）盖章 年　月　日	备　注

逾期不缴按税法规定加收滞纳金

表 11－15

（税收专用缴款书——房产税）

中华人民共和国税收专用缴款书

隶属关系：市地属企业

经济类型：国有

填发日期：20××年4月9日

×省国（地）缴字 ××××××

征收机关：××省××市地税局市北区局王府街分局

缴款单位（人）	代　码	370900122210011	预算科目	款	19——房产税
	全　称	××省××市啤酒厂		项	
	开户银行	农业银行××省××市市北区分行		级次	市级
	账　号	785588996565326	收 款 国 库		××省××市国库
税款所属时期	20××年3月　日		税款限缴日期	20××年4月10日	

品目名称	课税数量	计税金额或销售收入	税率或单位税额	应纳税额	已缴或扣除额	实缴金额										
						亿	仟	百	拾	万	仟	百	十	元	角	分
房　产		9062850.63	1.2%/4	27188.55						2	7	1	8	8	5	5
出租房屋		16000.00	12%/4	48000.00								4	8	0	0	0
金额合计	（大写）※亿 ※仟 ※佰 ※拾 贰万 柒仟 陆佰 陆拾 捌元 伍角 伍分								¥	2	7	6	6	8	5	5

缴款单位（人） ××省××市啤酒厂（盖章） 经办人：张力（盖章）	税务机关 （盖章） 填票人（盖章）	上列款项已收妥并划转收款单位账户 国库（银行）盖章 年　月　日	备　注

逾期不缴按税法规定加收滞纳金

表 11－16

（税收专用缴款书——车船税）

中华人民共和国税收专用缴款书

隶属关系：市地属企业　　填发日期：20××年4月9日　　×省国（地）缴字　××××××

经济类型：国有　　征收机关：××省××市地税局市北区局王府街分局

缴款单位（人）	代　码	370900122210011	预算科目	款	18——车船税
	全　称	××省××市啤酒厂		项	
	开户银行	农业银行××省××市市北区分行		级次	市级
	账　号	785588996565326	收款国库		××省××市国库

税款所属时期	20××年3月　日	税款限缴日期	20××年4月10日

品目名称	课税数量	计税金额或销售收入	税率或单位税额	应纳税额	已缴或扣除额	实缴金额										
						亿	仟	百	拾	万	仟	百	十	元	角	分
货　车	6×5		42/4	315								3	1	5	0	0
小轿车	3		108/4	81									8	1	0	0
客　车	1		204/4	51									5	1	0	0
金额合计	（大写）※亿 ※仟 ※佰 ※拾 ※万 ※仟 肆佰 肆拾 柒元 零角 零分										¥	4	4	7	0	0

缴款单位（人） ××省××市啤酒厂（盖章） 经办人：张力（盖章）	税务机关 （盖章） 填票人（盖章）	上列款项已收妥并划转收款单位账户 国库（银行）盖章 年　月　日	备　注

逾期不缴按税法规定加收滞纳金

表 11－17

（税收专用缴款书——城镇土地使用税）

中华人民共和国税收专用缴款书

隶属关系：市地属企业　　填发日期：20××年4月9日　　×省国（地）缴字　××××××

经济类型：国有　　征收机关：××省××市地局市北区局王府街分局

缴款单位（人）	代　码	370900122210011	预算科目	款	26——城镇土地使用税
	全　称	××省××市啤酒厂		项	
	开户银行	农业银行××省××市市北区分行		级次	市级
	账　号	785588996565326	收款国库		××省××市国库
税款所属时期	20××年3月　日		税款限缴日期	20××年4月10日	

品目名称	课税数量	计税金额或销售收入	税率或单位税额	应纳税额	已缴或扣除额	实缴金额										
						亿	仟	百	拾	万	仟	百	十	元	角	分
经营用土地	6500		1/4	1625.00							1	6	2	5	0	0
金额合计	（大写）※亿 ※仟 ※佰 ※拾 ※万 壹仟 陆佰 贰拾 伍元 零角 零分									¥	1	6	2	5	0	0

缴款单位（人） ××省××市啤酒厂（盖章） 经办人：张力（盖章）	税务机关 （盖章） 填票人（盖章）	上列款项已收妥并划转收款单位账户 国库（银行）盖章 年　月　日	备　注

逾期不缴按税法规定加收滞纳金

表 11－18

（税收专用缴款书——企业所得税）

中华人民共和国税收专用缴款书

隶属关系：市地属企业　　填发日期：20××年4月9日　　×省国（地）缴字　××××××

经济类型：国有　　征收机关：××省××市地局市北区局王府街分局

缴款单位（人）	代　码	370900122210011	预算科目	款	70——国有轻工企业所得税
	全　称	××省××市啤酒厂		项	1——轻工所得税
	开户银行	农业银行××省××市市北区分行		级次	市级
	账　号	785588996565326	收款国库		××省××市国库
税款所属时期	20××年3月　日		税款限缴日期	20××年4月10日	

品目名称	课税数量	计税金额或销售收入	税率或单位税额	应纳税额	已缴或扣除额	实缴金额										
						亿	仟	百	拾	万	仟	百	十	元	角	分
所　得		216125.39	25%	54031.35						5	4	0	3	1	3	5
金额合计	（大写）※亿 ※仟 ※佰 ※拾 伍万 肆仟 零佰 叁拾 壹元 叁角 伍分								¥	5	4	0	3	1	3	5

缴款单位（人） ××省××市啤酒厂（盖章） 经办人：张力（盖章）	税务机关 （盖章） 填票人（盖章）	上列款项已收妥并划转收款单位账户 国库（银行）盖章 年　月　日	备　注

逾期不缴按税法规定加收滞纳金